本书系教育部社科基金项目
"民国时期伪造之风的历史考察与现实启示——以湖南为例"
（项目编号：13YJCZH211）结项成果

民国时期伪造之风研究
——以湖南为例

徐德莉◎著

人民出版社

目　录

导　言

　　自人类历史产生以来,就存在着真与伪、美与丑、善与恶的较量。真实或伪造,往往成为评判人性善恶的一个标准。在商品经济社会,利益成为社会各阶层不断追求的重要目标。实际利益远比道德光环更能驱使人们走上伪造获利的犯罪道路。随着印刷、造纸等古代技术的出现,特别是现代电子信息等高科技的快速发展,既给人类生活带来便利,推动了人类社会文明的发展;也给伪造提供了客观条件和技术可能,如伪造纸币、文书等,均与科技文明的发展息息相关。因此,伪造与人类社会文明的产生、发展相伴,反伪造、惩伪造亦与社会文明进步随行。

　　伪造不仅是个历史话题,同时也是个突出的社会现实问题。君不见,伪造文书之情事随处可观,如各城市大街小巷吆喝办证的人群,街面桥头墙上随处可见的办证电话,皆能折射当下社会伪造之风的斑影。制造假身份证、假文凭现象屡禁不绝,严重影响社会正常秩序。国内出现的"HD假钞风波",让国人颇为深刻地意识到假钞的极大危害。据报道,2014年,全国公安机关按照公安部统一部署,积极开展打击整治假币违法犯罪集中行动,共破获假币犯罪案件715起,涉案金额百万元以上的38起,收缴假币5.3亿元。假币也是一个国际难题和国际公敌,"500元面值欧元假币'泛滥'惊曝西班牙黑色经济",就是一个明显的例证。最难伪造的美元、欧元皆成为伪造之对象,更不用说其他币种了。据美国官方统计,在一个财政年度内,美国在全球收缴而未进入流通环节的美元假钞,累计高达6300万美元,已进流通环节的假钞有3800万美元。

　　对于民国时期伪造案的认真考察,分析政治、经济、文化等社会因素对于伪造现象的产生及具体案件审断的影响,揭示司法与民国社会的多面互动关系,力图从中汲取历史智慧,亦为打击愈演愈烈的伪造现象与深化司法体制改革,皆可提供重要的历史经验与现实启示。

第一节 选题缘起与既存研究

一、选题缘起

(一)研究的理论价值与现实意义

在中国历史上,关于伪造与反伪造的记载不胜枚举。如"史士舞文弄法,刻章伪书"(《史记·货殖列传》)、"廷行事,以伪写印",①就是早期的记载。汉以后的伪造情事,大多与印章有关,且历代不息。到宋代纸币(交子)产生以后,伪造纸币相伴而生,宋廷曾有"伪造犯法者多,欲废不用"②之议。但在商业不断发展的情况下,废而不用显然不现实,伪造货币案其实难以杜绝,殆至清末民初,伪造、滥造货币的情况就更加猖獗。

假钞的历史与真钞相伴相随,这是个无须印证的事实,尽管在历史博物馆中找不到世界上第一张假钞。而且还呈现出这样一个怪相,即中国历代的私铸、盗印,从未因为法令的严酷而停止,反倒从此类酷刑法令更能解读出当时猖獗的伪造现象。

晚清至民国期间,法制不断更迭日新,然法制并不等于法治。"法律发展的重心不在于立法,不在于法律科学,也不在于司法判决,而在于社会本身。"③清末著名法学家沈家本在历经挫折之后曾感叹:"有国家者,非立法之难,而用法之难也。"④近代中国制订了不少法律法规,但法治一直是个问题,显然立法重要,司法更重要,此语也切中民国法治之要害。

---

① 睡虎地秦墓竹简整理小组编:《睡虎地秦墓竹简》,北京:文物出版社 1990 年版,第 57 页。
② 朱熹:《宋名臣言行录·孙甫》(前集卷九),台湾:台湾商务印书馆影印文渊阁(四库全书)本。
③ [美]埃尔曼:《比较法律文化》,贺卫方、高鸿钧译,北京:生活·读书·新知三联书店 1990 年版,第 9 页。
④ 沈家本:《历代刑法考》,北京:中华书局 1985 年版,第 34—37 页。

不论晚清与民国的法律有多么的拙劣或进步,至少正是这段历史建构了近代中国相对有体系的司法框架,对于时人或是后世的法律建构树立起了重要的里程碑意义,因之,晚清至民国的法律研究不断进入学者的眼球,成为当前学界研究的热点。相当长一段时期内,许多学者从法律思想的角度来研究与分析这一特色的现象,利用档案资料进行法律剖析的研究者颇少,当然这与档案仅存数量有限及查阅不便也有相当关系;近年利用档案进行法律研究的学者略有增多,这无疑有促丰富与开拓法律研究的视野与范畴。如美籍华裔学者黄宗智(Philip,C.C.Huang)所著的《清代的法律、社会与文化:民法的表达与实践》一书,是充分利用各县地方档案进行深入研究的例证,该书以具体某一类型案例的判决全程作为视角进行相关研究,勾勒案件判决主客观因素的影响因子,从社会历史角度来解读法律,重构法律与社会的互动关系。正如帕森斯(Talcott Parsons)所说:社会生活有一种趋势,就是在功能上保持整合,因此社会系统的任何一部分改变,都会带动其它部分适应性的改变。第一波的改变会造成社会的不稳定,但经过各部门在功能上调整适应以后,就会产生整合、适应而较为稳定的社会系统。①

伪造现象可以说浸透着人类历史长河,也侵蚀着人类文明,一直是历朝历代防范与打击且层出不穷的现象。伪造现象及伪造案件自古至今便大量存在,故此,笔者以民国时期的伪造案件作为研究视角,采用从微观到宏观、从理论到实践、从历史到现实的研究进路,通过对民国伪造案卷等翔实史料进行深刻考察与深入分析的基础上,力图还原案件审断历史场域,分析案件审判程序中出现的权力寻租等熟人社会因素影响审断结果,深入全面地认识理解国民政府司法实践中"法治"的运行环境,揭示民国社会公信力日趋式微,国民政府陷入统治危机的深层原因,对当前建设社会主义法治国家与社会治理现代化的战略目标具有重要借鉴意义。

(二)湖南省档案资料的丰富与有效利用

为了展开本项研究,笔者查阅东北、华北、西南及中部地区等较为典型的

---

① Ruth A., Wallace and Alison Wolf,eds.*Contemporary Socio- logical Theory*.Englewood Cliffs, N.J.1980.pp.34-35.

省份省、市档案馆,发现伪造文书、伪造货币、伪造有价证券及伪造度量衡案卷的现象较为普遍,说明伪造情状于当时来说是较为常见的社会现象,足以说明将伪造案做一专门课题研究是有其历史价值与理论意义的。笔者曾到各地档案馆查阅资料的详细情况为:东北三省档案所藏之伪造案件有数百件,天津市档案所收藏之档案所列数目有 320 多例,大多数为伪造文书与伪造货币方面的案卷,北京市档案馆所存之档案也只有 130 多例案件,且简单不详,山东档案馆所藏之伪造案件,仅有 10 多个案例;江西省、市档案馆亦不上百件,大多为虫蛀破损,查阅极为不方便,不利于还原案件之真实情况,四川档案馆所见案例目录也为数不多,且因正在抢修不便开放,因而不利于查阅,重庆市档案有伪造文书、货币、有价证券及度量衡案 800 卷,贵州省档案馆所见伪造案件有 30 多个案例,贵阳市档案馆所见伪造案例比较多,有 600 多个,其中以伪造文书案为最多,其他如伪造货币案等则为数甚少,此外,南京第二历史档案存有上千件伪造案卷,另外,中国社会科学院亦有几十件从台北国史馆翻拍的伪造货币与伪造文书的档案。上述档案收藏情况说明民国伪造案发情形属于普遍现象,呈现极严重的社会问题。

但笔者在湖南省、市档案馆所收藏之伪造档案资料就有 600 卷 280 件,近 60 万字。还有其他地、市档案馆相关档案也有近 200 卷 330 余件,约 20 万字。可以说,湖南省及各地市档案馆是笔者着力较多、也"发现"相关案件和案例更多的藏档地。除档案资料外,还有相关司法公报、各省政府公报及地方历史资料以及各图书馆、博物馆收藏的相关资料。此外,笔者做为湖南人,客观上来说收集与利用档案资料及从地理及人文习俗上面更有利于理解历史档案资料之内在意涵,利于资料的收集与整理及深入分析与研究,综上所述,笔者选取湖南省为例来深入全面考察与研究伪造系列案件,以期尽量考察分析影响伪造案件发生的背景、司法介入及其审断等内容,呈现当时司法体制原貌,分析所反映的社会和时代背景,以期对本领域的研究起到抛砖引玉的作用。

二、既存研究

伪造案是指有关伪造罪(指以行为方式即伪造进行归类的犯罪)这一类

案件,"伪造"的含义相当广泛,含指对于在法律事务、经济贸易、社会生活中具有能够确认或证明某种权利和义务或某项法律后果之事实的货币、有价证券、文书以及其他技术手段之物品进行弄虚作假、篡改等真实情况,或者明知属于改变真实情况的上述物品而仍然行使、收集(取得)、交付的行为。① 本书主要从伪造文书、伪造货币、伪造有价证券及伪造度量衡等作为研究对象,所以,此处亦从这个四个方面分别阐述其研究现状。

(一)伪造文书

1. 对历史古文书内容及其文书制度研究

历史文书蕴含的有关历史问题、法律问题、经济文化、语言文字、婚姻文化、妇女问题、宗族问题、人名问题等;也有历史文书的种类方面的专门研究,如私文书、官文书、行政文书、契约文书、经济文书、外交文书、海军文书、占卜文书、风水文书等;还有关于历史文书的基本制度,如文书的工作制度、文书处理制度,以及文书整理和其他方面的相关研究,如关于历史文书的分类整理、辑校、校录、校释或针对某一种类文书的整理研究,历史文书的文化和价值、某一民族的历史文书研究、文书结构研究等。

因此,对古代文书的研究成果颇为丰富。如对历代文书做一综合概述著作则有:刘尽、董燕翔《中国文书史稿》②,裴燕生、何庄、李祚明等编著的《历史文书》③,郑英武、朱文兵的《中国历代文书选》④,常林瑞、张金涛纂辑的《中国历代文书》⑤,张庆民编著《中国历代文书精选》⑥等对古代历史文书的基本制度、内容与体系做了系统考察与梳理。

还有对不同朝代的历史文书具体内容做特定研究的,其中有的涉及社会各个领域,如政治、经济、法律、外交、宗教、军事等,都以此作为专门文书进行

---

① 黄明儒:《论刑法中的伪造》,《法商研究》2002 年第 3 期。
② 刘尽、董燕翔等:《中国文书史稿》,西安:陕西人民出版社 1989 年版。
③ 裴燕生、何庄、李祚明等编著:《历史文书》,北京:中国人民大学出版社 2003 年版。
④ 郑英武、朱文兵:《中国历代文书选》,南宁:广西教育出版社 1990 年版。
⑤ 常林瑞、张金涛纂:《中国历代文书》,北京:中国城市出版社 1996 年版。
⑥ 张庆民编著:《中国历代文书精选》,北京:首都师范大学出版社 2009 年版。

研究。如：日本人富谷至的《文书行政的汉帝国》①，汪桂海的《汉代官文书制度》②，唐长孺的《敦煌吐鲁番文书初探·二编》③，姜伯勤的《敦煌吐鲁番文书与丝绸之路》④，孙继民的《敦煌吐鲁番所出唐代军事文书初探》⑤，邓小南、曹家齐、平田茂树主编的《文书·政令·信息沟通——以唐宋时期为主》（上册），耿世民《敦煌学导论丛刊·敦煌突厥回鹘文书导论》，朱雷的《朱雷敦煌吐鲁番文书论丛》⑥，孙继民的《俄藏黑水城所出〈宋西北边境军政文书〉整理与研究》⑦，刘道胜的《明清徽州宗族文书研究》⑧，杨国桢的《明清土地契约文书研究》⑨，张介人编的《清代浙东契约文书辑选》⑩，等等。其中王舒雅撰写的博士论文《太平天国公文研究》⑪立足于文化阐释的视角，对太平天国公文在特定的历史背景下进行宏观分析，阐述太平天国公文与政治制度、西方文化、中国民间礼俗以及社会心态等方面的密切联系，其公文中所体现的革命性和文化观引发了近代人对救国救民道路以及民族文化发展道路的深刻思考。

此外，还有相关汇编资料，如国家文物局古文献研究室、新疆维吾尔自治区博物馆、武汉大学历史系编的《吐鲁番出土文书》⑫，收录文书近一千八百件，编印十册。文书均按照原式抄写影印，有关文书情况如墨色、缺残等也一一标明，对字迹模糊、缺笔、残坏之字则尽可能推断注出。由中国档案汇编、太

---

① ［日］富谷至：《文书行政的汉帝国》，刘恒武、孔李波译，南京：江苏人民出版社 2013 年版。
② 汪桂海：《汉代官文书制度》，南宁：广西教育出版社 1999 年版。
③ 唐长孺：《敦煌吐鲁番文书初探·二编》，武汉：武汉大学出版社 1990 年版。
④ 姜伯勤：《敦煌吐鲁番文书与丝绸之路》，北京：文物出版社 1994 年版。
⑤ 孙继民：《敦煌吐鲁番所出唐代军事文书初探》，北京：中国社会科学出版社 2000 年版。
⑥ 邓小南、曹家齐、平田茂树主编《文书·政令·信息沟通——以唐宋时期为主》（上册），北京：北京大学出版社 2012 年版。
⑦ 孙继民：《俄藏黑水城所出〈宋西北边境军政文书〉整理与研究》，北京：中华书局 2009 年版。
⑧ 刘道胜：《明清徽州宗族文书研究》，合肥：安徽人民出版社 2008 年版。
⑨ 杨国桢：《明清土地契约文书研究》，北京：人民出版社 1988 年版。
⑩ 张介人：《清代浙东契约文书辑选》，杭州：浙江大学出版社 2011 年版。
⑪ 王舒雅：《太平天国公文研究》，南京师范大学博士论文，2014 年。
⑫ 国家文物局古文献研究室、新疆维吾尔自治区博物馆、武汉大学历史系编：《吐鲁番出土文书》，北京：文物出版社 1975 年版。

平天国历史博物馆编的《太平天国文书汇编》①共 10 卷,38 万余字。其中收入太平天国文书 418 件,除名册、簿记、挥条外,汇总了成书时能收集到的太平天国本身形成的文书 345 篇。其中包括军政系统、粮食等经济系统等各类文书。中国社会科学院近代史研究所中华民国史研究室主编,邹念之编译的《中华民国史资料丛稿·日本外交文书选译——关于辛亥革命》②对辛亥革命时期日本外交文书进行详细的收录与整理,是研究这一时期的重要史料。刘伯山主编的《徽州文书》(第一辑)》③总 10 卷,影印了安徽大学徽学研究中心"伯山书屋"和黄山市祁门县博物馆所藏徽州文书 4000 多份,明代安徽徽州地区的文书材料,包括官府文告和私人契约等,是进行中国传统社会多维实态研究的第一手的珍贵资料。这些文书对研究明代土地关系、土地买卖、租佃关系、雇佣情况以及当时地主财产支配和农民的生活状况都极重要,有助于深入研究明代徽州地区的经济、政治、文化、社会关系、租佃制度、地租形态、土地占有关系、商业资本的发展,以及商人的缙绅化和封建宗法制度的状况,通过对徽州地区的典型剖析,也可进一步了解明代社会史的部分真貌。上述文献资料汇编为相关文书内容及文书制度体系的研究提供重要的资料基础。

2. 围绕 20 世纪 30 年代文书改革的背景、内容及其影响的基础性研究

20 世纪 30、40 年代,这一时期国民政府掀起一场轰轰烈烈的文书改革运动,涌现相当一批论著。如:萧森的《陆海空军公文程式》④,徐望之的《公牍通论》⑤,中央训练委员会、内政部编的《公文处理》⑥,王应瑞、张传文的《标准公文程式汇编》⑦,其中陈国琛的《文书之简化与管理》⑧一书内容细致,材料充实,理论性强,观点新颖,对民国时期以全国公文改革为研究对象,以强化行

①　中国档案汇编、太平天国历史博物馆编:《太平天国文书汇编》,北京:中华书局 1979 年版。
②　中国社会科学院近代史研究所中华民国史研究室主编,邹念之编译:《中华民国史资料丛稿·日本外交文书选译——关于辛亥革命》,北京:中国社会科学出版社 1980 年版。
③　刘伯山主编:《徽州文书》(第一辑),桂林:广西师范大学出版社 2005 年版。
④　萧森:《陆海空军公文程式》,上海:上海精诚书店 1930 年版。
⑤　徐望之:《公牍通论》,北京:商务印书馆 1931 年版。
⑥　《公文处理》,中央训练委员会、内政部编印,1941 年。
⑦　王应瑞、张传文:《标准公文程式汇编》,上海:上海书店 1942 年版。
⑧　陈国琛:《文书之简化与管理》,台湾:台湾新生报社 1946 年版。

政效率为目的的文书改革运动做了深刻阐述,并且与行政管理学紧密结合,讲求文书和档案管理的行政效率,是不可多得的文书学、档案学要典。尽管大多数著作旨在为文书改革在政治上做宣传,学术性不强,仅仅停留在对文书改革的必要性及其文书制度的浅层次诠释层面上,即大多为资料性著作。

尽管如此,他们作为历史的见证人,有些甚至参与了制度的制定与实施,在当时的历史语境中留下的史料是相当珍贵的。例如,国民政府内政部政务次长甘乃光亲自领导与推动了这次文书改革运动,为宣传与推进此次文书改革,他撰写了很多论著,如《文书档案改革运动的回顾与展望》①、《文书档案连锁办法之试验——内政部初期试验之报告》②、《文书档案连锁办法之试验》③等文,非常详细地介绍了内政部文书档案连锁办法试验经过情形及其改革的重要作用。这些论著对"文书档案连锁法"进行详细介绍。"文书档案连锁法"核心问题是分类方法的统一与公开,实施的主要目的是改善文书办理迟慢的情况,提高文书运转的速度,从而提高政府机关的行政效率。文书和档案连锁的过程亦为文书档案管理方法统一和公开的过程,通过连锁方法有效地改善原先各主管单位各自为政自行处理文书管理档案带来的公文迟慢、行政效率低下的诸多问题。一旦文书档案管理方法实现了统一与公开,文书档案工作人员有规律可循,那些依托"经验"的旧时档案工作人员便失去了操纵档案为所欲为的条件,"卷阀"亦不攻自破。而且,在实行"文书档案连锁法"机关内,按照部门职掌和文书档案性质制定统一的分类标准,对现行文书档案进行统一整理的同时,将旧档案统一进行分类整理,以便日后档案的利用。因此,可以说,这些论著为后人认识和研究文书制度及其相关文书方面的研究做了史料的准备工作和研究的铺垫工作。

当然,近年来诸多学者以三十年代行政效率运动中的"文书档案改革"为主题展开历史反思与审视之研究,围绕20世纪30年代文书改革的背景、内容及其影响做了一些基础性研究。殷仲麒的《文书档案连锁办法的主要内容和

---

① 甘乃光:《文书档案改革运动的回顾与展望》,北京:商务印书馆1937年版。
② 甘乃光:《文书档案连锁办法之试验》,《行政效率》1935年10月。
③ 甘乃光:《文书档案连锁办法之试验》,《行政效率》1935年10月。

批判》(《档案工作》1958 年 3 月 2 日)，王玉凤、张立军的《评述国民党时期推行的"文书档案连锁法"》(《档案管理》1994 年 10 月 20 日)，吕军的《文书档案连锁法与文书、档案工作一体化管理之比较研究》(《档案与建设》1995 年 2 月 15 日)，倪道善的《文书档案连锁法对我们的启示》(《北京档案》2000 年 1 月 20 日)和《文书档案连锁法与"文档一体化"》(《档案》2000 年 10 月 30 日)、张莉的《论我国档案管理现代化的历史起点——文档连锁制度再研究》(《西北大学学报》2004 年 4 月 30 日)，唐振华的《文书档案连锁法与文件生命周期理论之比较》(《山西档案》2007 年 2 月 20 日)，张会超《文书档案连锁法的重新审视》(《档案学研究》2011 年 12 月 28 日)和《文书档案连锁法学术争鸣赏析》(《档案学通讯》2011 年 11 月 18 日)。这些论文，有的以"文书档案连锁制度"为支点，对"文档一体化"、"文件生命周期"理论进行分析探究，有的以"文书档案连锁制度"为论述主题，深入探析其开展的内容、过程、意义和失败的原因。上述研究成果从民国文书改革所呈现的政治与文化的状况，文书改革推动国民政府行政体制改革，反映文书制度体系与行政效率的内在联系等多个维度把握文书制度体系的内在本质与内涵。

　　3. 关于民国时期伪造文书方面的研究

　　学界直接对于伪造文书罪等方面的研究成果尚少，如董劭伟与鹿军合写的《宋代伪造官文书犯罪透析》[①]、《论伪造——变造文书的检验》[②]（文小和，1992）、《契约文书的伪造——防伪与辨伪》[③]（冯学伟，2013）、《伪造文书罪责之研究》[④]（林建宏，2011）、《伪造文书罪》[⑤]（汪殷，2013）、《伪造文书罪研究》[⑥]、熊永明与胡祥福的《伪造文书罪基本观念的新倡导》[⑦]等。这些成果主

---

　　① 董劭伟、鹿军:《宋代伪造官文书犯罪透析》,《石家庄经济学院学报》2006 年第 6 期。
　　② 文小和:《论伪造——变造文书的检验》,《西南民族学院学报(哲学社会科学版)》1992 年第 3 期。
　　③ 冯学伟:《契约文书的伪造——防伪与辨伪》,《法制与社会发展》(双月刊)2013 年第 2 期。
　　④ 林建宏:《伪造文书罪责之研究》,中国政法大学博士论文,2011 年。
　　⑤ 汪殷:《伪造文书罪》,上海交通大学硕士论文,2013 年。
　　⑥ 熊永明:《伪造文书罪研究》,武汉大学博士论文,2005 年。
　　⑦ 熊永明、胡祥福:《伪造文书罪基本观念的新倡导》,《河北法学》2005 年第 2 期。

要从伪造文书行为上的辨析与伪造文书罪的界定及其法理分析,尽管为我们把握法理的要义、法令的内容与理清伪造文书现象的产生与解决提供了一些有益的学理指导,但对于伪造文书现象的呈现、审断的具体经过及其影响审判的诸多因素缺乏详细分析,尤其对民国伪造文书所折射之政治、经济及文化等民国社会鲜有关注。

同时,笔者对民国时期伪造文书问题有过考察与研究,如《抗战时期粮食伪造文书现象的历史考察》①、《抗战时期西南民族地区逃避兵役伪造文书现象研究》②、《抗战时期粮食伪造文书案与粮食安全》③、《宏观与微观的二重面相:以抗战时期湖南事关"拉壮丁"伪造案为例》④、《民国时期湖南伪造租佃文书个案研究》⑤,其中《抗战时期粮食伪造文书案与粮食安全》一文对抗战特殊历史环境下的粮食危机与财政危机所呈现的诸类伪造粮食文书案进行仔细梳理与分析,被认为是破解当时粮食危机的有力武器,却并没有真正成为解决粮食问题的有效途径,说明其制度仍只体现在纸面上,并没有成为活的现实土壤。民国政府为解决当时严重的粮食危机,实行"田赋征实"、"发行粮食券"等政策在极短时期内能解决一定问题,但政府强制调配粮食等社会资源并不能从根本上解决问题,揭示出粮食问题的出现与货币等经济因素之间的关系受基本的经济规律决定,说明粮食和货币信用体制仍然受"看不见的手"的支配,政府宏观政策不能违背社会生产规律,否则会出现更为严重的社会问题。粮食犯罪现象层出不穷,从而体现民国政府的政治、经济及社会环境无法正常应对战争及其带来的外部压力,揭示了国民党统治势力日趋式微。

总之,上述成果主要从伪造文书行为上的辨析与伪造文书罪的界定及其法理分析,尽管为我们把握法理的要义、法令的内容与理清伪造文书现象的产

---

① 徐德莉:《抗战时期粮食伪造文书现象的历史考察》,《求索》2014 年第 2 期。

② 徐德莉:《抗战时期西南民族地区逃避兵役伪造文书现象研究》,《贵州民族研究》2014 年第 2 期。

③ 徐德莉:《抗战时期粮食伪造文书案与粮食安全》,《江西社会科学》2013 年第 12 期。

④ 徐德莉:《宏观与微观的二重面相:以抗战时期湖南事关"拉壮丁"伪造案为例》,《贵州社会科学》2012 年 11 期。

⑤ 徐德莉:《民国时期湖南伪造租佃文书个案研究》,《求索》2012 年第 9 期。

生与解决提供了一些有益的学理指导,但对于伪造文书现象的呈现、审断的具体经过及其影响审判的诸多因素缺乏详细分析,尤其对民国伪造文书所折射之政治、经济及文化等民国社会鲜有关注。

（二）伪造货币

1. 对伪造货币罪法理上的研究与历史上伪造货币方面等基础性研究

第一,民国重要报纸、地方档案及经济史著记录大量货币伪造现象,如《申报》、《东方杂志》、《各省地方法院检察处档案》、《最高法院判例》及各地方新闻报刊、报纸皆对货币伪造案件及其他伪造现象有过一些记载。第二,集中于古代货币伪造的历史考察和当代伪造货币罪的法理视角进行探讨,以论文成果为主。如《关于宋代伪造纸币的问题》①李文艳与苏志龙合写的《简论南宋纸币的造伪与禁伪》②、周斌的《论两宋纸币的伪造问题》、③粟斌的《元代伪钞泛滥的工艺原因分析》④、李革文的《元代伪钞刍议》⑤、葛玉红的《清末民初伪钞的历史学探究》等。⑥ 陈英慧的《试论伪造货币罪的犯罪构成要件》⑦、黄明儒的《论持有、使用假币罪的几个问题》⑧、徐留成的《伪造货币罪构成特征比较研究》⑨。上述研究主要归为两个方面:一是对于古代货币形式的伪造研究,二是当代对伪造货币罪的概述、本质、伪造对象及主观目的等几个方面论述了伪造货币罪的法学本质,这对把握与理解伪造货币的内涵与分析相关案件提供了重要基础,上述论著尽管从研究的时间与研究的视角方面还是存在一定的单一性,但却为更深入的研究提供历时性与法理性的研究基础。

2. 关于货币战方面的伪造情况研究

---

① 陆敏珍:《关于宋代伪造纸币的问题》,《浙江大学学报(人文社会科学版)》2000 年第 8 期。

② 李文艳、苏志龙:《简论南宋纸币的造伪与禁伪》,《衡水学院学报》2010 年第 2 期。

③ 周斌:《论两宋纸币的伪造问题》,《四川文物》1994 年第 3 期。

④ 粟斌:《元代伪钞泛滥的工艺原因分析》,《中国钱币》2004 年第 4 期。

⑤ 李革文:《元代伪钞刍议》,《河北师范大学学报(哲学社会科学版)》2000 年第 3 期。

⑥ 葛玉红:《清末民初伪钞的历史学探究》,《南京社会科学》2008 年第 2 期。

⑦ 陈英慧:《试论伪造货币罪的犯罪构成要件》,《长春理工大学学报(社会科学版)》2008 年第 6 期。

⑧ 黄明儒:《论持有、使用假币罪的几个问题》,《湖南人文科技学院学报》2004 年第 5 期。

⑨ 徐留成:《伪造货币罪构成特征比较研究》,《河南社会科学》2007 年第 6 期。

学界主要集中于中日、国共等多方之间的货币战争，其中对假币制造有少量记载，成果形式以论文为主。《中日货币战》（国民出版社编，1939），该书将当时报刊杂志上刊载的有关中日货币战的重要文章汇编到一起。又如《二年来的中日货币战》（纯真，1939）、《日本在中国之货币战》（宫下忠雄，1941）二文，日本学者纯真、宫下忠雄等主要集中于中日货币战争方面论述，涉及货币伪造尽管著者所持观点与立场值得商榷，但从利用的史料及研究视角不同于国内，尚有拓展视野的价值。近年来一些学者对货币战研究也有较多关注，如《抗日战争时期国民政府对日伪的货币金融战》（陈建智，1987）、《日本侵华战争中的货币战》（梁晨，2004）、《货币之战：论抗日根据地的金融稳定政策》（汪澄清，2005）、《论抗日根据地的货币斗争》（黄存林，1985），这些文章着重论述了抗战时期中日货币战。戴建兵的《金钱与战争——抗战时期的货币》（戴建兵，1995）一书，其中记述了货币阵地战、法币外汇战、金银争夺战、真假钞票战、物资争夺战等中日货币战，阐述抗日战争背景下的货币与政治、经济、社会的综合关系。其中真假钞票战一节中对于日伪伪造法币及抗币、国民政府伪造日伪币有过叙述，但对伪造货币的过程、假币的具体运作及其处理缺乏详细的梳理与分析。

如《抗战时期日军使用假钞票的真相》（袁愈，1988）、《日本在侵华战争时期对重庆政权的伪钞工作》（房建昌，1999）、《民国时期的中日假钞之战》（孟国祥，1999）《抗日战争中抗币与法币、伪币斗争述论》（樊建莹，2003）、《淮北抗日根据地的货币发行与货币斗争》（陆文培，1986）、《抗战时期山东解放区的对敌货币斗争》（唐致卿，1999）。《中国近代金融史》（中国近代金融史编写组，1985）一书提及过1940年日本大藏省印铸局公然伪造法币数千万元一事。《川陕革命根据地货币史》对伪造法币、日伪假币及假的抗币及其惩治措施有过简单记载。上述研究成果更多基于货币斗争过程的简单描述，旨在经济侵略中的政治意味，尚未达到透过伪造现象提升到理论分析的程度。

国外的专门研究成果很少，评价亦不高。日本学者纯真、宫下忠雄、大竹慎一、浅田乔二等主要集中于中日货币战争方面论述涉及货币伪造，尽管著者所持观点与立场值得商榷，但从利用的史料及研究视角不同于国内，尚有拓展视野的价值。美国学者约翰.K.库勒著《货币战争》(约翰·K.库勒著,陈远明、陈曦琳译,2009)对中东、美、苏等世界各国的货币伪造历史做了描述性阐释。美国学者易劳逸著《农民、农税与国民政府(1937—1945)》与曾为国民政府财政顾问、中央银行顾问的美国人杨格著《China's Wartime Finance and Inflation 1937–1945》二文都从战时中国的财政金融政策进行了深刻观察和分析。此外,斯坦福大学胡佛研究所藏《蒋介石日记手稿》和《杨格日记手稿》中有大量关于战时货币政策、金融改革方面的记录,是研究战时货币金融不可多得的重要史料。特别是他们做为历史的见证人,参与了政策的制订与实施,在当时的历史语境中留下的史料是极为珍贵的,为本研究做了史料的准备工作和研究的铺垫工作。

另外,台湾学者林美莉著《抗战时期的货币战争》(台北,1996)对货币伪造有些涉及,张嘉璈著 The Inflationary Spiral,The Experience in China 对国民政府的财政金融政策有些论述,沈云龙主编《近代中国史料丛刊》(第一编第 875 册)中有八本关于中華银行史资料,为本研究提供资料基础。

新中国成立前,抗战前后货币金融问题引起政界学界较大关注:(1)侧重国民政府的货币金融政策。孔祥熙、章乃器、马寅初、刘大钧等分别对货币的本质、战时中国货币财政金融新政策及其检讨等方面进行了分析与介绍。(2)探讨战时货币战。货币伪造是货币斗争的重要手段,中日货币战成为被关注的重要问题。《经济动员》、《银行周报》、《财政评论》等刊登大量文章论述中日货币战,对货币侵略、货币问题进行了较多论说。(3)《东方杂志》、《申报》等对伪造货币等案情有过较多记载。但这一时期的论著大多建立在对货币金融政策、货币战的浅层阐释之意,政治意旨浓,学术意味弱,多为资料性著作。

新中国成立后三十年,这一时期国内关于抗战时期货币相关研究非常少,笔者仅见财政部统计处编写《中华民国战时财政金融统计资料》(财政部统计处,1964)有过资料性的梳理,缺乏深入分析与研究。

20 世纪 80 年代以来,抗战时期的货币伪造散见货币斗争研究中,成果形式以论文为主。主要从日本对中国经济侵略的货币战来阐述货币伪造问题产生的社会背景,但大多学者从货币伪造是"货币进攻"手段或表征等方面来论述。戴建兵著《金钱与战争——抗战时期的货币》(戴建兵,1995)一书也是从论述货币战中对伪造货币有过阐述。

从上述研究成果来看,学界主要是对抗战时期货币政策、货币斗争等进行一定的梳理与分析,尽管对于整个民国伪造货币也有些涉及,但往往语焉不详,内容过简,概括性之研究居多,细致深入的研究尚少,缺乏翔实的史料佐证,亟需进行全面系统考察。

(三)伪造度量衡与有价证券研究

1. 伪造度量衡

第一,古代度量衡史的研究。度量衡是我国古代计量的基本内容,是社会生产、交换、消费不可缺少的技术条件。在一定意义上,它标志着一个历史时期的经济和科学技术发展的水平。对于度量衡史的研究有利于深入了解与分析过去社会生产、生活及经济与政治等多个方面之间的互动关系。既有研究成果主要集中于古代及近代度量衡史的研究,其中论著不少,论文方面主要有梁方仲的《中国历代度量衡之变迁及其时代特征》[1]、刘东瑞的《我国古代度量衡的产生、标准和单位量的增长原因》[2]、吴慧的《春秋战国时期的度量衡》[3]与《宋元的度量衡》[4]、张仁杰的《汉唐粮食亩产反映的度量衡问题》[5]、姬永亮的《明清时期度量衡管理机构考略》[6],上述研究成果为我国度量衡史研究提供了重要研究基础。

其中,《春秋战国时期的度量衡》一文对春秋战国时代度量衡统一趋向所反映的政治统一与社会结构的多维面相进行深入考察。春秋战国时期是度量

---

① 梁方仲:《中国历代度量衡之变迁及其时代特征》,《中山大学学报》1980年第2期。
② 刘东瑞:《我国古代度量衡的产生、标准和单位量的增长原因》,《史学月刊》1981年第3期。
③ 吴慧:《春秋战国时期的度量衡》,《中国经济史研究》1991年第4期。
④ 吴慧:《宋元的度量衡》,《中国经济史研究》1994年第1期。
⑤ 张仁杰:《汉唐粮食亩产反映的度量衡问题》,《古今农业》2009年第2期。
⑥ 姬永亮:《明清时期度量衡管理机构考略》,《宁夏大学学报(人文社会科学版)》2014年第3期。

衡发展史上的一个新的阶段。但由于当时小国林立,诸侯纷争,政治上的不统一,表现在度量衡上就有不少的地域差异。不过所谓差异也并非杂乱无章,完全没有头绪可寻,事实上后来差异便逐渐趋于缩小了。这里面原因有两个:一是各国之间物资交流的日益频繁化,客观上要求有一个统一的度量衡,以便利商品的交换,促进流通的扩大;二是在以统一为目标的兼并战争中,原先有差异的度量衡也因政治的统一而统一,统一的度量衡制度随着疆域的扩大而不断延伸。著作亦有:吴承洛的《中国度量衡史》①、丘光明的《中国度量衡》②、《中国古代度量衡图集》③、《计量纵横》④、《中国历代度量衡考》⑤、《中国古代度量衡》⑥、《中国物理学史大系——计量史》⑦、《中国古代计量史图鉴》⑧,吴慧的《中国历代粮食亩产研究》⑨、《新编简明中国度量衡通史》⑩,邱隆、葛楚鑫、杨学功的《计量史话》⑪,关增建、孙毅霖、刘治国等的《中国近现代计量史稿》⑫,等等。上述成果主要集中于中国古代度量衡史的分析与研究,对于古代度量衡单位、计量的历史演变的轨迹及其发展、历代度量衡制度的发展过程及其时代特征、度量衡的历史演变原因及其对历代政治、经济与社会变革的影响与互动作用。

第二,民国度量衡划一制度及其机构的研究。统一度量衡,不仅关系到国家政权的稳定,也影响到普通大众的生活。近代中国度量衡制度十分混乱,南京国民政府成立后,便着手统一全国度量衡制度。1930 年 7 月 14 日在南京成立中国度量衡学会,以"联络同志,研究应用学术,共图推行中国度量衡新

① 吴承洛:《中国度量衡史》,上海:商务印书馆 1937 年版。
② 丘光明:《中国度量衡》,北京:新华出版社 1993 年版。
③ 邱隆、丘光明、刘东瑞:《中国古代度量衡图集》,北京:文物出版社 1980 年版。
④ 丘光明:《计量纵横》,北京:中国计量出版社 1989 年版。
⑤ 丘光明:《中国历代度量衡考》,北京:科学出版社 1992 年版。
⑥ 丘光明:《中国古代度量衡》,北京:商务印书馆 1996 年版。
⑦ 丘光明:《中国物理学史大系——计量史》,湖南:湖南教育出版社 2002 年版。
⑧ 丘光明:《中国古代计量史图鉴》,合肥:合肥工业大学出版社 2005 年版。
⑨ 吴慧:《中国历代粮食亩产研究》,北京:农业出版社 1985 年版。
⑩ 吴慧:《新编简明中国度量衡通史》,北京:中国计量出版社 2006 年版。
⑪ 邱隆、葛楚鑫、杨学功:《计量史话》,北京:中国计量出版社 2010 年版。
⑫ 关增建、孙毅霖、刘治国等:《中国近现代计量史稿》,济南:山东教育出版社 2003 年版。

制"为宗旨,编辑出版《度量衡同志》、《度量衡与工业标准》,一时期引起全国研究与推进度量衡工作,为全国划一计量事业作出一定贡献。当前,对民国时期度量衡方面的研究有如下成果:《论国民政府划一全国度量衡》①、《民国前期工商部度量衡制造所与北平度量衡行业概况》②、《近代山东农村土地分配中的度量衡及币制问题》③、《民国时期奉天地区度量衡考》④、《民国时期度量衡制造机构介绍》⑤、《民国时期河南省的度量衡划一工作》⑥、《抗日战争时期的度量衡划一》⑦、《抗战时期划一度量衡之重要性》⑧、《抗战时期的北碚全国度量衡局》⑨、《抗战时期四川的度量衡标准化工作》⑩。其中,李建国在《近代甘青民族地区度量衡制考议》与《近代甘青藏区度量衡制问题探析》二文中对近代甘青藏区商贸活动中所使用的度量衡器的复杂概况及其度量衡器的这种混乱状况,给当地商贸经济带来了负面的影响,同时对造成这种状况的原因进行了深入分析与考察,认为有当时社会经济水平方面的因素,有外来商帮的因素,也有官府方面的因素。

第三,伪造度量衡案方面。工商部于 1929 年 9 月召开度量衡推行委员会,颁行了《度量衡法》、《全国度量衡划一程序案》、《全国度量衡局组织条例案》、《度量衡制造所规程案》、《度量衡器具临时调查规程案》、《度量衡器具检定费征收规程案》、《度量衡器具盖印规则案》等等法令法规,1935 年《中华民国刑法》中制订了伪造度量衡相关法律法条,为伪造、变造度量衡案提供法

---

① 赵毓坤:《论国民政府划一全国度量衡》,《民国档案》2003 年第 2 期。

② 邱隆:《民国前期工商部度量衡制造所与北平度量衡行业概况》,《计量史话》2009 年第 6 期。

③ 张佩国:《近代山东农村土地分配中的度量衡及币制问题》,《中国农史》1998 年第 2 期。

④ 王涛、李玉尚:《民国时期奉天地区度量衡考》,《上海交通大学学报(哲学社会科学版)》2011 年第 3 期。

⑤ 陈传岭:《民国时期度量衡制造机构介绍》,《中国计量》2015 年第 1 期。

⑥ 邓学忠、姚明万、邓红亮、陈桂兰:《民国时期河南省的度量衡划一工作》,《计量史话》2005 年第 5 期。

⑦ 孙毅霖、邱隆:《抗日战争时期的度量衡划一》,《计量史话》2005 年第 10 期。

⑧ 郑礼明:《抗战时期划一度量衡之重要性》,《计量史话》2005 年第 10 期。

⑨ 张烈文:《抗战时期的北碚全国度量衡局》,《计量史话》2006 年第 9 期。

⑩ 杜俊华:《抗战时期四川的度量衡标准化工作》,《四川档案》2007 年第 3 期。

律依据。特别是抗战进入最严重时期，所有士卒军食类，依后方民家供应，军粮民食供应存在严重不足时，一时间不法商民为谋利而伪造度量衡破坏市场及抗战事宜。此类案件《申报》、《大公报》、《东方杂志》、《司法公报》以及各地省政府公报与各省高等法院皆有大量相当伪造度量衡案卷记载着伪造事宜，这些皆为进一步研究与考察当时伪造度量衡的重要史料。

2. 伪造有价证券

对于伪造有价证券罪的研究主要是从法学理论及其案件方面的研究，如《论伪造有价证券罪》、《伪造有价证券罪新探》、《有价证券诈骗罪定性问题研究》、《伪造有价证券罪立法比较分析》①，这对于更进一步的学术研究提供了学理的研究基础，但同时也说明研究有更新的视角与更广的方向。

(四)研究存在的问题及展望

伪造现象是一直困扰着历代中国政府的社会问题。目前对伪造现象的研究主要是侧重于古代伪造钱币的研究或对于伪造罪等法理性的专业研究，呈现其单一性、零散化、线形式等表征。总体来说，研究基本上还处于起步阶段，基础工作较差，视野不够宽广，范围比较狭窄，成果数量极为有限，低水平重复现象非常严重，相当一部分研究成果缺乏文献档案材料的支撑，真正有开拓性、独创性或确能把相关的史实深挖、把史事说透的论文或著作并不多见。这与伪造行为、伪造问题一直呈现于历史与现实，一直困扰于历代政府之理论与现实作用极为不相称。

第一，目前尚未出版一部具有一定权威的研究专著，大多数仅在研究货币战争时少量阐述伪造货币作为货币战争的一种手段的记载与论述。例如约翰·K.库勒著《货币战争》(约翰·K.库勒著，陈远明、陈曦琳译，2009)一书对中东、英、法、美、德、苏等世界各国的货币伪造历史做了深刻考察，揭示各国在战争中，也包括和平时期，通过伪造敌方货币暗中削弱其经济、社会和执政当

---

① 崔庆森：《论伪造有价证券罪》，《法学研究》1987 年第 6 期；顾肖荣：《伪造有价证券罪新探》，《法学》1987 年第 2 期；王晨：《有价证券诈骗罪定性问题研究》，《人民司法》2002 年第 11 期；邱帅萍：《伪造有价证券罪立法比较分析》，《华北水利水电大学学报》(社科版)2014 年第 3 期。

局的历史具象,说明维护货币信用、货币安全的货币体系十分重要,但是涉及内容仅限于介绍缘起与经过,并无专门深入研究。

第二,没有深入发掘与有效利用档案文献资料。关于民国时期伪造文书、伪造货币、伪造有价证券、伪造度量衡的案卷资料,在南京第二历史档案馆、台湾中央研究院以及各省、市地方档案馆内收藏了大量相关案卷,是考察与研究伪造罪及伪造问题的重要资料。历史研究的基本方法是实证法,特别讲究资料的严谨与充实,强调论从史出,"有一份材料说一份话",摒弃毫无事实依据的逻辑推理。没有利用档案资料,无法把档案中发现的有代表性的案例还原到具体环境之中,实现连接历史与现实性之历史研究的本真,无从达到从多角度解读民国地方法律与社会的目的。因此,可以说,缺乏档案方面的原始档案资料的支撑,使得既有研究缺乏严肃性与科学性。

第三,许多研究课题还没有引起人们的关注。如民国时期伪造货币、伪造文书、伪造有价证券、伪造度量衡等系列伪造问题产生的社会成因、抗战时期国民政府伪造货币的治理机制对日本金融侵略政策的影响、抗战时期货币主权博弈与伪造货币研究、民国伪造货币的大量呈现对政府及普通民众生活及心态影响的研究、粮食盐等专卖制度下伪造文书案的研究、民国时期度量衡的伪造与经济秩序建构研究。

第四,没有揭示该问题研究的现实借鉴与深远的社会意义。如对民国时期伪造文书问题的研究及文书制度的研究对于今天的社会治理、文化治理与国家治理体系现代化的历史作用却很少有深入的专门的渗透;此外,对民国伪造货币研究更多侧重于国家货币战本身的研究,而没有从其伪造行为及治理措施对于今天金融建设及国家金融安全的历史启示等方面的研究;以及关于民国伪造度量衡与目前市场规范作用及市场体系建构的关联性研究非常之少。

上述研究现存的问题也是需要进一步深入研究的着墨之处,亦从另一角度开拓了研究的维度。

第二节　考察视角与研究取向

一、研究对象与内容

伪造是本项研究的关键词,也是理解伪造罪的关键和分析有关伪造案的基础。因此为了阅读理解和行文的方便,此先对伪造及伪造罪的概念略加解说(关于其他相关概念的解说,参阅后文相关章节)。

伪造一词,在《辞海》《辞源》等工具书中均无专条解释。《现代汉语词典》则简单解释为"造假",这显然未能揭示伪造的深层含义。在《法学辞源》中,"伪"是对伪造及相关词语的解释。① 国外的刑法典也很少就伪造一词单独作出立法解释,只有新加坡、印度和英国等国在立法上对伪造作了明确解释。《新加坡共和国刑法典》第28条规定:"伪造"是指使一个东西相似于另一东西,且企图通过这种手段实施欺骗,或者是明知此种做法可能产生欺骗。释义1:就伪造而言,模仿得是否准确并不重要。释义2:当某人用一个东西仿照另一东西时,此仿照可能会被其用来欺骗。除有相反证明以外,应当假定此人使一个东西相似另一东西,且企图通过这种手段实施欺骗,或者应明知此种做法可能产生欺骗②。《印度刑法典》第28条对伪造的解释与此相似③。英国《1913年伪造罪法》第1条第1款规定:"在本法范围内,伪造是指制造假文件,以使其能当作真文件使用。凡在本法所列印章与印模的情况下,伪造印章、印模的行为,以及基于诈骗与欺骗之意图而为的伪造行为,根据具体情况,按本法的规定处罚。"④另外,《美国模范刑法典》第224—1条第(1)项规定的几种伪造行为,也可视为对伪造的立法解释:"A.无本人之授权而变更他人之文书;B.并无本人之授权而竟表示为本人所作成或表示与实际不符之时日、地

---

① 李伟民主编:《法学辞源》,北京:中国工人出版社1994年版,第498—499页。
② 柯良栋、莫纪宏译:《新加坡共和国刑法典》,北京:群众出版社1996年版,第5页。
③ 赵炳寿等译:《印度刑法典》,成都:四川人民出版社,1988年版,第6页。
④ 〔英〕J.W.塞西尔·特纳:《肯尼刑法原理》,王国庆等译,北京:华夏出版社1989年版,第409页。

点、或作成之顺序,或并无原本存在而竟作成、完成、签名盖章、认证、发行、交付表示为其副本之文书;C.明知为 A、B 各款所定方法所伪造之文书而行使者。"①《新加坡共和国刑法典》和英国《1913 年伪造罪法》规定的"伪造"定义,从学理上讲,是一种狭义的伪造,它并没有将作为一类罪的伪造罪的所有客观方面的行为涵盖进去。而《美国模范刑法典》所定义的"伪造",则是从广义的角度规定的,它是指作为一类罪的伪造罪所特有的伪造行为。从这些不同的立法规定可以看出,"伪造"这一概念在不同的层面可以作不同的理解。日本学者大谷实在论述伪造文书罪时也是将伪造区分为最广义、广义、狭义、最狭义四个层面的伪造进行论述的②。这一论述对理解伪造罪中的伪造概念具有十分重要的借鉴意义。

在论及伪造罪(指以行为方式即伪造进行归类的犯罪)这一类罪时,"伪造"的含义相当广泛③,含指对于在在法律事务、经济贸易、社会生活中具有能够确认或证明某种权利和义务或某项法律后果之事实的货币、有价证券、文书以及其它技术手段之物品进行弄虚作假、篡改等真实情况,或者明知属于改变真实情况的上述物品而仍然行使、收集(取得)、交付的行为。此外,因为据笔者查阅档案资料时均发现有将二者混肴之实,是故在此特别说明伪证罪与伪造区别,以便研究之准确与方便。伪证罪是指在刑事诉讼中,证人、鉴定人、记录人和翻译人对与案件有重要关系的情节,故意作虚假证明、鉴定、记录、翻译,意图陷害他人或者隐匿罪证的行为。应当指出的是,本书所研究的是伪造罪中的伪造货币、文书、有价证券和度量衡等;其与伪造证据的案件,如妨害农工商行为中的伪造商标行为有所区别,后者是指意图欺骗他人而伪造或仿造已登记的商标而形成的损害他人的行为,属于妨害农工商罪中的伪造商标行为(罪)。因此,本书研究的对象即包括伪造货币、伪造有价证券、伪造文书、伪造度量衡所有伪造案及其审断研究,通过梳理诸类伪造个案,力求把档案中发现的有代表性的案例还原到具体环境之中,连接历史与现实,达到从多角度

---

① 《各国刑法汇编》(下册),台湾:台湾司法通讯社 1981 年版,第 2006—2007 页。
② [日]大谷实:《刑法各论》(下),日本:株式书社成文堂 1982 年版,第 443 页。
③ 详见黄明儒:《试论伪造罪的概念与范围》,《法制与社会发展》2000 年第 6 期。

解读民国地方法律与社会的目的。

　　本项研究至少就时限而言,无疑属于历史的范畴,故"实证研究应是史学研究的基础"①,应属适用。不过,本题的特殊性在于,其所考察的对象是为各种"犯罪"案件,因此对于具体问题的考察,特别是针对各种案件,本书实际更注重于案例分析法。在比较广泛的意义上,则综合运用了社会学、法律学、犯罪学、统计学等方法展开研究,力图多视角、多层面地剖析进而透视各类伪造案件的发生、司法介入及其审断等情况,以期至少一定程度地呈现民国时期伪造案的判决情形和审断规律,从而揭示民国司法、政治等实际情况。同时,也期望通过本项研究,探寻在当时特定的历史时期,尤其是在抗日战争那个特殊背景中,法律或司法的运用实情,及其在社会上的影响。

　　在具体操作上,本书将根据各种类型的伪造案,分别章节予以考察论述。即在总体考察民国时期伪造案概况及各种社会问题的基础上,分别考察伪造货币案、伪造文书案、伪造度量衡等案件,再分别论述各种类型的案情及其审断情况,进而对各种类型的案件及其审断所反映、或所引起的诸多问题进行分析。比如审断过程中的判决趋轻、"怜恤贫弱"、对妇女的宽宥等;通过具体的判决情况尤其是各级法院判决案件之根据的变化,呈现民国时期关于惩治伪造案的法律变化及其实施情况;通过对各种案件和案例的考察分析,归纳总结各地区判案情况与各级法案审断判决情况的差异,寻找其中的线索或规律;考察诸如法律法规的变化、各级司法机关执法人员对法律的认知和运用上的"讳误",以及地方政策、习惯和保甲制度以及战争背景等影响案件判决的综合因素,期对民国时期的司法及其实行情况形成某种切实的了解与认知。

二、研究的区域与时域

（一）研究的区域范围

　　区域史相关学者指出:"在现阶段,各种试图从新的角度解释中国传统

---

① 　章开沅、苏全有:《清末邮传部研究·序言一》,北京:中华书局 2005 年版。

社会历史的努力,都不应该过分追求具有宏大叙事风格的表面上的系统化,而是要尽量通过区域的、个案的、具体事件的研究表达出对历史整体的理解。"①个性有其特殊性,然而特殊性亦反映其普遍性,即个性反映共性。因此,通过对区域史的考察与研究,亦能在一定程度上反映全国之概貌与相类似之本质规律。但个性是有其产生与发展之特殊性,这与其特殊的环境亦有一定之关联。民国时期湖南伪造案与该省的地理环境、政治、经济文化状况皆有着深刻的联系。

1. 地理位置与气候

湖南省居中国的南部中央,在长江以南,东界江西,北邻湖北,西为四川、广东,南接广西。就地质构造变化,西部为新华夏大内斜的湘黔边区,为中国南北纵走地质线的南端,有断层崖、拗折崖等现象,交通不便。南部为东西构造带的湘南弧,造成东翼的反射弧。② 西境也有反射弧,多山、湖群及低丘分布,造成交通不便的情况。地形上分成湘西山区及洞庭盆地为主。湘西山区,山势起伏有背斜层和向斜层分布,故湘境山岭连绵,河水湍急,谷壁峻峭,少有平原。而澧水、沅江分别注入洞庭湖。③ 而洞庭盆地以湘南弧、新华夏大内斜湘黔边区环抱大盆地。境内有湘江、资水流过。过去有云梦大泽的洞庭湖汇集湘资沅澧,故往往泛滥成灾,造成农作物损害。湖南民国时期的 38 年期间,共发生水灾 37 年次,旱灾 20 年次,虫灾 21 年次。④ 湘省东西南三面环山,山间有谷地,境内丘陵遍布占2/3。气候上位于北纬25度到30度之间,属于副热带湿润气候,其特性大多为冬寒冷而夏酷热,春温多变,秋温陡降,春夏多雨,秋冬干旱。伪造货币罪作为一种犯罪现象、法律现象,它与一定的社会环境是有其必然联系的,这也符合现代犯罪社会学家所持之观点,即犯罪现象与社会的经济状况、地理位置、人口密度、人种类别、气候条件、职业地位、宗教

① 陈春声:《走向历史现场》,见《历史·田野》丛书总序,北京:生活·读书·新知三联书店 2006 年版。
② 王益崖:《中国地理》(上),台北:国立编译馆 1961 年版,第 17 页。
③ 王益崖:《中国地理》(上),台北:国立编译馆 1961 年版,第 384—388 页。
④ 转引自钟顺:《民国时期湖南自然灾害原因探析》,《湖南省社会主义学院学报》2006 年第 5 期。

风俗、城乡差异、文化教育等环境因素亦有密切之关联。乃至,湖南人民不得已为了生存而不惜铤而走险,走向伪造之路。

1935年,设湘西绥靖处于沅陵,把湘西地区19个县划属5个行政督察区,即:慈石庸区,专署驻慈利县,辖慈利、石门、大庸县。永保龙桑区,专署驻永顺县,辖永顺、保靖、龙山、桑植县。乾永凤古区,专署驻乾城县,辖乾城、永绥、凤凰、古丈县。沅泸辰溆区,专署驻沅陵县,辖沅陵、泸溪、辰溪、溆浦县。芷黔麻晃区,专署驻芷江县,辖芷江、黔阳、麻阳、晃县。

1936年1月,省政府把行政督察区建置在全省推行,分全省为9区。此后,行政督察区的数量及其辖县数有变化,或8区,或9区,或10区,而以10区的划分维持时间略长。如1938年,复分全省为10区,情况如下。

第一区,专署驻浏阳县,后迁驻岳阳县。辖浏阳、长沙、醴陵、湘潭、平江、湘阴、岳阳、临湘8县。

第二区,专署驻衡阳县,1942年6月,迁驻茶陵县。辖衡阳、常宁、耒阳、安仁、酃县、茶陵、攸县、衡山8县。

第三区,专署驻郴县,辖郴县、宜章、汝城、临武、蓝山、嘉禾、桂阳、永兴、资兴、桂东10县。

第四区,专署驻常德县,辖常德、桃源、慈利、石门、临澧、澧县、安乡、华容、南县9县。

第五区,专署驻益阳县,辖益阳、宁乡、湘乡、安化、沅江、汉寿6县。

第六区,专署驻邵阳县,辖邵阳、新化、武冈、新宁、城步5县。

第七区,专署驻零陵县,辖零陵、祁阳、东安、新田、宁远、道县、江华、永明8县。

第八区,专署驻永顺县,辖永顺、古丈、保靖、大庸、桑植、龙山6县。

第九区,专署驻沅陵县,1943年9月,迁驻乾城县所,辖沅陵、溆浦、泸溪、乾城、永绥、凤凰、辰溪、麻阳8县。

第十区,专署驻会同县洪江镇,辖会同、芷江、黔阳、晃县、绥宁、靖县、通道7县。1942年4月,增领怀化县。

抗战胜利后,全省行政督察区一度改划为8个;长沙、衡阳2市和长沙、湘潭、醴陵、浏阳、平江、临湘、岳阳、益阳、宁乡、湘阴等 10 县由省政府直辖。1948 年,全省又重新划为 10 个行政督察区,下辖 77 县,但各区辖县有所调整。情况如下。

第一区,专署驻岳阳县,辖岳阳、长沙、浏阳、醴陵、湘潭、平江、湘阴、临湘 8 县。

第二区,专署驻衡阳市,辖衡阳、茶陵、衡山、耒阳、攸县、常宁、安仁、鄗县 8 县。

第三区,专署驻郴县,辖郴县、桂阳、永兴、宜章、临武、桂东、汝城、蓝山、嘉禾、资兴 10 县。

第四区,专署驻常德县,辖常德、澧县、桃源、石门、慈利、南县、华容、安乡、临澧 9 县。

第五区,专署驻益阳县,辖益阳、湘乡、安化、汉寿、宁乡、沅江 6 县。

第六区,专署驻邵阳县,辖邵阳、新化、隆回、武冈、新宁、城步 6 县。

第七区,专署驻零陵县,永明、江华、道县 8 县。

第八区,专署驻永顺县,古丈 6 县。

第九区,专署驻沅陵县,麻阳、永绥、乾城 8 县。辖零陵、祁阳、宁远、新田、东安、辖永顺、保靖、龙山、大庸、桑植、辖沅陵、辰溪、溆浦、泸溪、凤凰。

第十区,专署驻会同县洪江镇,辖会同、芷江、绥宁、黔阳、晃县、靖县、通道、怀化 8 县。

最后,特别需要提及的是,湖南省省会长沙县城区于 1933 年 8 月置市。1943 年 4 月,又划衡阳县城区置市。市的设置,标志着湖南政区的发展进入到一个新的阶段。今天湖南省的市辖县政区体制,其基础设置即可寻源于此。① (参见地图 11-1)

2. 政治、经济概况(详述见文后)。

本书考察后发现关于湖南伪造案大多集中于抗战时期与解放战争时期。1927—1937 年间,政局动荡,内战频繁,水旱灾害不断,湖南国民经济在内忧

---

① 周宏伟:《湖南政区沿革》,长沙:湖南师范大学出版社 2009 年版,第 160 页。

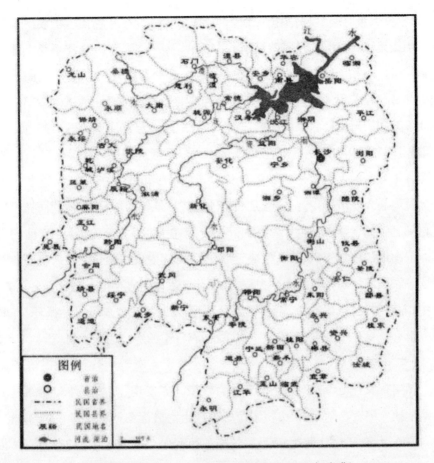

地图 11-1　民国湖南省政区示意图(以 1935 年为准)

外患的困境中,走过了 10 年艰难曲折的历程。1927 年 9 月 15 日,中国国民党宣告统一后,湖南政局相对稳定,国民经济逐渐好转。1931—1935 年,湖南不断发生水、旱灾害,内战不休,加之世界资本主义国家为了转嫁严重的经济危机,加紧对中国的经济侵略,湖南出现了经济凋敝、市场萧条的景象。1935—1937 年,国民政府采取一系列新的措施,积极恢复生产,湖南经济迅速发展,工农业生产和其他许多事业的发展,均达到了民国以来的最高水平。1937—1945 年,湖南是抗日战争的重要战场。1938 年 10 月下旬,中国抗日战争中的国民党正面战场节节失利,广州、武汉相继失守,湖南便从抗战后方变为抗战前线,形势十分紧张。由于战争频频爆发,劳动力没有时间参加农事而去应对战争,物资大量匮乏,以衡阳衡山地区的农村为例,1938 年衡山区的农民米价为 244.2 元每石,到 12 月底就涨到了 346.1 元每石了,而 1939 年更是上涨为 364.0 元了。物价上涨,而其中农民的主要生活—基本消费也快速上涨,农民的生存都存在着很大的问题,这些数字反映的是湖南农民的艰难生活。① 解放战争期间的湖南农村经济极度脆弱,农民生活困苦连简单的再生产也难以为继。1945 年由于久旱不雨,衡山颗粒无收,死者众多,导致疫病流行,短短三个月里死亡的人数就达到了 9 万人。到处都有饥民乞讨的身影,这些乞丐还大量地涌入城市沿街行乞,但是在全国经济不景气的情况下,他们同样无法乞讨到足够的食物维持生计。再加上 1946 年春夏间,全省又发生了空前的饥荒。滨湖地区粮食告急,粮仓中缺乏粮食了,许多农民在两三个月后就开始断粮了。农民四处挖掘野菜和剥树皮,甚至在饥饿难耐时不得不吃观音土充饥。湘中、湘南等地"饥民载道,饿尸盈野"②。因为灾荒又造成了恶性循环,有些地方没有粮食种子下种,也没有耕牛耕种,农村中的经济陷入了窘境。

(二)研究时域

湖南省及各地市档案馆是笔者着力较多、也"发现"相关案件和案例更多的藏档地。笔者在湖南省、市档案馆所收藏之伪造档案资料就有 600 卷 2800 件,近 60 万字,还有其他地、市档案馆相关档案也有近 200 卷 430 余件,约 20 万字,上述档案资料中大约载有近 5000 个案件和案例。

笔者对于上述诸多案卷进行认真梳理,细嚼档案提供的信息,发现所发生之案件基本时限呈现在 20 世纪 30、40 年代,特别是抗战时期,即九一八事变之后至抗战胜利,当然 1946 年至 1949 年仍然有相当伪造案件,只是这些不同阶段伪造案件的具体情形不一。如在伪造货币时间段基本处在抗战前期及抗战相持阶段,这与法币改革前后,与货币变革本身及货币属性有关,同时,抗战期间伪造货币增多与日伪货币战争手段亦有相当之关联,为此,研究这一时期的伪造货币案必须在抗战这一特殊背景下进行考量。此外,抗战期间伪造事

① 《衡阳县志·粮油贸易分志资料长编》(1840—1989)(下),第 4 页。
② 《国民日报》1946 年 5 月 2 日。

关粮食、盐及相当专卖物品案例较多,这又与抗战统战经济制度有密切关系。另外,解放战争期间,全国卷入内战与命运抉择之中,国民党统治日趋式微,这一期间呈现伪造关防,甚至伪造委任状者,诸如此等伪造情形皆反映具体历史场域与时域下的不同动机与内因,为此,还原案件审断历史场域,深刻分析民国的经济、政治、文化等多维社会面相进而把握伪造情景下的民国社会诸态。

因此,把研究对象确定在相对集中的时限与典型个案展开分析与考察的研究范式,更加为客观实在的研究提供了有效性与准确性,根据笔者所查阅资料呈现的时间显示,为此,本书研究基本时限为 1930 年至 1949 年,但更为集中的研究为抗战时期,这就为集中时限和案件案例情况而展开研究提供了某种便利。

三、研究思路

对湖南伪造问题研究,其基本思路是坚持"学术标准与宏观视野"。

从历史与文化、社会之间的联系,把研究的现象和问题放在历史的长河之中,在特定的历史语境之下,从宏观的学术视野进行清醒冷静的学术分析,从而把现象和问题正本清源、梳理清晰,使研究更具体、深入,真正具有学术价值,在研究具体的现象和问题时,要具有宏观的视野和观察的角度,达到登高海自平的境界,使自己处于俯视的境地,使自己的研究角度不拘泥于一个狭小世界。但是我们在具体的研究问题时要避免大而不当,大而空洞的倾向,任何宏观的把握都离不开微观的介入,微观的研究和探讨也是研究者应具备的方法,同样也是不容忽视的一个方面。将自然科学研究中的"宏观"、"微观"概念借用于历史学,结合历史学的学科特征,在历史研究中采用的两种主要研究方法。历史宏观研究法是与历史微观研究方法相对而言,指从更多的角度、更宽广的范围、更长的历史时代对社会历史进程进行跨学科的综合研究。微观研究方法则从较少的角度和较狭窄的范围对个别历史现象进行探讨。

"学术标准",就是在研究中要高度重视第一手资料的收集、整理和充分利用,湖南省及各地市档案馆是笔者着力较多、也"发现"相关案件和案例更多的藏档地。但笔者在湖南省、市档案馆所收藏之伪造档案资料就有 600 卷 2800 件，近 60 万字，还有其他地、市档案馆相关档案也有近 200 卷 430 余件，约 20 万字，上述档案资料中大约载有近 5000 个案件和案例。民国重要报纸、地方档案及经济史著记录大量伪造案（《申报》、《东方杂志》、《各省高等法院检察处档案》、《最高法院判例》、《司法公报》及四川、湖南、江西等多省政府公报与各地方新闻报刊、报纸皆对伪造案件与现象进行了诸多记载，此外，台湾中央研究院馆藏监察档案中也有军部、党部伪造文书、伪造货币等案卷），这些为研究伪造案提供了重要的史料；并且利用《湖南商事习惯报告书》、《湖南各县风俗实况调查》、《湖南民情风俗报告书》、《湖南历史资料》、《湖南通史》、《调查川省诉讼习惯报告书》等更加有助于深刻理解伪造案发生及审断的具体历史环境。

笔者对于上述诸多案卷进行认真梳理，细嚼档案提供的信息，考其源流，深究档案背后的更多动因与资料深处揭示的成因，将微观研究与宏观研究相结合、历时性研究与共时性研究相结合，力求尊重"史料"，"有一份材料说一份话"，同时又要做到恰时恰当地将历史与现实相连接，将具有典型性的个案加以充分研究，力求还原于具体历史场景，尽量做到较为准确地研究历史，又能史为今用，为现世提供可贵的历史经验与智慧启示。

笔者试图将从湖南伪造案研究这一具象微观研究视角呈现在第二次世界大战期间全球伪造货币战争、伪造文书战争等宏观视野的历史背景下，将宏观研究与微观研究相结合，从而使得历史研究的过程不只是停留在发掘事实的层面上，而是一种我们在重新解释历史的过程，而是将湖南伪造案这一微观历史现象放到民国政治、经济、文化、社会等诸多纵横维度上来立体考察与研究。

湖南伪造案研究并不是指要把研究局限于湖南地方史的研究领域，也不要局限于伪造问题研究，而是要立足于宏观视野下的研究。在纵向上将湖南伪造现象的呈现与伪造问题的司法实践置于人类社会发展史中的政治与法律等制度建设历程之中进行分析与考察，在横向上把湖南伪造问题置于第二次世界大战时间全世界伪造世风之大背景下进行分析。

第一章　问题:民国伪造之风产生的社会背景及其概况

"一个统一政权及治安、交通、度量衡及国内自由市场诸方面的相应设施"的缺乏正是民国时期伪造问题呈现的基本社会环境,也是分析与考察民国时期滋生诸多伪造事宜的重要前提条件,通过透析伪造情形之具情及产生的社会因素,更进一步考察民国伪造问题的呈现及其审断,反映出司法与政治与社会文化及社会结构等多维面相,以便更有利于还原"伪造"之历史场域,从而深刻透析社会变迁过程中人们伪造行为背后的社会因素。正如有一位著名欧洲法学家所言:"法律发展的重心不在于立法,不在于法律科学,也不在于司法判决,而在于社会本身。"因此,社会是法律本身产生及其法律问题产生的土壤,这土壤即为社会结构、社会变迁、社会环境等。

第一节　民国时期伪造之风产生的社会背景

整个民国时期,尽管南京国民政府形式上统一了中国,但实际仍然处于各地军阀拥兵自重、派系林立的景况,客观上造成政治、经济及国内市场不统一的局面。特别是在抗战时期,中国出现国民党政权、共产党政权、日伪政权三种势力控制战时特殊情况,这种分而治之的分裂状态正是伪造问题滋生的客观社会环境。

一、日本全面侵华

20 世纪 30 年代世界发生经济危机,世国各地战事纷扰不断之际,西方大国相继采取种种金融措施试图转嫁本国经济危机于他国,以减轻本国政治、经济危机。掌握全世界金融的美、英二国,因为世界市场缩小,国税壁垒增高,金融停滞并积极向国内囤积的缘故,亦趋严重恐慌状。"英法等大国相继实行停止金本位,实行币制改革以图减缓金融危机。德法等大国出现严重的金融恐慌对华金融影响甚大。德国出现严重的金融恐慌,整个信用系统几乎崩溃。"①同一时期,日本也不可避免地陷入经济危机,做为岛国的它通过向邻国转嫁危机成为它的必由之路。

1931 年日本发动九一八事变,侵占中国东北三省,于 1932 年成立伪满洲国傀儡政权后进一步侵略华北。1933 年日军向长城各口进攻,逼签《塘沽停战协定》,从此中国不能驻兵冀东。1935 年日本发动"华北事变",压迫国民政府中央的势力退出华北,策动"华北自治",图谋华北与中国中央政府分离。为了迅速实现灭亡中国,独霸东亚和称雄世界的侵略计划,即"以迅速巧妙之手段使中国本部归我支配,以日满华三国为基本范围实行自给经济,以武力对付苏联陆上及英美海上之武力,切实掩护我东亚联盟地区,进而寻求制服敌人之方策,开拓战胜之途径"。② 日本法西斯集团决定利用对其有利的国际形势,趁中国抗日民族统一战线尚未达成之机,迅速发动全面侵华战争,以此摆脱国内经济、政治危机,实现征服中国的既定目标,加强它争霸世界的地位。

(一)日本对华经济侵略计划

任何战争中,经济与政治、军事一样起着非常重要的作用,而且可以说,经济是至关重要的基础。日本对中国发动了一场全面的侵略战争,其侵略包括了军事、政治、经济、文化各个方面,其中,"以战养战"是日本实行的经济侵略的重要战略方针。经济是决定战争胜负的基本因素,经济政策是运用经济和发挥经济力量的一把双刃剑,如果不能很好地使用这把剑,不但不能解决好战时的经济问题,更会造成军事失败。为此,日本方面在侵华战争中发动了一场没有硝烟但却一样激烈的经济侵略战。

---

① 耿青:《世界金融恐慌的现状及其前途(续)》,《国闻周报》1932 年第 9 卷第 8 期。
② [日]防卫厅防卫研究所战史室:《大本营陆军部》(1),日本:朝云新闻社 1969 年增印,第 379 页。

日本自"七七事变"后,日本制订系列侵华计划,略见日本制订所谓的新华北经济方针,其重要内容计划如次①:

一、主要内容

日满华经济建设要项主要内容,为具体达成皇家建设东亚新秩序,确保世界之永久和平使命计,国内体制革新之过程及生活圈扩大编成之过程,须使之综合一体而前进之日本的经济政策,大抵如次三大过程之综合的计划。

1.国家经济再编成之完成。

2.日满华经济编成之增强。

2.东亚共荣圈之扩大编成。

(A)基本方针

1.日满华经济建设之目标,今后于十年间确立三国一体之事业组织的经济建设体制,增强确立东亚在世界经济之地位。

2.日本关此之指导方针,三国一体协同的经济建设体制。

3.日本昂扬国民气魄,并革新内阁体制,努力扩充国力,援助育成满、华之经济建设,尤其担任科学技术划期的振兴及光期工业之开拓。

4.与日本有不可分关系之满洲国,期待其迅速整备,发展重要各种工业。

5.希望中国与日、满两国协力供献交通之发达,物资交易之圆滑,重要产业及资源开发复兴等事项。

6.为急速促进计谋,迅速整备日满华经济综合计划之机构。

(B)具体方针

日、满、华三国为东亚共荣团之基本躯干,故于紧密结合之计划下,负有规定经济关系之义务,政府本此观点,决定日、满、华三国产业分野,劳务、金融等基本政策。

(C)产业分野

考虑日、满、华三国之立场、环境及其经济发展阶段,综合的决定有机的成

---

① 中国第二历史馆编:《重庆国民政府财政部秘书处抄送关于"日满华经济建设十年计划"函》(1940年12月20日),见《中华民国史档案资料汇编:第5辑第2编,(附录)日伪在沦陷区的统治(下册)》,南京:江苏古籍出版社1997年版,第981—986页。

为一体,实关切要。日本今后谋高度精密工业与机械工业划期的振兴,力期重工业、化学工业及矿业等基本产业之飞跃的发展。满洲国则期待矿业及电气事业划期购发展,提供重工业及化学工业发展上必要之援助。中国则期待矿业及制盐业之发展,其工业原料之大量生产,由其现在环境观之,微期待重工业,化学工业之发展,即轻工业,大陆之发展亦必须助长,将来对于轻工业(就中逐次整理纤维工业及杂工业),考虑往大陆移动,又关于日本农业改善,关于土地诸制度,剧新经营,以谋农家之安定向上,俾确保国民主食及农村人口足有之方策。关于水产,尚谋发展,关于森林资源,尚求合理的运用。关于满洲之农业,素为日、满、华食粮及饲料补给之基地、又为世界特殊农产物供给之来源,有鉴于此,尚期待其彻底的增产。日本农业当更形开发,促进开拓民之移植。关于中国之农业,努力确保其国民主食,必须考虑棉花及特产物之增产。

1. 劳务分野。日本及东亚共荣圈为在世界经济上确保优位,对于皇国之劳务技术体制须加以划期的改定、一方皇国及各地域谋所有之劳力全体向上,必须谋使其有所贡献。因此调整皇国劳务技术之新体制,对劳务者须彻底身心之锻炼与科学教育,努力养成劳动生产性之高度化,技术者及技能者之养成,使达成满华经济建设所用之援助与育成目的,提供满华两国之产业开发,经济复兴所必需之技术及技能固不待言,而两国须鉴于技术之重要性,有自行养成之国策。满洲国谋华北劳务者之计划的入满并安定,同时与确立充足方策,特须努力于确立刷新矿工业生产劳务管理。

2. 金融分野。为促进国防金融之建设,金融职业必须合于突围的目的,使能确保国家必须物资之质及量,故为使日、满、华实施产业计划,决定计划的实施资金之分配,必须有能实行之金融机构,又与今后计术之进步,产业分野之设定等相伴随,须应矿业实施之转变,且能储藏重要物资,而整备金融上之组织。日、续、华之资金乃藉三国之蓄积固不待言,因此必须谋日、满、华累积增加其活用,而满洲、中国所需之产业开发资金须由日本援助,随同日、满、华三国经济关系之紧密化,于国际结算上必须确立三国互助的关系。

3. 交易分野。在世界经济新秩序中,对于旧有之商业的贸易主义颇有加以订立之必要,代诸以生产主义的贸易。各国各地域各经济圈各为获得各自计划生产所必要之物资起见,互相供给所必要之物资,不单日、满、华三国,即共荣圈内之各地域必须形成互相依存之贸易关系,是以为助成日、满、华三国及共荣圈内部物资之紧密的交流,有互相协定特别的结算方法之必要。

4. 交通分野。随同日、满、华三国及共荣圈内物资交流之紧密化,并为确保其共荣圈安全性起见,三国交通关系今后有按综合计划加以整备及适切的运营之必要,是以促进三国互相间的海陆运输联络,突飞的增加船空统制,航空联络,整备扩充电气通信设施。

二、伪满实施基本及部门方针

(A)基本方针

1. 日、满、华经济建设之目标,除今后十年确立日、满、华打成一体之自给自足经济外,且促进东亚共荣圈建设,以增强确立世界经济之地位。

2. 日、满、华经济建设之根本理念,以日、满不可分关系为基本,由三国一体的协同步骤,以增进共存共荣国民全般福利。

3. 为调整促进日、满、华经济综合建设计划,以谋整备联系上必要之机构。

(B)部门方针

日、满、华三国担当之部门,各考虑经济发展之阶段,以有机的一体,得照综合的规制而勘定。本实据此观点,我(伪满自称)国担当之分野产业、劳务、金融、贸易、交通等基本政策大抵如此:

1. 产业分野。我国不特谋今后工业及电气事业划期的振兴.且努力重工业及化学工业之发展,轻工业则适应国内需要考虑。其振兴农业乃日、满、华之食粮、饲料补给之基地,世界为特殊农产物之供给来源,尚期彻底的增产,日本复促进农业开拓民之移植,以资农业开发,而谋制盐业、畜产、林业与此并行的振兴。

2. 劳务分野。满洲求产业开发必须之技术者及技能者于日本,一方于国内基础上必须养成之,对于一般劳务者谋华北劳动者之入满及其他之安定,同时关于国内劳动力之出口,及于劳资与矿工业生产上努力刷新,劳务之确立。

3.金融分野。以国防经济之完成为契机,金融之职能必须以能确保国家必须物资之质及量为主眼,而资金之需,所按原则,依据三国内之积苦固不待言,因致力于满洲之积极增加及运用,同时重要工业之资金须仰求于日本。又与日、满、华三国之经济关系紧密化,须强化国际经济上之互助连环的关系。为保持贸易分别。东亚共荣圈之经济的自主独立,须根据从来之商业的贸易主义,改正交易之理念,而确立经济主义的贸易政策,即为由各国各自企划经济图获得自己计划的生活所必需之物资外,更供给其他必需之物资,日、满、华三国自不待言。益其共荣圈内之诸地域,必须按互相一环的关系规制贸易,如斯则能促进共荣因内物资交流之紧密化,而确立经济的自主性。

4.交通分野。为促进日、满经济之一体化,以谋物资交流之因沿,对于二国互相间之交通、通信团,须非综合的有机的运营。又满洲国自体亦必须按促进国防上并产业开发计划之见地,整备扩充此际之交通、通信设施。

三、日、满、华经济建设连系纲要内容

建设东亚新秩序,确保世界永久和平,以日、满、华为有机的一体之自存因,增强编制综合的结合,须促进完成国防经济,满洲与日本帝国愈益增强一体不可分关系,而与中国尤其与华北、蒙疆保持紧密连系,以确立自存图为主要,担当重要基础产业部门,以谋急速之整备发展。

上述新华北经济方针从劳务、金融、贸易到交通诸方面制订了具体详尽的侵略计划,充分体现了日军展开全面侵华的整体计划。

(二)日本对华经济侵略措施

1.农业方面

日本帝国主义为了把中国人民生产的粮食最大限度地掠夺到手,在农产品的购销方面,实行了两项残酷政策,即所谓"粮谷出荷"和"粮食配给",它是伪满14年间日本侵略者给中国人民制造的最深重的灾难之一。

七七事变后,日本对农产品的购销采取垄断政策,即实行"统制"。1937年春,关东军促令伪满政府成立"满洲农业政策委员会",并于5月审议了所谓农业基本政策,还决定对稻米、小麦、大豆、棉花等开始实行"统制"。1938年8月22日,伪满国务院会议决定实施《米谷管理制度要纲》,同年11月7日以敕令第 253 号公布了《米谷管理法》,以敕令第 254 号公布了《满洲粮谷股份公司法》。从此,以稻米为首的粮食购销、加工等均由伪满政府控制,并统由满粮谷公司进行。

随着侵略战争的持久和扩大,日本帝国主义为了加强粮食掠夺,满足庞大的战争需要,实现变东北为"大东亚粮谷兵站基地"的目的,将粮食购销由严格"统制"变为强制购销,即推行所谓"粮谷出荷"政策,强迫农民售粮。最初还辅之以一些欺骗手段,即实行"奖金制度"和"先钱制度"①。

太平洋战争爆发后,为了贯彻《战时紧急经济方策要纲》第三条,"在农产物方面,于图谋积极增产和彻底搜荷的同时,更须加强国内配给体制,努力扩大对日输出的余力。"②实行所谓"决战搜荷方策"。即一方面继续实行上述"先钱制度"(但从 1943 年起,改为特配棉布、棉纱)一方面加强强制摊派和督促。即以"决战下绝对需要之数量"为基础,由伪满中央摊给各地方,各地方摊派给农民,不管有无一律强制交纳。1942 年 11 月,伪满先后召开伪省次长、副县长会议和伪省长、县长会议,会上日本人总务长官指示要加强以武力强迫"出荷",保证计划数量。

其中一项即为对粮谷实行严格管制。自实行严格的粮食"统制"的 1940 年起,至 1944 年止,如下表所示,平均粮食产量为 1800 多万吨。关于粮食产量的数字,向来是估算的。即使按这个数字计算,"出荷"量所占的比率也是很大的。例如,1943 年,伪吉林、黑龙江、北安、滨江、四平、通化、三江、东安、间岛、新京等省市"出荷"都在 40%以上,其中如伪北安省占 53%。③就一个县的情况来看也是如此。舒兰县 1943 年粮食总产量为 15.709 万吨,"出荷"量达 7.8166 万吨,占总产量的 50%。④同一年"出荷"量超过 10 万吨者有 26 个县,其中榆树县达 20.4 万吨⑤。

---

① 先钱制度,即对售粮者预支一部分价款的制度。
② 见《兴农部关系重要政策要纲集》,第 12 页。"搜荷"是日语,意即征购。
③ 见满洲农产公社总务部调查科编:《满洲农产物关系参考资料》。
④ 见《舒兰县志》(初稿)。
⑤ 见《东北经济小丛书》,"农产"第 17—18 页。

日伪当局通过所谓"搜荷"而搜刮的粮食,"绝对优先地确保军需和对日供出"。据载,日本对伪满的粮食要求量逐年增加:1942年220万吨,1943年250万吨,1944年270万吨,1945年300万吨。① 此外,还要大量供应朝鲜和华北。剩余的一小部分才供应伪满各方面的需用。因为粮食特别紧张,对居民只好实行低标准的定额"配给"。如果说"粮谷出荷"是从农民手中强行夺取粮食,那么,"粮食配给"则是强制压低居民的粮食消费。两项政策,一个目的,保证日本帝国主义最大限度地掠夺粮食。

1943年年初,大东亚建设审议会通过之"大东亚农业政策"曾有以下三点之规定:

(一)日本主要粮食之米,由国防观点言,应由"满洲"、"中国"等近距离之处供给,故应扩充食粮产量。

(二)为积极增强华北及华中之棉花生产,仍应确保棉花生产地带之食粮自给,对棉花之生产与收买价格等,应实行适宜方策。

(三)主要食粮,以确保内地自给为原则,但华中、华南之不足地域,应仰给于南洋各地。

由上述可知倭寇在华北之农业政策,以太平洋战事爆发为转折点,以前特重棉花、羊毛之增产,以后则棉花与粮食之增产并重。而此种改变,完全基于敌寇之实际需要,以支持其灭亡中国、统治世界之野心与企图。

敌伪对华北粮食增产不遗余力,其目的无非在掠夺粮食以支持其侵略战争。因有种种关于粮食统制之设施。日伪通过在物资物价处理委员会指导之下,设置华北粮食管理局及天津市、青岛市市分局及河北、山东、河南、山西等省分局。继之,又由粮食管理局指导监督各地粮栈及日系粮商在各省设立粮食采运社,规定各地粮食之采运配给诸事务,由采运社及合作社经办。

采取各种强征措施征购粮食。(1)勒令强征。强征办法,各地大同小异。所采用手段,分怀柔、勒索两种。前者系由敌伪组织"巡回诊疗班",至各县、

---

① 节录自《伪满洲国史》,第370—378页

乡、村给人民诊病,借机施行征收;后者系派各县伪军、宪警深入各村,榨取搜索。(2)设法收购。敌伪收购方法,因各地环境而区分为高价现款收购、低价现款或货款收购。前一种方法多行于敌我交界地带,如豫西及鄂省等地;后两种方法多行之于敌寇可以全力支配地带,如河北全省及豫东、鲁西各地区。(3)强令献粮。于限期内,不能缴交或抗交者,必遭重惩,并停止一切日用物品及盐配给。(4)田赋征实。华北伪政委会因鉴于物价波动过大,影响其财政收入,亏损甚多,及历年掠夺未能达到其所预定数量,乃划定河北 4 县、山东 15 县、河南 1 县及山西中部汾河流域与南部平陆、芮城、安邑各地,试将田赋改征粮食及棉花,用以除去其财政收入之亏损与补充其搜括不足之预定数额。(5)设兑换制。敌伪利用物物交换政策而搜括物资,行之已久,尤其在华之豫西、晋南各地推行最力。其办法为敌伪合作社于各区设立物品交换所,发动人民须以粮食或棉花向所在地之交换所换取棉布、煤炭、火柴等日用品。并预定缴交粮食、棉花愈多者,获得日用品之配给量亦愈多;反之,其携来粮食、棉花较少或全无者,则减少配给或停止配给,以为惩戒。

历年来敌伪搜括华北粮食之总额,虽无确实统计可稽,但据报告,仅河北 1 省之密云、通县、香河、大兴、良乡、三河、顺义、昌平、涿县等 9 县,于民国三十二年(1943)7 月间,对小麦一项,即一次被征去 3738 吨。其他如山西之汾阳、文水、孝义、交城等地.每年每县被掠去之粮食均在 10 万石以上,全省则在500 万石以上。①

日伪采取种种狠毒手段征收粮食,导致民不聊生,更加恶化本已极为严重的粮食危机。从汪伪粮食部陈报锡、吴、虞等县民众要求配给食粮危及待拨军米的电稿即可略知,民食之危机何其重也。电稿内容如次②:

本部接管以后,仍须按月供给巨额军米,并担负上海民需米及参加清乡工

---

① 《中国现代政治史资料汇编》第 3 辑第 105 册转载,庄建平、章伯锋等:《抗日战争·第六卷·日伪政权》,成都:四川大学出版社 1997 年版,第 654 页。

② 中国第二历史档案馆:《汪伪粮食部陈报锡、吴、虞等县民众要求配给食粮危及待拨军米的代电(1943 年 7 月)》,见《中华民国史档案资料汇编:第 5 辑第 2 编,(附录)日伪在沦陷区的统治(下册)》,南京:江苏古籍出版社 1997 年版,第 1277—1278 页。

作之军警米,爰于苏州地方设置苏松常嘉区米粮采销办事处。所有吴县、常熟、昆山、吴江、太仓、松江、金山、青浦、武进、无锡、宜兴、江阴、嘉兴、嘉善、平湖等十五县之米粮,均由该办事处委托各该县米粮联营社统买统拨,自五月间开始收买,截至现在,虽经倾注全力筹划经营,而实收数量尚不满五十万石。揆其原因:一则由于本部接管之际,适届青黄不接,各地到货不畅;一则由于以上各县民众误认军管既经解除,今后米粮可获自由运销,对于本部继续采办未能切实协调所致。上开实收数量,较之原协定所载应行供给数量,相差悬远。正深踌躇焦虑,计划应付方策,乃顷据该苏松常嘉区米粮采销办事处处长胡政电陈:职处近日收购存米益形紧张,无锡、吴县、常熟先后发生阻挠,各该地联营社及米商行号所存待拨军米,人民指为假名囤积,纷纷要求配给,人数众多,秩序混乱,几至酿成事端,情势至为严重。且职处收购之米,均系散存各米商行号,倘有疏虞,何堪负此重责,务乞迅赐设法,以保军需而免意外等情。按上列各县向为产米丰盛之区,现虽青黄不接,据报存底尚非过薄,就已购进总数量而论,其购自无锡、吴县、常熟三县者,仅占少数绝不致影响各该地区民食。至此次收购方法,既由当地米粮联营社经办,米联社为当地正当米商集合经营之团体,对各该地方米粮盈虚需供情形知之极洽,更不致舍当地民食而不顾,尽为本部采办军米。

日为加紧对沦陷区农业的严重掠夺,其田赋之重,可谓从来历史之未有,更追加给养,尤觉骇人听闻。

2. 工商业方面

1931年日本发动九一八事变后,妄图大举进攻中国本部,因而先在经济上预做准备。日军通过开发产业、振兴北边、开拓移民等政策,实质上就是对中国工商业的掠夺、土地的没收、劳力的占有等手段实现其侵略目的。其中以所谓的特殊会社为例,可见一斑。

伪满洲国成立后,日本垄断资本三井、三菱、住友等已在伪满投资设立许多会社(即企业公司),自经济统制法令公布后,各种会社如雨后春笋一般出现了200多家。其中有所谓"特殊会社",即由伪满政府与日本财阀共同投资担任经济统制任务的会社。除旧有的南满铁路公司、满洲电力等会社外,计有满洲重工业开发会社、鞍山钢铁会社、抚顺炭矿会社、本溪湖煤铁会社、阜新炭矿会社、满洲矿业会社、满洲人造石油会社、满洲采金会社、满洲机械制造会社、满洲化学工业会社、满洲农产公社、满洲兴农合作社、满洲纺织会社、满洲毛织会社、满洲油脂会社、满洲农具会社、满洲林业会社、满洲畜产会社、满洲水产会社、满洲生活必需品会社、满洲面粉制造会社、满洲烟草会社、满洲皮革制造会社等40余家。这些会社所得利润,当然按照日满双方投资的额数平均分配,但是如果亏损时,伪满政府对于日方的投资须保证百分之十的利润。使日本垄断资本有盈无亏。满洲重工业开发会社每年可获得纯利2000万元(当时伪满币与日本货币等值),其他大小40家特殊会社每年平均获得如以500万元计算,总计当为2亿元;再加上其他200余家一般会社(非特殊会社)每年每社以平均获利50万元计算,总计为1亿元。两者合计为3亿元。这是完全由当时东北3000万人民身上榨取出来的血汗。如果加上那些会社的经营、人事等费用,也不下3亿元。这6亿元的巨额款项,就是当时东北3000万人民每人每年平均付出20元的牺牲。①

对中国民族工商业影响特别大,导致大量工厂纷纷破产。伪满洲国成立以前的东北,由于日本帝国主义的侵略及其垄断资本的压迫,中国民族工业尤其是重工业无法发展。有的工业不过是些手工业和手工工场,近代化的轻工业也是寥若晨星。1937年伪满实行所谓经济统制后。煤炭钢铁的来源初受限制继则告绝,中国人的一些小型铁工厂和手工业小铁炉纷纷破产。素称代表中国民族资本的大连顺兴铁工厂、哈尔滨的振兴铁工厂等先后宣告歇业。由于粮棉油类农产物的统制,大连、营口、哈尔滨、长春等地民族资本的油房业(制油工厂)、火磨(制粉工厂)、纺织业,陆续倒闭的200多家,甚至小油房、小磨坊的碾子和石磨也被没收。最后伪政府下令将中国人资本家旧存的钢材、旧铁、机械、机器和零件以及破产歇业的全套机器设备,统统以极廉的价格强制收购了去。计在沈阳收购了9000多万元。哈尔滨

---

① 庄建平、章伯锋等:《抗日战争》(第六卷,日伪政权),成都:四川大学出版社1997年版,第54页。

6000 万元,鞍山、长春、营口、大连、齐齐哈尔、吉林等处收购了共计 8000 多万元,合计为 2.03 亿元。这些物资以当时的市价计算,约值 10 亿多元,也就是民族资产损失了 8 亿多元。①

日本自七七事变后,日本制订所谓的新华北经济方针,其中对于工业侵略政策有过具体计划②:

其中对于产业分野有详细侵略计划:考虑日、满、华三国之立场、环境及其经济发展阶段,综合的决定有机的成为一体,实关切要。日本今后谋高度精密工业与机械工业划期的振兴,力期重工业、化学工业及矿业等基本产业之飞跃的发展。满洲国则期待矿业及电气事业划期购发展,提供重工业及化学工业发展上必要之援助。中国则期待矿业及制盐业之发展,其工业原料之大量生产,由其现在环境观之,微期待重工业,化学工业之发展,即轻工业,大陆之发展亦必须助长,将来对于轻工业(就中逐次整理纤维工业及杂工业),考团往大陆移动,又关于日本农业改善 关于土地诸制度,刷新经营,以谋农家之安定向上、俾确保国民主食及农村人口足有之方策。关于水产,尚谋发展,关于森林资源,尚求合理的活用。关于满洲之农业,素为日、满、华食粮及饲料补给之基地、又为世界特殊农产物供给之来源,有鉴于此,尚期待其彻底的增产。日本农业当更形开发,促进开拓民之移植。关于中国之农业,努力确保其国民主食,必须考虑棉花及特产物之增产。

我国不特谋今后工业及电气事业划期的振兴,且努力重工业及化学工业之发展,轻工业则适应国内需要考虑。其振兴农业乃日、满、华之食粮、饲料补给之基地,村世界为特殊农产物之供给来源,尚期彻底的增产,日本复促进农业开拓民之移植,以资农业开发,而谋制盐业、畜产、林业与此并行的振兴。

---

① 庄建平、章伯锋等:《抗日战争》(第六卷,日伪政权),成都:四川大学出版社 1997 年版,第 55 页。

② 中国第二历史档案馆:《重庆国民政府财政部秘书处抄送关于"日满华经济建设十年计划"函(1940 年 12 月 20 日)》,见《中华民国史档案资料汇编:第 5 辑第 2 编,(附录)日伪在沦陷区的统治(下册)》,南京:江苏古籍出版社 1997 年版,第 981—986 页。

　　日本帝国主义对华发动一系列侵略事件,在军事进攻、政治侵略的同时,还加紧进行了经济上的掠夺与控制。日本的垄断资本集团控制了中国境内的一些重要经济命脉,更在日军武装庇护下进行走私,向我国大肆倾销剩余产品;沦陷区乃至全国农村经济皆在日本的直接、间接压榨下,迅速陷入崩溃境地。

　　抗日战争时期,日本侵略中国有三个代表性的口号:"以华灭华","以华制华","以战养战"。所谓"以华灭华",是其军事侵略方式,即以被占领的中国领土的一部分为立足地,做为第二步军事进攻的桥头堡,一步一步深入,直到并吞整个中国。所谓"以华制华",是其政治侵略方式,即在占领区内网络汉奸,建立伪政权、伪组织,由日本人充任太上皇,用以间接统治和奴役沦陷区人民。所谓"以战养战",则是其经济侵略方式,即在沦陷区内无竭止地榨取中国的人力、物力、财力,以弥补其资源之先天不足,供应其侵华战争之所需。这三种侵略方式,互为补充,相辅为用。为此,加紧推行"以战养战"的经济侵略,成为提高侵华日军自给率、支持其军事侵略的重要支柱,日本侵略者在沦陷区大肆进行经济掠夺,对中国特别是沦陷区的民族工商业影响特别大,导致大量工厂破产,几近毁灭性的打击。

　　七七事变后,华新系统各厂惨遭浩劫,设在唐山、天津、青岛、济南等地的华新系统各厂,顷刻之间悉数落于敌手。再以丝绸业为例:战前素有丝都之称的无锡,共有丝厂 41 家,其中大厂 31 家,设备 11086 套,年产丝 31870 担。无锡沦陷后,为日军炮火全部毁坏的 17 家,设备 6502 套,年产量 18490 担;部分毁坏的 1 家,设备 492 套,年产量 100 担。合计被毁丝厂 18 家.占大厂总数为 58%被毁设备 6994 套,占设备总数的 60%,被毁生产能力 9490 担,占原有生产能力的 61%,战前,江浙一带原有丝厂 114 家,残存下来不过 40 家,仅占原有厂数的 35%。①

　　日本对华的经济及金融侵略,严重扰乱了中国的战时经济秩序,使得中国境内农业凋敝、工厂破产、商业萧条,造成沦陷区物资匮乏和人民生活的极度

---

① 王翔:《日本对华战争对中国丝绸业的摧残》,《抗日战争研究》1993 年第 4 期。

贫困,充分暴露了日本帝国主义的侵略本性,可以说,日本侵华是当时大量伪造情形涌现的重要外部环境。

二、湖南社会危机

特别的社会变异或是异化过程则是导致犯罪的一种条件与因素。当一个稳定的社会进入剧烈变革的时期,或者是社会结构发生突变,导致社会文化结构断裂,或是遭遇多重巨变引发社会内部文化结构与思想急变,呈现文化冲突。诸如战争、大规模移民、社会变革、激进的政治运动等的社会变异现象都是文化冲突导致犯罪的重要的社会条件。如抗日战争、解放战争所带来的巨大社会震荡与社会变迁是非常严重的,在社会层面上则表现为一种大规模的裂变与聚合,以利益博弈为核心的裂变与聚合带来一系列社会巨变,其中包括社会结济结构、政治结构、外交秩序等,如经济领域出现严重的通货膨胀、经济匮乏、国民经济面临崩溃,政治结构不断恶化、政治力量分化、政治权力滥用、政治参与异化、政治意识扭曲、政治文化冲突等,这些变化与冲突亦正是导致本书所研究的伪造现象发生的社会渊源,湖南呈现严重社会危机即为伪造之风呈现的具体环境。

(一)经济危机

整个民国时期战争连年不断,老军阀混战,新旧军阀之战,新军阀之战,国共两党的围剿与反围剿战争,八年的抗日战争,接踵而至的三年内战,对中国社会及人民生活的影响巨大。

日本侵华战争对中国影响重大,我国大片领土曾经丧失,使许多中国人沦为亡国奴,在政治上的侵略与武力上的残酷血杀,这些在中国人民的心灵中是挥之不去的心理阴影,而对中国经济的侵略也同样影响严重。出现经济生产迅速下降、物资奇缺、供应不足、人民生活极为贫困。

1938年10月下旬,中国抗日战争中的国民党正面战场节节失利,广州、武汉相继失守,湖南便从抗战后方变为抗战前线,形势十分紧张。由于战争频频爆发,劳动力没有时间参加农作而去应对战争,物资大量匮乏,以衡阳衡山地区的农村为例,1938年衡山区的农民米价为244.2元每石,到12月底就涨到了 346.1 元每石，1939 年就上涨为 364.0 元了。[1] 湖南米价在 1939 年，每担不过 10 元，到 1942 年 6 月涨了 20—25 倍；工人工资在 1939 年为每天约 5—6 角，1942 年 6 月增至 4 元以上。从整个大后方来看，若 1937 年的生活指数为 1，到 1943 年则增加到 183。[2]

此种景况并非湖南仅有，其他地方也出现同样困境，如因粮食极度恐慌，广州全城骚动，市区连日发生抢米案，饿死者每日在 200 人以上。由于广州柴、米荒严重，民众纷纷逃离广州市。原来鱼米之乡的南海九江一带敌伪横行，民不聊生，饿殍盈途。其他地方更为甚。被日军占领的广州湾（即现湛江）成了死市。1942 年 6 月，广州每人每日只准购米 6 两，引起抢米风日炽。广州日军，实行灯火管制，禁止市民来往。广州饿殍载道，形同死市。广州食盐严重缺乏，人心惶惶，从 1941 年 11 月 5 日起开始凭证售盐。市民拥挤不堪，秩序大乱。[3]

抗战结束后，紧随而来的三年内战，更加剧社会经济危机。由于内战的影响，运输遭到破坏，加上国民党政府从国外进口了大量的粮食，使得国产稻米和麦子的真正价格反而低于战前；而受通货膨胀影响，同一时期布、种子、肥料、农具及其他必需的工业品价格却猛烈上涨，工农业产品交换价格的剪刀差愈来愈大。到 1945 年 4 月，工农业产品之间的价格上涨指数就拉开了 4.91 倍[4]，而且农民出售农副产品换回来的又是即将进一步贬值的法币，走投无路的农民只得放弃农业，背井离乡，外出谋生，造成农村田园荒芜，农业生产严重下降。据统计，1948 年土地抛荒面积在河南、湖南、广东等省中，分别占耕地总面积的 20%—40%，主要农具减少了 30%。1949 年全国粮食产量只有 2263.6 亿斤，较战前 1936 年的水平降低 40%。[5]

解放战争期间的湖南农村经济极度脆弱，农民生活困苦连简单的再生产

---

① 《衡阳县志·粮油贸易分志资料长编》(1840—1989)(下)，第 4 页。
② 中国人民银行总行参事室(编)：《中华民国货币史资料》(第 2 辑)，上海：上海人民出版社 1991 年版，第 397、410 页。
③ 沙东迅：《抗日战争时期广东人民的生活》，《广东史志》2002 年第 4 期。
④ 吴冈：《旧中国通货膨胀史料》，上海：上海人民出版社 1958 年版，第 177 页。
⑤ 《中国近代手工业史资料》(第 1 辑)，第 166—193 页。

也难以为继。再加上 1946 年春夏间，全省又发生了空前的饥荒。滨湖地区粮食告急，粮仓中缺乏粮食了，许多农民在两三个月后就开始断粮了。农民四处挖掘野菜和剥树皮，甚至在饥饿难耐时不得不吃观音土充饥。湘中、湘南等地"饥民载道，饿尸盈野"[①]。1945 年由于久旱不雨，衡山颗粒无收，死者众多，导致疫病流行，短短三个月里死亡的人数就达到了 9 万人。到处都有饥民乞讨的身影，这些乞丐还大量的涌入城市沿街行乞，但是在全国经济不景气的情况下，他们同样无法乞讨到足够的食物维持生计。因为灾荒又造成了恶性循环，有些地方没有粮食种子下种，也没有耕牛耕种，农村中的经济陷入了窘境。

在通货膨胀剧烈上升运行中，物贵钱贱的恶果已经由波及民众的生活影响到社会再生产的继续，在通货膨胀，纸币骤贬的情况下，商品生产者无力购买哪怕是进行简单再生产所需的原料，结果是企业生产的规模紧缩，不得不减产或停工。在农村，往往因为生产之必需品的价格暴涨而使再生产无法进行。如此不能不加剧物资的紧缺和工农业的破产，从而将社会经济的重点引向商业投机的歧路。由于从事投机有巨利可图，不仅市场游资、金融资本倾力而注，而且国家银行和产业资本也大都商业化。一时间，"工不如商"、"商不如囤"已成为社会上最为流行的风气。这既是通货膨胀的恶果，反过来又剧烈地刺激通货膨胀的急性上升，使社会经济的运行处于恶性循环之中。

（二）政治困境

抗战期间，国民政府颁行兵役法，"规定十八岁至四十五岁的男子，都要应征"。在全省人民的反抗和舆论的指责下，国民党湖南省政府虽于 1938 年 2 月，将原有的兵役管区及国民革事训练委员会合并，改组为湖南军管区司令部，由张治中兼司令官，决定整顿征募实施办法："将省内所有一切征募机关一律撤消"，实行"精制征募与统制补充"，在征募方式上，废止"月募与征发两种"，专行征兵，除免、缓役以外的壮丁按保或乡集中抽签，按签号依次征集。但在执行中仍然是强抓滥捕，实行抽签滥办法的百无一二。即使一二地方实行抽签，也弊端百出：地主豪绅子弟早以"学生"、"公务人且"等等名义不列入

---

① 《国民日报》1946 年 5 月 2 日。

"壮丁册",根本抽不到他们;而贫苦农民即使独负家庭生计,也不能依法免役或缓役。特别是经办兵役人员,勾结伪乡、保、甲长借此敲诈勒索,弄得农民倾家荡产,鬻子卖妻。使人民"视服役为畏途,闻征兵而愁闷"。①

1946 年内战爆发后,国民党明令恢复征兵,颁布新兵役法,规定 18 岁至 45 岁的男子,都要应征。国民党湖南省军管区司令部立即重新组织成立长岳、郴零、邵武、沅澧四个师管区及衡山、邵阳等十二个团管区,以加强征兵工作。12 月 9 日,国民党湖南省政府主席兼湖南省军管区司令王东原、副司令王育瑛等,在长沙召开 1946 年全省兵役会议,决议厉行征兵。自此直至 1949 年湖南解放,被国民党反动政府绑送入伍,押赴前线充当内战炮灰的湖南青年共有一百多人②。种种意图逃避兵役情节涌现,甚至,有因长子中签,忧急疯狂而将幼子殴毙的,桂阳富有乡观头岭贫农龚某夫妇,有二子,幼者年仅 3 岁,而龚年前因病残废,一家四口,端赖长子佣工生活。不幸长子中签,行将被征入伍,龚某十分忧急,竟至神经错乱,将幼子世贸殴毙③。此情得以"规避兵役"可谓悲乎惨乎? 一时间,湖南是为逃脱兵役伪造现象大量涌现。

蒋介石集团自发动反革命内战以后,对湖南人民的经济掠夺日益加剧。他们除以增加田赋数额、预征田粮、滥发通货等办法掠夺湖南人民的血汗外,还以"积谷"、"乡保经费"、"一次捐献"、"筑路附加"、"戡乱建国捐"、"壮丁费"等等名目来进行敲骨吸髓的压榨。于 1947 年 3 月,国民党的军事危机日亟,被迫将对我国解放区的全面进攻改为重点进攻。为了继续进行反革命战争,反动政府除加紧强抽壮丁充当炮灰外,经济的掠夺更为严酷,税捐也更繁多。各级贪官污吏复巧立名目,进行征敛,几乎无物不税,当时长沙某报根据散见于报刊上的各种捐税名称统计,共达 96 种。遗漏和县、乡、保长巧立名目

---

① 湖南省志编纂委员会编:《湖南省志 第一卷 湖南近百年大事记述》(修订本),长沙:湖南人民出版社 1962 年版,第 680 页。

② 湖南省志编纂委员会编:《湖南省志 第一卷 湖南近百年大事记述》(修订本),长沙:湖南人民出版社 1962 年版,第 765 页。

③ 湖南省志编纂委员会编:《湖南省志 第一卷 湖南近百年大事记述》(修订本),长沙:湖南人民出版社 1962 年版,第 766 页。

的项目不知有多少。故湖南人民形容国民党捐税之多为"民国万税"。①

湖南国民党政府粮政的黑幕也是"罄竹难书"的。各县粮食的贪污数字动辄以千石、万石为单位。如1948年耒阳田粮处主任陈智远勾结伪行政督察专员杜骏伯铬贪污的赋谷就达16000石。继陈智远任的罗勋,仅数月之间就勾结各乡办事处主任侵吞赋谷26000余石。……至青黄不接之际,各地粮官以每石还两石或三石的高利,私自将赋谷贷与农民进行贪污剥削的,更在所皆是。当时湖南的报纸常用"天下乌鸦一般黑,粮官无处不贪污"来形容贪污的普遍性。

国民党湖南田粮处长黄德安等贪污巨额赋款的案件,黄德安曾任国民党湖南省政府民政厅主任秘书及省参议员等伪职。1947年9月,经伪省参议会议长赵恒惕和民政厅长周澜的保荐,被任命为田粮处长。黄在任期间,伙同部属,利用公款放息,贪污620亿元;吞蚀军粮运费104亿元;印制赋券,勾结奸商贪污70亿元。这三项贪污是在1948年6、7月进行的,按当时金价每两8000万元折算,共值黄金一千两。② 由此,不难理解此阶段涌现的大量伪造粮食、食盐及税票等相关文书。

"自抗战发动,国家需用人力物力较殷,如征兵、征工、征物等,取之于民,不得不经由保甲之手;善良者绌于支应,狡黠者因缘为奸,均使人民感觉痛苦,此制度益形腐坏了。"③主持其事的国民党高层官员曾直指"保甲长借势凌虐、舞弊、贪污。正人君子既不担任,而保甲长多落在一般地痞流氓之手中,其作风自然不同。……借势凌虐,舞弊贪污是其惯技。据我所知,有些地方连召集开会送通知,都向人民要钱,其他可以想见"。④ 统治者企图依靠保甲制度的恐怖获得秩序晏然,使得统治得以强化,但当保甲与收税及征兵结合在一起,却加剧了国民党权力内卷化。

---

① 湖南省志编纂委员会编:《湖南省志 第一卷 湖南近百年大事记述》(修订本),长沙:湖南人民出版社1962年版,第773页。

② 《观察》1948年第5卷第8期。

③ 熊子骏编著:《县地方自治问题的总检讨》,成都新新新闻报馆、成都文化服务部,民国二十九年(1940),第18页。

④ 李宗黄:《现行保甲制度》,中华书局民国三十二年(1943)版,第35页。

第二节 民国时期伪造诸象之基本概况

一、民国早期伪造之诸情

伪造情事诸多,民间伪造行为不计其数,此处唯以见报见案作为考察之论据,其中以《申报》所载伪造案为例,笔者以 1928 年进行分析为鉴。1928 年 1 月 6 日《申报》报道:祠和祥香烟店主领尧卿伪造烟印花税,查此种伪造印花税数十万金以上且并有局员胡祖英数人,还有相当人员在逃。[1] 并于 1 月 7 日连续报道私造卷烟印花税牵涉多人。同日上记载,湖州人沈根初住河南路沪江第一旅馆 58 号房间,伪造上海商业储蓄银行图章骗款度日,于 1927 年 1 月 5 日在南京路中华懋业银行行骗被抓获。[2] 住云南路香槟旅馆之浙江龙泉县人李缵绪藏有伪造之某银行假钞票被捕房查获,解经临时法院研讯终结,处有期刑二年,假钞票没收。[3] 上海闸北四区警局当侦探之天津人身藏某银行每张五元之假钞五张被捕,称假钞为充当侦探时检查行人得来。[4] 浙江路处抓获男女三犯使假钞票五元六张,铅质大洋九元。[5] 无赖赵有忠于 1928 年 3 月 20 日将五元某银行伪钞票至闸北宝山路烟店混用,经店主程思谓察觉鸣警将其拘获,共搜出同样伪钞六张,计 30 元。[6] 有人仿造神仙世界跑冰票,并应值出售被查获,并解交临时法院。[7] 本地人干伯同造假田单先后串通曹志勤、胡一鸣、唐桂堂向日本妇人法兰利及华人陆树生等抵借洋数万元巨款。[8] 住南成都路 565 号门牌之梁俊英因私藏军火及假钞票被捕获,搜出枪支子弹等及中国银行五元假钞 31 张,将梁与范福生梁赵氏一并解送临时法院。[9] 北四

---

① 《申报》1928 年 1 月 6 日第十五版。
② 《申报》1928 年 1 月 7 日第十五版。
③ 《申报》1928 年 1 月 8 日第十五版。
④ 《申报》1928 年 2 月 1 日第十五版。
⑤ 《申报》1928 年 3 月 20 日第十五版。
⑥ 《申报》1928 年 3 月 22 日第十五版。
⑦ 《申报》1928 年 4 月 9 日第十五版。
⑧ 《申报》1928 年 5 月 28 日第十五版。
⑨ 《申报》1928 年 6 月 6 日第十五版。

川路 142 号门牌内有周学廷、文福年私造伪钞票,历时已久,近日被虹口路捕房捕获,搜出每张五元中国银行假票十张,每张一元一张及铜版多块。①

《申报》于 1928 年 7 月 2 日用较长篇幅详细地描述了上海租界伪造伪钞票团伙,并将其伪造过程都仔细描绘入微,他们利用先进科学技术,用药水影印钞票,并购买南京国民政府财政部之纸张,将其真钞票予以仿印,与真钞丝毫无所差异,天工巧夺,鱼目混珠也。翻印伪钞票而施骗术,最终四人皆被法租界之探长潘连壁抓获,并送交临时法院,三犯已受法律制裁,二名案犯因诈欺未遂处各人监禁一年半,所有一应物件,均予没收矣。② 1928 年 8 月 9 日《申报》上登载着控伪造文书股票诈取股款之案。③ 同月 24 日此报登载着在长安路上拘获使用伪钞票犯赵应发同党一名。④ 继后 27 日报道,近数日来闸北方面,已屡次破获有人携带大宗伪钞票,欲运往内地混用,昨日五区总署又拘获案犯妇人徐单氏一名,在身上搜出五元伪票 20 张,合计 100 元,一元伪票200 张,总计 300 元,业已将该氏连同伪钞一并送司法分科核办。⑤ 同年 9 月1 日记载,浙江金华人赵英法带得大批伪钞票铅角子,于昨日至北边火车站,拟搭车返乡,企图鱼目混珠上车,诈欺取财,不料在车站内为巡捕破获,搜出五元伪钞票七张,一元伪钞票 86 张,铅双毫 487 角,当拘解五区警署中解公安局,昨日转地方法院讯究。⑥ 接着同月 7 日报道,某银行假钞票案贩被抓获。⑦相紧邻着于 16 日在法租界有伪造银元发现,法巡捕房政事部郭爱齐特派探目路长生包探朱良弼、范柏傅等暗中侦查,昨晚在白印路门牌 12 号抄出各种银元石膏模型数十副,并有大小铅质银元数百枚,其他关于制币药水等件甚多,当场拘获陈三弟、林阿五、王阿四及妇杨招弟等。⑧ 且记载着有外人伪造外币

① 《申报》1928 年 6 月 9 日第十五版。
② 《申报》1928 年 7 月 2 日第十五版。
③ 《申报》1928 年 8 月 9 日第十五版。
④ 《申报》1928 年 8 月 24 日第十五版。
⑤ 《申报》1928 年 8 月 27 日第十五版。
⑥ 《申报》1928 年 9 月 1 日第十五版。
⑦ 《申报》1928 年 9 月 7 日第十五版。
⑧ 《申报》1928 年 9 月 16 日第十五版。

之现象存在,同月 30 日在上海发现三俄人私造俄国伪钞票二百万。①

伪造花样五花八门,竟有伪造法院判决书者。有讼陈俭一名,并无恒业,专在租界各处,包揽打官司,坑蒙拐骗,无恶不作,捕房中久已闻之,而未得其人,不意月前有捕房控案某甲,亦因犯某重大案,解送临时法院,判押刑期十三年,而陈竟敢在其家属前谓彼能设法,至多不过刑期三年,唯须要什么费若干若干,款须现付,其家属认为真情予之,但案定后,被该家属探得刑期确数,不意陈竟异想天开,假造临时法院判决书,所盖各种印信,无不逼真,视之,果然为刑期三年也,但不数日,秘密仍被窥破,当由汇司捕房函准戴公安局长,于昨仍由英捕房包探,前往四区二分所,派警协赴长安路,将陈拘获,黄所长以情事重大,且事前已奉戴局长电话通知,故立将陈解送第三分科候核。② 又于同月 3 日对假判决一案开审情况进行详细登载。③ 接着 6 日警察局搜获大批假钞票。

近有私造假钞票者,向住居山雨路 380 号门牌之傅金生兜销,约定前日午后交付,事为总巡捕房包探马长书访悉,确与探员于长原,张云见本探白登特别赴傅家守拿,旋有一当州人孙承春至傅家,将每张五元之假钞票 10 张授傅,面向傅索代价 15 元,探即将孙连同伪票带入总巡捕房,又向孙之袋内抄出花旗银行每张五元之假票 10 张,据孙供伪票系住法租界格拉格路 45 号之同乡金道生交给,探等复会同法捕房探员往将金逮捕,搜查之下,并未各有发现,旋据金称,渠友匡用小,家住法大马路 198 号,匡藏有假票甚多,探遂赴匡家,将匡及匡妻钱氏拘捕,当在屋楼下之天花板夹层搜得小铁箱一只,内藏某银行每纸五元之假票 413 张,又某银行五元之假票 300 张,一并带回捕房,分别收押,昨解送临时法院审理。④ 隔月又登载着在浦东路有人用伪钞票购买皮鞋绒线。⑤ 前日在公共租界处法捕房得据密报,据有大量匪徒印造各家银行伪钞

---

① 《申报》1928 年 9 月 30 日第十五版。
② 《申报》1928 年 10 月 1 日第十五版。
③ 《申报》1928 年 10 月 3 日第十五版。
④ 《申报》1928 年 10 月 6 日第十五版。
⑤ 《申报》1928 年 11 月 16 日第十五版。

票,冀图分向各地行使,于昨日领探长前往抓获,并搜出印机器,及银行五元及一元伪票一大堆,约计三万数千元,并捕获三人,解送公安机关。①

　　随意抽出 1928 年所查阅之伪造案,仅一年之伪造案件登载于《申报》之上便有 25 处之多,稍略观察可见每月皆有伪造案件发生,而数月紧邻着天天时有此案发生,如 1 月份则是 6 日 7 日 8 日天天发生伪造案,5 月、8 月及 10 月几乎每月此类案件发生三起以上,而一个月内发生二起者诸多,粗略的分析足以呈现伪造情事之普遍。当然,伪造案绝非仅 1928 年之独现,其他年份同样可见,此处不一一列举。而登载见报的伪造案件一般是已经报案或是破获之案,或者是影响较为严重的恶例,如伪造法院判决书等恶劣事件,及其破获伪造机关等大案,而至于伪造之小情事,及其将伪造钞票夹于真钞中鱼目混珠、以假乱真的使用伪钞票,必然是远非报道所能呈现之真目。而伪造案之发生并非《申报》独家报道,其他报纸及最高法院判例也有大量记载。

　　伪造案不仅在南京国民政府时期泛滥,民国初年伪造现象亦不断上演。仅《京师地方审判厅汇编》对此案便有较多记载,在此仅就 1913 年为例查阅,就数多案例记载如下,伪造案之多之滥跃然纸上。

　　一案:民国二年(1913)一月,白恩奎在一个铁铺帮工,铁匠祁元凌因在度量衡工厂得知汕渡之法因商同伪造假铜元行使获利,遂自行打造铜字鉴子全份并铜模多件,在该铺后座秘密铸造铅质铜元,并买镪水汕镀先后造成三十余吊行使一月九日,白恩奎适不在铺,祁元凌乃以假铜元十数枚令铺内学徒曹佑儿买面饼回铺,嗣曹佑儿复买馒头该铺认系伪造之物饬换争嚷,被警瞧见案发抓获归局并解送法院讯断。该案处白恩奎处有期徒刑五年,剥夺公权终身。祁元凌处有期徒刑三年,剥夺公权及其作为官员的选举人资格十年,假铜元及制造之物与设备均没收。②

　　案二:被告陈金蕃、周衣狗、叶成、吴尚清等在福州馆居住,于民国二年

---

① 《申报》1928 年 12 月 18 日第十五版。
② 《白恩奎等伪造铜元一案判词》,见《京师地方审判厅法曹会判牍汇编(刑事)》,藏于国家图书馆。

(1913)所犯伪造小银元之案。晚上在屋内伪造小银元,并往煤铺购煤使用假银元,后经巡捕抓获,搜出伪造小银元一包、伪造银元铜模子多件以及相关药水,据被告等供认伪造之事属实。判决:陈金蕃伪造货币罪处有期徒刑八年,剥夺公权终身;周衣狗即张朝山犯伪造货币罪,处二等有期徒刑八年,剥夺公权终身;叶成犯二次行使伪造货币罪,处二个二等有期徒刑各六年执行八年,剥夺公权终身;吴尚清无罪,所有伪造之银元及物品一均没收。[①]

　　案三:李九即李秀峰于前清光绪三十四年(1908)五月因行使假票经本厅讯明发交讯断,并于民国二年(1913)限满释放,本年阴历六月,在李雅齐所关文治石印局当伙计,与林子玉合议伪造洋元,但没有结果,九月间石印局歇业,李九伙入李振山前开大观石印局伙计,李九遂与郑金李雅齐林子玉等伪造交通银行五元银元标,伪造刻图记如高梦琴李宝通等均按工给价,不知伪造情事,嗣以花纹字样与真票相似,经李雅齐觅妥李玉清将花纹及中间北京交通银行等字及后面洋字样做好印成五元洋元票千余张因有模糊者五百余张,计可使用者约五百余张,随后由李九、郑金、袁鹤亭、林子玉、崔少良等先后使用,经巡捕一并抓获并没收所伪造之银元。判处被告李九即李秀峰无期徒刑,剥夺公权全部终身,林子玉处二等有期徒刑八年,剥夺公权全部终身,袁鹤亭处二等有期徒刑八年,剥夺公权全部终身,崔少良处二等有期徒刑五年,剥夺公权全部十年,王俊山处三等有期徒刑四年六个月,剥夺公权十年,李振山处四等有期徒刑二年,缓刑三年,李玉清处有期徒刑二年十个月,缓刑四年,案内物除银表一个,系李九之附属物准其结领外,均没收之。[②]

　　此外,民国二年(1913)刘克忠诬告及伪造私文书案亦有记载。[③]《中国近代案例选》也较为详细记录着伪钞案,并对其破获的过程及其惩罚情况都进

---

　　① 《陈金蕃等伪造小银元一案判词》,见《京师地方审判厅法曹会判牍汇编(刑事)》,藏于国家图书馆。

　　② 《李九等伪造交通银行银元票一案判词》,见《京师地方审判厅法曹会判牍汇编(刑事)》,藏于国家图书馆。

　　③ 《刘克忠等诬告杨永盛等伪造私文书一案判词》,见《京师地方审判厅法曹会判牍汇编(刑事)》,藏于国家图书馆。

行了阐述。①

不管是京师审判厅还是最高法院判例记载,大多是大案要案,因下级法院适用法律有所讳误或是法令适用困难的案件,这两种史料记载伪造案件就较其他案件比例略胜一筹,足见伪造之风及政府惩治伪造案之力度,然而,不管哪个方面都无不反映出伪造案泛滥成灾的局面。

上述即对全国范围内记载伪造案之基本概况,自近代以来湖南一直居全国之重要地位,同样当伪造之事在全国成风时,湖南也难以独善其身,出污泥而不染。其伪造之风仅从湖南省档案馆及各市档案馆保存的现有档案归纳即能发现至少愈千数之案例,伪造之泛滥程度由此可见一斑,这与湖南当时的社会变迁等有着千丝万缕的联系。至于湖南为何伪造案呈现更为繁多,伪造案件具体审断情况与社会政治经济之间的辩证关系,也正是本课题思考与需要广泛深入研究之处。

因为本研究主要研究民国时期湖南伪造案,在此只略举湖南省报纸上的几个案例,余及后文详细论说。《湖南省政府公报》登载着有关于湖南高等法院训令,各级法院及兼理司法各且长通辑伪造纸票逃犯易来春等十名协缉解究由②:

案据醴陵县长贺笠青呈称:呈为呈请通辑事,案查接管卷内,民国二十三年五月八日,据醴陵县第二区区长江世永解送伪造醴陵县财政局五角纸票一案,除萧明初江世芳彭光莆已获案外,其余重要嫌犯易来春、易秀春、江与高、张玉金、张与才、吴茂文、田和生、胡某、邓某、赖某,畏罪潜逃,迄今仍未获案,理合缮具该案嫌疑犯并清册一份,各文呈请钧处案核,准予通辑归案究办,实为公便,谨呈,等情。并赉清册私处,除指令准予通辑并行行外,合丞抄发为册,令仰该县长首检即便遵照,转饬所属,一体协缉,务获解究,毋稍松懈,此令,计抄发在逃人犯清册一份。中华民国二十五年三月二十八日,首席检字

---

① 北京大学法律系法律史教研室编:《中国近代案例选》,太原:山西人民出版社 1983 年版,第 293—296 页。

② 《湖南省政府公报》,1935 年至 1936 年,329—404 号,1936 年 4 月 3 日星期五版,第 381 号。

官,邓静安,恳请察核,饬属严密缉拿,俾免流毒,并候令遵,等情。附呈伪币二张到府,除指令呈既附件均悉。准据情通令各市县政府严密缉拿伪造机关及行使人犯,以肃币政。至此项伪币,流入该县,必有贩卖行使之人,仍清查究办,以照儆戒。此令。印发外,合行令仰该县政府遵照办理。此令。主席何键,财政厅长任先。

湖南各类报纸对于此类案件报导较多,以长沙《晚晚报》稍加简述,破获伪造票币总机关一案①;长沙公安局破获,搜出法币四十八元,并查出相关石印板、伪造法币模型等物品,拘获伪造犯杨泽泉、李与元、周林村等四名。即破获伪造犯杨泽泉伪造货币一案。同月所载东铅厂破获伪造铅条犯一案②。尽管报纸报道伪造情事极多,但湖南省高等法院检察处收藏之大量案卷记载之案例更能呈现湖南伪造案之概况,也正是本书进行专门研究与考察之论据与基础。

二、民国中后期伪造情形

（一）伪造货币具情。

鉴于伪造货币情事对于当时战事与社会产生极为重要之影响,本书依托《东方杂志》、《申报》、《大公报》及湖南省高等法院及地方法院案卷等基本史料对战时伪造货币、行使伪造货币等具体情形进行梳理,鉴于选取资料的有限性与可靠性,对于伪造货币的基本情形归纳如下两大类型,其一为日本以国家形式对中国法币和根据地货币的伪造,即属于国家层面的货币战。其二属于个人的谋利行为的伪造货币,其中有中国人,也有外国人,从另一层面细化亦有如军队、政界等团体营利行为。

1. 与金融货币战相关的伪造货币案情

日本通过发行伪币,伪造我方货币,作为货币进攻达到金融侵略意图,以便达到破坏我方经济关系,实现全面侵略与掠夺之侵略目的。1939年4月4日,在云南境内军政部发电:"查禁敌方伪造钞票一案,查所称项钞票亟应一

---

① 《晚晚报》1925年2月15日。
② 《晚晚报》1925年2月1日。

体查禁行使,除分行并咨外交部,分转各该国驻华大使馆注意,卫司令长官检寄样票,并将发行机关及发行数额查复核办外,相应咨请质省政府查照。"①1939年,广东省府报财经部,"查禁敌伪将仇货、及伪造中、中、交三行纸币源源运往汕头,然后潜运内地,企图破坏我经济金融。没收敌方伪造之货币仔细比照,发现之,表面上观察几乎难辨真伪,只有对着灯影照,伪造中央、中国法币内无水印总理像及水印实塔,仅有水印大日本三字。"②敌人伪造中央、中国银行法币数额甚多,并且规定敌军用手票十二元兑换伪造法币十元,严重破坏我方战时经济,干扰我国货币金融安全。

抗战时期,除了大量日伪造之货币,还有其他外国人伪造法币情形。如1937年1月17日上海警察破获一起由居住上海东京横滨之美法阿根廷白系俄人等十余名,结为团体,伪造中国中央银行纸币千五百万元,欲以国际都市上海为中心投机银条,冀获巨利。③ 该类案件举不胜举,可参见《申报》、《大公报》及《江西省政府公报》、《广东省政府公报》等政府公报及各省及市地方法院案卷。④ 这既是日本侵略的重要经济手段,也是其既定策略。此仅指出,公开登载见报较大影响的案件,意在揭示抗战期间伪造货币案发生频繁及其涉及面的广泛,这正是日伪货币进攻的一种重要手段。

抗战期间,日本为实现"以战养战"的战争策略,通过在中国设立日伪银行发行各类伪币,伪造法币,破坏中国的货币体系、金融秩序。抗战期间,日本伪造中国货币行为十分猖狂,据不完全统计,日本军部专门研究与制造中国纸币的登户研究所就伪造了 40 亿元法币。⑤ 其中,伪造了 1936 年中华书局印

① 《为令查禁敌方伪造钞票一案仰即遵照》,《云南省政府公报》1939 年第 11 卷第 51 期。
② 《广东省政府公报》1939 年 445 期,第 51 页。
③ 《新新月报》1937 年第 3 卷第 2 期,第 17 页。
④ 同类案例可见:《申报》1938 年 1 月 6 日第十五版。《申报》1938 年 3 月 18 日第十五版。《申报》1938 年 5 月 23 日第十五版。《广东省政府公报》1936 年第 345 期。《广西省政府公报》1936 年第 121 期。《湖南省高等法院档案》29—2—2066,1938 年;29—2—2067,1939 年;29—2—2026,1937 年;29—2—2027,1938 年;29—2—983,1937 年;29—2—984,1940 年;29—2—986,1940 年;29—2—1536,1941 年。《重庆地方法院档案》110—2—256,1939 年;110—2—232,1939 年。
⑤ 戴建兵:《日本投降前后对中国经济的最后榨取和债务转移》,《抗日战争研究》2001 年第 1 期。

的中央银行无地名一元版,1937 年德纳罗印钞公司印的中国银行无地名五元版等。① 1940 年 9 月,日本大藏省印铸局伪造中国银行 1000 多万元,其中有十元券 500 万元,百元券 500 万元。②

抗战时期,日本不仅伪造法币,还大量伪造我根据地货币③。日军在我方多处根据地设立伪造机关制造根据地假币,在华北多根据地多处设置伪造机关,其中,石家庄、徐州、开封、济南、武安等多处设立了日伪的制造假钞的机关④。1940 年,日军竟公然地在华北推行大量冀钞五元券的假票。1943 年,日军在山东制造了大量的冀钞五元券假钞。在山东滨海等地发现的伪造的北海银行钞票分别从青岛、烟台等地混入根据地,据不完全统计,这些由三井、三菱等日寇财阀巨头策划下伪造的假票竟达 2000 万元之多。⑤ 严重扰乱我抗日根据地货币金融信用度。这些伪造货币及日方擅自发行的伪币被运送到国统区抢购物资,严重影响中国金融市场,破坏我方货币的信用体系,以至造成中国金融市场的混乱。

2. 普通民众伪造货币案情

据笔者所查阅的大量地方法院案卷中,除上述与货币战相关的伪造纸币案件,还有大多数普遍民众伪造或行使伪造货币。如下案析之。

梁富久,男,40 岁,从事船业,醴陵人;罗性初(即罗三),男,32 岁,驾船业,湘乡人。梁富久以驾船为业,罗性初帮其驾船,于 1936 年 6 月中旬装运磁器至津市,梁富久收集有伪造之中央银行五角纸币 21 张,在津市拿 1 张买鱼,用 10 张支付罗性初作为工资。7 月 9 日船停泊在醴陵西门河边,梁富久复以该伪币向德庆长购物,该店未收。是晚赴玉明楼吃面用去 2 张,次晨往购面条仍用伪币,因被退还,又持往冯姓铁铺买耙,被识破并报警,岗警在其身上搜出伪币 4 张,醴陵县公安局派警在其船上木箱内检获 3 张,又在罗性初衣内检出

---

① 郭静洲:《华北、华中地区的中日货币战》,《东南文化》1995 年第 3 期。
② 中国近代金融史编写组:《中国近代金融史》,北京:中国金融出版社 1985 年版,第 253 页。
③ 注:本书主要研究对象是法币的伪造,此处只是对于伪造根据地货币从略提及。
④ 郭晓平:《太行根据地的金融货币斗争》,《中共党史研究》1995 年第 4 期。
⑤ 樊建莹:《抗日战争中抗币与法币、伪币斗争述论》,《许昌学院学报》2003 年第 1 期。

十张连同玉明楼前收之 2 张,解由醴陵县政府讯办①。

该案讯情记载:"玉明楼老板指明该被告第一次向玉明楼吃东西用掉了伪币,又第二次来行使,见其成色不对,并将其票子拿予德庆长处识别,将其票子退还,之后他又拿了一第真票子给之。"说明案犯梁是明知其为伪造之币而故意行使,且案情显示"梁富久先以之在津市买鱼,给付工资,后又向冯姓铁铺买耙"。可见,该犯故意行事是显而易见。梁犯此案该犯即为普通从事船业工人,所行之情是为行使伪造货币,用于民众日常生活之购买情事,由此足见,普通民众行使与伪造货币情事较为普遍,这样对于法币信用带来严重损害,严重扰乱社会正常的经济秩序。

又见一案:无业游民林福田在京伪造辅币,当经饬属于 8 月 9 日捕获,在该犯身上搜得二十分伪辅币 69 枚,十分伪辅币 21 枚,经讯据该林福田供,年五十岁,闽候人,十余年前曾以石膏模型伪造银角犯案,此次因贫私造锡质辅币等语,其意图供行使之用,而伪造通用辅币,经供证互为明确,当将该犯连同证物移送首都地方法院检察官核办在案。查悉该案犯伪造辅币手段极为简单粗糙,方法极为简易,伪造材料即为普通石膏锡等物。但却能以伪乱真,鉴别困难,若不加以防范,其影响国币,紊乱金融,为害至大烈。②

通过对抗战期间货币伪造案进行比较全面的统计观察,发现许多的伪造或行使伪造货币案,其团伙性质比较小,并且犯案者也多因生活窘迫所致,即犯案动机多数是因为贫困、失业有关。从笔者所查档案资料可见,重庆市档案馆地方法院见伪造货币案件共计 600 件,其中绝大数案件均为普通民众伪造与行使伪造货币。③ 湖南省档案馆高等法院检察处及长沙地方法院档案所计

---

① 湖南省档案馆藏:《湖南省高等法院检察处档案》,全宗号 29,目录号 2,案卷号 1126,案卷名《醴陵县司法处诉萧明初等妨害国币案》(民国二十三年至二十五年),第 1—125 页。

② 《市政公报》1936 年第 373 期,第 14—15 页;《广东省政府公报》1936 年第 345 期,第 45—46 页;《察哈尔省政府公报》1936 年第 1033 期,第 8—9 页;《广西省政府公报》1936 年第 146 期,第 13 页。

③ 《重庆地方法院档案》109—1—72;109—1—77;109—1—745;110—2—256,110—2—232;110—2—342。

伪造货币案共计 2786 件,其中被告为农民、无业及小手工业者的有 2432 件。① 天津市档案馆藏河北天津地方法院档案货币伪造案总计 589 件,其中被告为农民、无业及小手工业者的有 467 件。② 此处统计可见,登载报端的伪造案件,一般是已经破获或报案的案件,或者是影响比较大的案件,而各种小案件通常情况下实难以见诸报端。从各地档案馆的存档类案归纳,就能发现至少数千种案例,从中不难了解当时伪造货币案的泛滥程度。如长沙某县县长每次出巡至乡,目击此项情形,为维护法币信用,并免贻害地方起见,特严饬所属不分畛域,认真查缉,计最近两月之间,先后破获行使伪票案四起。③

(二)伪造文书案情

从笔者所查档案资料可见,研究的档案资料仅重庆市、湖南省档案馆就有 1120 卷 2580 件,近 110 万字,还有其他地、市档案馆相关档案也有近 400 卷 530 余件,约 80 万字(注:本书以湖南省区域为主要研究对象考察之)。除档案资料外,还有相关司法公报、各省政府公报及地方历史资料以及各图书馆、博物馆收藏的相关资料,以及民国诸如《申报》、《大公报》及《江西省政府公报》、《广东省政府公报》等政府公报及各省及市地方法院案卷。④ 据笔者所见档案资料主要归为公文书案与私文书案,具体内容反映国家兵役制度与政权统治秩序、粮食、盐等战时专卖制度生活及军需品、土地买卖与租佃关系等社会关系,体现特定历史场域下民国的经济、政治、文化等多维社会实态。

1. 伪造公文书案

通过笔者所考察的湖南及其他地方法院案卷,发现之,伪造公文书案主要

---

① 《湖南省高等法院档案》29—2—2066—2090;29—2—2026—2078。

② 天津市档案馆藏:《天津地方法院档案》J0001—3—11399—004;J0001—3—11399—005;J0001—3—11399—009;J0001—3—11399—011。

③ 《长沙周报》1936 年第 196 期,第 10 页。

④ 同类案例可见:《申报》1938 年 1 月 6 日第十五版。《申报》1938 年 3 月 18 日第十五版。《申报》1938 年 5 月 23 日第十五版。《广东省政府公报》1936 年第 345 期。《广西省政府公报》1936 年第 121 期。《湖南省高等法院档案》29—2—2066,1938 年;29—2—2067,1939 年;29—2—2026,1937 年;29—2—2027,1938 年;29—2—983,1937 年;29—2—984,1940 年;29—2—986,1940 年;29—2—1536,1941 年。《重庆地方法院档案》110—2—256,1939 年;110—2—232,1939 年。

归为事关兵役伪造文书案、伪造粮食等专卖品文书案、伪造税票等案。其中以避征免役与倒卖专卖商品而希图获利致伪造关防等为典型案例,规征的方式极为丰富,如转移避征、自毁自残避役、冒充单丁规避、买丁顶替等等方式,此外,还有通过造假,伪造行为最多的情形即是改年龄,因为年龄是拉壮丁重要的参考指标。于是有伙同保甲长涂改壮丁年龄者,亦有情急中伪造独子身份以避役者。当不得已被征入部队,常常通过制造伪造的差假证、假病条等,其目的显为逃脱部队。

以段五中(男,原军人现无业,住茶陵)案为例,曾因伪造文书诈欺,经醴陵县司法处覆判处有期徒刑一年六月,嗣以患病交保,尚未讯行完毕,出狱后,希图避免兵役,及乘车免费起见,复伪造关防印章公印文纸,及军用差假证,因事公干证明书,与符号证章等项,冒用军官服饰。据此可见本案被告伪造公文书之目的,为希图避免兵役及乘车免费起见,本案被告段五中本系服役过的离退军人,因从事伪造之案而入狱,出狱后又为"避免兵役"而复伪造关防印章公印文纸等。① 段五中三翻五次伪造关防公印只为一个目的"避免兵役"。

老百姓千方百计逃避兵役,致使抓丁拉夫愈为严重,而兵役与户籍是有密切关系的,于是事关户籍等伪造情节亦不断出现,户口登记的隐漏与谎报更是层出不已。篡改壮丁登记之户籍名册、更正壮丁年龄都是为了躲避应征,逃避被抽为壮丁之意图,亦反映时下之情势。此等情系壮丁等相关之伪造案件个案不管其审断与判决结果何如,亦反映民国社会之宏观概貌。

1943 年 6 月 23 日,湖南省粮食储运局仓储员李自华,因伪造陆军新编第三十八师上尉副官,伪造师部大印一颗、官章一颗、私章两颗、粮食库券数张,并在自己所属粮食管理处保管的粮食仓库里诈领取军粮 134 石 6 斗 1 升,后盗卖至长沙米店李春生处。② 不仅湖南如此,其他区域相关粮食伪造文书案亦不在少数。1939 年 7 月间,棉花街厚泽山米店,查斗飞套时发现 13 张假米据,后调查询问获悉,是一名叫况奎者持非一家之身份证 7 枚套并伪造警察所

---

① 湖南省档案馆藏:《湘潭地院罗敬堂等伪造文书案》,档案号:28—6—381,第 48—57 页;《湘潭地院王达秋等伪造文书案》,档案号:29—2—1055,第 15—32 页。

② 湖南省档案馆藏:《长沙地院李自华等伪造公文书案》,档案号:29—2—145。

印章套购食米。① 1943 年 7 月间三民主义青年团重庆支团部监察会第一组组长张志礼勾结社会局职员张德培伪造身份证四枚,分别为忠字第 183233 号张文英、仁字第 5627 号鲁萍、仁字第 56221 号张嘉蒲,冒领食米,高价转售,扰乱市场。② 由此可见,伪造粮食等案例是伪造公文案件中较为典型的情形。

2. 伪造私文书案

笔者利用湖南省高等法院原始档案,梳理其伪造案卷,属于伪造私文书案件主要归伪造租佃契约、系关宗族纠纷伪造之案、伪造税票等情。如 1935 年的周福生伪造借据案,因租佃关系之纠纷而引发③。王瑞乔伪造租佃契约案:"王瑞乔,男,五十岁,务农,湘乡人,罗胡氏,女,四十六岁,务农,湘乡人。王瑞乔是罗胡氏的佃农,他种的是罗胡氏的田,并且欠她的租谷(欠租谷二十三石六斗五升)。罗胡氏要王瑞乔清偿租谷,王瑞乔不还,并伪造罗胡氏之故夫罗咏沂借谷单据一纸,称其夫曾借王瑞乔计谷十二石。"④可见,佃农不堪重负的生存样态,租佃关系势必紧张,其租佃矛盾、租佃纠纷、租佃之讼极为普遍。

此外,中国是一个宗族传统浓厚的国家,宗族是以父系血缘关系为纽带而构成的传统社会家族组织的基本形式。本书考察湖南省档案馆所收藏之伪造案卷中,关于宗族纠纷的伪造文书案例竟达 54 件。⑤ 其中伪造内容主要与争

---

① 重庆市档案馆藏:《关于规定各机关领取公粮实物代金解缴办法》,卷宗号 72,目录号 1,案卷号 19。

② 重庆市档案馆藏:《重庆市政府关于查报张培德伪造身份证领取食米情形给重庆社会局的训》,档案号:60—12—55。

③ 湖南省档案馆藏:《高等法院检察处档案》,全宗号 28,目录号 6,案卷号 255,案卷名《长沙地院检察处周福生等伪造文书案》(1931 年),第 1—257 页;湖南省档案馆藏:《高等法院检察处档案》,全宗号 28,目录号 6,案卷号 256,案卷名《长沙地院检察处周福生等伪造文书案》(1931 年),第 1—193 页。

④ 湖南省档案馆藏:《高等法院检察处档案》,全宗号 28,目录号 6,案卷号 621,案卷名《湘乡县王瑞乔等伪造文书案》(1938 年),第 1—215 页。

⑤ 同类案例可见《湖南省高等法院档案》29—2—2065,1938 年;29—2—2066,1938 年;29—2—2066,1937 年;29—2—2067,1939 年;29—2—2024,1937 年;29—2—2027,1938 年;29—2—2068,1939 年;29—2—983,1937 年;29—2—984,1940 年;29—2—95,1942 年;29—2—96,1940 年;29—2—156,1941 年;29—2—987,1940 年。

执宗族产业有关,诸如祠堂、族田、宗族坟山等大规模宗族公产,当然,也有因为宗族内部其他矛盾导致纠纷而生之讼。如黎莪才等事关宗族伪造案,即为各族遂据 1881 年之族谱为证据,有据改 1876 年之劝和分管字,有磨改痕迹告诉黎莪才伪造文书及行使伪造文书案情形。①

(三)他类伪造具象

1. 伪造有价证券

"旧刑法"将伪造有价证券归入伪造文书、印文罪。其后,在修订该法的过程中,众法学专家认为应将其另立一章,以适合法理以及利于实际运用。"新刑法"采纳了是种办法。不仅如此,《中华民国刑法详解》更将有价证券的范围作了扩展解释:有价证券系指票面载有价额之流通证券;除公债票及公司股票外,如汇票、本票、支票以及仓库提单等,也"一体属之";其犯罪要素,"则在意图行使,至已否行使,则在所不问";如果没有行使意图,"其伪造、变造,即不构成犯罪行为"。② 伪造有价证券情形亦不为少数,给市场及人们生活带来极为不利之影响。具体情形见下。

案一③:

赵振远,男,19 岁,湘潭文艺中学学生;邓技艺,又名松齐,男,30 岁,安化蓝田中亚图书馆前刻字;张桂秋,男,19 岁,安化湖南省银行蓝田办事处公丁;鲁泽宽,即鲁琳,未详;张博冬,未详。赵振远、鲁泽宽、张博冬均肄业于文艺中学,其意图供行使之用,而共同伪造湖南省银行汇票。其事始由赵振远找湖南省银行办事处公丁张桂秋,向该行购寄湘潭赵声稔 100 元之汇票一张。后赵振远邀同张桂秋、鲁泽宽同赴邓技艺刻字店,以汇票为样本,由邓技艺伪造湖南省银行汇票木板一块,私章 7 颗,并印就汇票。1944 年 1 月 6 日,赵振远到

---

① 湖南省档案馆藏:《茶陵县司法处段刘氏等伪造文书案》,全宗号 29,目录号 2 号,案卷号 883,第 122—179 页。

② 《中华民国刑法详解》,上海:上海法政学社 1940 年版,第 114 页。

③ 湖南省档案馆藏《湖南高等法院检察处档案》,全宗号 28,目录号 6,案卷号 807,案卷名《安化县赵振远等妨害国币案》(1944—1948 年),第 35—83 页;湖南省档案馆藏《湖南高等法院检察处档案》,全宗号 29,目录号 2,案卷号 1905,案卷名《安化县司法处谢作良伪造文书案》(1936—1948 年),第 41—58 页。

蓝田春记西服店购买衣帽，共计法币 4250 元，给付湖南省银行汇票 5000 元一张，当由该店主李春祥持赴湖南省银行蓝田办事处取兑，经该处验明系伪造。不久赵振远又在东亚旅馆行使同等行为，被警察缉获赵振远、邓技艺、张桂秋三名共犯，并在赵振远身上检出伪造汇票 24 张、湖南省银行汇票一张、张桂秋购汇湘潭赵声稔汇票 1 张、伍江民信封 6 个（在伪迭汇票二张）、伍江民私章一颗、伪造杨家滩邮戳一颗、鲁琳凭票一张；从邓技艺处搜出伪造湖南省银行汇票木板一块。赵振远等由安化县警察局转解到处，经由县长兼司法处检察职务徐玉书提起公诉。

此案中，不管是审讯中还是在审断中一再说明因贫而犯之意向。邓技艺曾向湖南省高等法院提出申请，一再声称"其贫苦，以手艺谋生，其家上有老下有小，还有一兄弟出征抗战，音讯罕至，人亦未见"，其家数口生计皆系其身，因此请求放宽量刑。在高院审断中亦不断提及"邓技艺为赵振远临时引诱，均为生活所驱使，深知悔悟，殊可悯者，依法定刑内，各酌减为二分之一，并科以较低度之主刑。具查各被告，未曾受有其徒刑以上刑之宣告，且因家贫而犯"。被判刑以后，邓技艺曾由具保人刘锡福担保出狱。终审判其缓期服刑三年后，邓技艺携眷前往宝庆谋生，因宝庆沦陷，因是具保人刘锡福会同保长及士绅向湖南省高等法院申请退保，以免受到牵连。亦反映出在战争环境中，司法审断及其执行均受影响。

2. 伪造度量衡

民国时期战争不断，为此市场十分混乱，市面上伪造度量衡情形不为少见。通过伪造度量衡以盈利或改善某种生活状况，也是当时社会经济生活中的部分实情。

对于伪造度量衡，"新""旧"刑法均有相关惩治条款（见第一章）。从前后比较的角度来看，国民政府对伪造度量衡的罪犯处罚不断趋于合理，其可行性也越来越高。但在战争不断和社会经济混乱的背景下，国民政府既无力在全国范围内划一施行相关法律法规，也不能有效解决伪造案件的发生。相反，通过伪造度量衡以盈利或改善某种生活状况，也是当时社会经济生活中的部分实情。

案一①：

王桂和，男，36岁，务农，湘乡人。王桂和意图供行使之用而变更度量衡定程之罪系指变更政府制作度量衡。1936年1月24日，湘乡县政府审理该案，根据《刑事诉讼法》第二百九十三条第一项，"谕知被告无罪"。

湘乡县司法处检察官因被告变更度量衡案件不服湘乡县政府一审之判决，提起上诉。1936年3月2日，湖南省高院审理此案，认为控诉人袁连亨等所有公斗，系由私人制造，并非法定之度量衡，即使被告王桂和确有变更情事，亦难成立刑法第二百零六条之罪；况被告于1914年始承佃控告人等公田耕作，该公斗所现锯痕，又经原审验明极为陈旧，其为被告锯毁与否，尚属无从证明，故被告自亦不负其他犯罪之责任，因此裁定原审判决"谕知被告无罪，尚属允当"，控告人等不服原判，"殊非有理"。因是根据《刑事诉讼法》第三百六十条之规定，判决驳回上诉。

---

① 湖南省档案馆藏：《湖南高等法院检察处档案》，全宗号28，目录号6，案卷号625，案卷名《湘乡县度量衡妨害水利背冤等案》(1936年)，第1—6页。

第二章　规则:民国时期伪造案
的审断依据

"法律是一种秩序,通过一种特定的技术,为共同体每个成员分配义务从而决定它在共同体的地位。"①即从法律法规层面反向地告诫人们伪造行为所应接受的法律惩罚是什么,这种禁止性法律规范是治理伪造罪的最终和最后的承重点,为打击各类伪造行为与建立有效社会的治理体系奠定制度基础。也为民国时期系列伪造案件的审断提供法理依据,更加有利于通过对民国伪造案卷等翔实史料进行深刻考察与深入分析的基础上,力图还原案件审断历史场域,分析案件审判程序中出现的权力寻租等熟人社会因素影响审断结果,深入全面地认识理解国民政府司法实践中"法治"的规则与依据。

第一节　伪造罪法令条例的历史演变

伪造案之产生有其深刻的政治经济原因,而政治与法律又有其相当密切之关系,时人郁嶷先生在《法律评论》杂志中撰文指出:"法律与政治、相为表里者也,表正影直,实大声宏,其相需之殷,相关之切,如鸟之两翼,车之双轮,互资为用,不可偏废。承学神也,无骨骼、精神固罔所附丽,而精云梏亡,形骸徒存,则槁木死灰,生意索然矣。然政之行也,必以法律为依据,否则,泛驾之马,驰骋荒墟,安有归宿。盖政为船而法为舵,偶因波涛,违厥指示,终必承命,

---

① [奥]汉斯·凯尔森:《法与国家的一般理论》,沈宗灵译,北京:中国大百科全书出版社1996年版,第124页。

方免危难。训政开始,提倡法治,实为急务。"①因此,要全面研究与分析伪造案,不仅要了解当时的政治经济社会背景,同样也要把握其相关法律法规之脉络。

民国政府也确实自开府之刻起,便较为重视与推崇法律的建设。

近代意义的法律始自晚清光绪三十三年(1906)修的《大清新刑律》,民国成立后,以立法事业,非仓猝可就,乃将《大清新刑律》分别删改,定名为《暂行新刑律》,于元年三月十日公布施行。民国三年(1914),法律编审会将《暂行新刑律》加以修改,至四年二月告竣,是为《修正刑法草案》。民国七年(1918),修订法律馆又将《修正刑法草案》加以修订,是为《刑法第一次修正案》。1927 年 4 月,国民政府定都南京以后,急需颁行刑法以稳定社会秩序。国民政府司法部部长王宠惠将民国北京政府的《刑法第二次修正案》(1919 年完成)略加修定,编纂完成《刑法草案》提交国民政府审议。当时,立法院尚未成立,国民政府将《刑法草案》交付国务委员伍朝枢、最高法院院长徐元诰会同王宠惠共同审订。至 1928 年 3 月,改订的《刑法草案》经过国民党中央常务委员会议决通过,定名为《中华民国刑法》,自 1928 年 9 月 1 日开始施行。

该刑法在施行后不久即开始进行重大修订,于 1935 年重新公布,因此又将其称作"旧刑法"。"旧刑法"的篇章内容大体沿袭民国北京政府的《刑法第二次修正案》,分为总则、分则两编,共 48 章,387 条。"旧刑法"施行后,国民政府为强化社会治安,继续援用刑法制定以前的刑事特别法,又不断颁行各种特别刑事法令,于是造成刑法体系极为复杂,刑法典难以发挥刑名总汇的功能。再者,"旧刑法"实际反映的是 1919 年以前的刑事法律理论。世界上新近的刑事立法,如 1926 年的《苏俄刑法》,1927 年的《德国刑法草案》、1930 年的《意大利刑法》、1931 年的《日本刑法修正案》,对传统刑事法律理论体系多有创新,而"旧刑法"未能加以借鉴。基于刑法的实施情况和学理上的考虑,国民政府的立法委员相继提出《划一刑法案》和《划一刑法补充办法案》,主张修订刑法,将刑事特别法纳入到法典之中,刑事立法的理论基础也需要加以更

---

① 《法律评论》第 6 卷第 2 号。

新。因应立法委员们修订刑法的提议,1931 年 12 月,国民政府立法院组成刑法起草委员会,指定 5 名立法委员负责起草《刑法修正案》。历经 3 年时间的起草和修订,至 1934 年 12 月国民政府立法院三读通过了《刑法修正案》,国民政府于 1935 年 4 月公布了《中华民国刑法》,该刑法相对于"旧刑法",一般称作"新刑法"。

1935 年的《中华民国刑法》受西方国家通行的刑事法律规则,注重采纳与中国宗法伦理原则相适应的法律制度。从 1928 年的旧刑法到 1935 年的新刑法,皆以西方国家通行的刑事法律规则建构而成。在立法原则方而,继受了罪刑法定原则、罪刑相适应原则以及刑罚人道主义原则;在罪名体系和刑罚制度方面,一准西方国家通行良规。为了适应中国传统法律的宗法伦理精神,国民政府的立法者还十分注重吸纳西方刑事立法中对亲属犯刑的特别规定。例如,1935 年的新刑法对侵害直系等亲属的犯罪行为,采取加重处罚原则。根据新刑法的有关规定,对于直系等亲属实施伤害、诬告、遗弃等犯罪行为者,要比侵犯常人加重刑罚。1935 年的新刑法还确认了亲属相为容隐制度,其于第 162 条、第 167 条规定,"配偶、五亲等内之血亲或三亲等内之姻亲",纵放、藏匿依法应逮捕、拘禁之人,或没灭刑事证据,顶替、隐蔽犯人罪行,可以减轻或免除其刑罚。

这部刑法中采纳社会防卫主义,增设保安处分。19 世纪末,社会防卫主义逐步取代报应主义,成为西方国家主流刑法思想。社会防卫主义要义在于,国家对罪犯定罪科刑,不是对恶行的报应,是为了预防犯罪的再次发生,以维护社会的安全。社会防卫主义的制度体现,就是保安处分制度的出现。所谓保安处分,即用以补充或替代刑罚,预防犯罪、维护社会秋序的强制性措施。19 世纪末以来,西方各国刑法草案均规定有保安处分制度。1930 年的《意大利刑法典》,最早将保安处分作为一种制度规定在法典中。国民政府新刑法采纳了社会防卫主义。并增设"保安处分"一章,规定保安处分措施分为七种:感化教育处分、监护处分、禁戒处分、强制工作处分、强制治疗处分、保护管束、驱逐出境处分。

保安处分这一制度本身具有其合理性。但是国民政府为了维护专制统治,将这种制度加以法西斯化,成为任意惩治政治犯的一种工具。国民政府于1929年12月公布了《反省院条例》(1935年7月新刑法实行后加以修正公布),该条例所规定的反省制度实质上就是一种保安处分。依照《反省院条例》,凡违反《暂行反革命治罪法》、《危害民国紧急治罪法》,或符合《共产党人自首法》的相关规定。政治犯在审判前或刑罚执行中或刑罚执行后,均可依照国民党党部的意见送反省院反省。反省期限6个月至5年。① 关于增加流刑:二读会讨论第五章时,焦易堂提议采用流刑,略谓我国交通不便,又系大陆国家,亟应恢复古代有效之流刑。值兹各方高呼开发西北,如能将囚犯移送边疆,非仅可以捍卫国家,亦可以从事生产。陈长蘅谓文明国家,均无流刑,如将囚犯逐之远方,不加拘束,不特不能防卫国土,且恐影响移民,更恐勾结外人,为患边陲。何遂谓囚犯远赴边疆,从事开发,非仅可以生产,亦可令其自新。黄右昌谓移民开发西北,极端赞成,惟恢复流刑欠妥。张志韩谓捍卫国家,须知耻之人,知耻近勇,明耻教战,如将不耻之罪犯逐之边陲,实属危险。赵乃传、史维焕均谓增加流刑,绝对不妥,惟订为一处代替监禁办法,使囚犯有迁地为良之机会,对于实边政策,大有裨益。罗运炎谓英国宗教犯放逐美洲,有合众国之产生,帝俄政治犯放逐西伯利亚,有空前十月大革命,盖被逐之罪犯,均为现社会所摒绝,致脱离祖国羁绊;就人道而言,使罪犯不受应处之徒刑,而令其深入冰天雪地,饱受非人生活,似亦不忍。

关于保安处分:修正案最新立法例,增设保安处分专章。黄右昌谓保安处分与保护管束订为一章,似欠显明,拟仿日本《刑法》,另设保护观察制度。② 《法部修改刑法意见要点》司法行政部对修改刑法所拟意见书已交立法院内容分为四点,除原有徒刑仍须保存另增加流刑以补无期徒刑及较长有期徒刑之不足。③ 《修正刑法草案要点》提出总则增加保安处分,分则亦予以变更或修正,将伪造文书印文罪一章,关于伪造有价证券部分划出,另成为伪造有价

---

① 张晋藩:《中国法制史》,北京:高等教育出版社2007年版,第334—337页。
② 谢振民:《中华民国立法史》(下),北京:中国政法大学出版社2000年版,第924—925页。
③ 《法律评论》第10卷第42号。

证券罪一章。①

　　1919 年《刑法第二次修正案》讨论期间、1935 年《中华民国刑法》起草时,法学界尤其是刑法学界对草案积极发表意见,出现了许多对法律草案意见稿的批评文章。当时《法律评论》杂志从第一期到第二十六期,就"对于刑法第二次修正案之意见"这一专题,发表了十几篇评论性文章。现行刑法,成立于民国十七年,其时公布仓促,法条多有未适,立法院认为亟应改订,乃组织刑法委员会,派员负责修改。②《三五刑法》之修订较为认真与负责,从 1931 年开始组织立法院刑法起草委员会,至 1933 年 12 月,《刑法修正案初稿》完成,并向社会各界征询意见,许多报刊杂志都积极响应,如《申报》、《法律评论》、《法令周刊》《中华法学杂志》等有名报纸与法学刊物都发表了有关于刑法修订之意见的论文,也提出了不少可贵的修订意见,同时也是一次有效的法律宣传法律意识教育行动。

　　其中,"三五刑法"起草期间,近代刑法学的代表性人物王觐虽然未参加草案的起草工作,但陆续发表了《刑法修正案初稿批评》、《我对于刑法修正案初稿的几点意见》等专题文章,对刑法修正案的初稿提出多方面的批评意见。应当说,这种批评有助于新法的更加完善,而且从这些批评中也体现出法律家们对于法律发展和法律完善的历史责任感和使命感。③ 以及有相当一些法学家发表关于刑法修改意见论文:董康的《新旧刑律比较概论》④、胡毓寅的《论中华民国刑法修正案初稿之得失》⑤、梅汝璈的《刑法修正案的八大要点述评》⑥(此文特别对于新刑法增加的保安处分予以阐述,认为应有一些具体的原则的规定)、江镇三的《我对于〈刑法修正案初稿〉之意见》⑦(这些论文

---

① 《法律评论》第 11 卷第 8 期。
② 《法律评论》第 11 卷第 15 期。
③ 韩秀桃:《民国时期法律家群体的历史影响》,《榆林学院学报》2004 年第 2 期。
④ 《法学季刊》1928 年 5 月第 3 卷第 5 期。
⑤ 《中华法杂志》1933 年 10 月第 4 卷第 9—10 期。
⑥ 《法令周刊》1935 年 1 月第 235 期。
⑦ 《法轨》1934 年 6 月第 1 卷第 2 期。

也都收录在《民国法学论文集精萃》①关于刑法法律篇一书中）。同样在《申报》上也登载了许多相关文章,如《司法当局对刑法修正案意见》②康桐林的《对于修改刑法之管见》③对于具体的法条提出较为针对性的意见。吴荣林的《对于刑法应该商榷的几点（一）》和《对于刑法应该商榷的几点（二）》对于亲属隐忍及内乱罪等等进行颇为深入的阐述。④ 谢振鹗的《对于刑事诉讼法及刑法拟修改之我见》,马存坤的《修改刑法之先决问题》提出刑法修改前须应考虑之几个问题:一是党治的抑民治的,二是全部修改抑部分修改,三是理想的抑实效的,四是文理的抑简易的。就些这些问题提出较为深刻的见解,同时也表示其深虑。⑤ 侯造君的《修改刑法刍议》⑥《修正刑法草案要点》提出总则增加保安处分,分则亦予以变更或修正,将伪造文书印文罪一章内关于伪造有价证券部分划出,另成为伪造有价证券罪一章。⑦ 王瑾的《我对于刑法修正案初稿一个总括的批评》⑧王瑾的《我对于刑法修正案初稿几点意见》⑨此二文对于刑法的具体条文的修订作了非常详尽的解释与对比。

可见国民政府对于这部刑法的制订还是作出了一些努力,尽管它本身有这样那样的不足,例如呈现超前的刑法立法思想,不够完善的立法体系,导致刑法倾向理想性质,在实际践行中存在不少问题。但至少是中国近代法制建设不可或缺的一个历程。另一方面,民国前期可以说是近代中国变革与剧烈动荡的时期,辛亥革命推翻封建帝制,结束清王朝之统治,改朝换代,法律从根本意义上为统治者服务,是体现其阶级本质与利益的,其统治者及其阶层发生

---

① 何勤华:《民国法学论文集精萃——刑事法律篇》(第四卷),北京:法律出版社 2004 年版,第 17—53 页。

② 《申报》1928 年 3 月 17 日第九版。

③ 《法律评论》第 8 卷第 37 期。

④ 《法律评论》第 9 卷第 27、28 号合刊;《法律评论》第 29、30 号合刊。

⑤ 《法律评论》第 9 卷第 31、32 号合刊。

⑥ 《法律评论》第 9 卷第 48 期。

⑦ 《法律评论》第 11 卷第 8 期。

⑧ 《法律评论》第 11 卷第 15 期。

⑨ 《法律评论》第 11 卷第 8 期。

翻天覆地的变化,其为之服务的工具自然要与之相适应。接着是袁世凯统治,其中穿插几次复辟闹剧,继后为北洋军阀统治直至南京国民政府的建立,统治者不断更易。正如蔡枢衡在《刑法文化之展望》①与《刑法文化之展望》(续)②二文中所论说,具备近代刑法体系的中国刑法法典,自清律以来,二十余年间,数经修订,立法院又有刑法修正案初稿之草成。自法律之安定性言,修正频繁,良非所宜。然后法律之命脉,在于适合社会之要求,社会之下层基础既经发展,其法律关系自亦不能不随之变化,尤其在企图脱出封建社会,其法律之使命,于适应时代要求之外,并须具有促进社会,使向理想目标进展之精神。故修正之频繁,正所以证明社会进化及革命过程进展之急剧。民国时期许多问题皆有因此之原因来解说,乃社会急剧变化之缘故。

前者主要就其"三五刑法"修订本身之法理与政策方面进行概括其过程及其修订之原因。现在主要就二部法令关于伪造罪之相关法条之变化进行专门较为详尽的论述。首先,对于刑法总则有关于伪造罪之适用范围相关部分进行论说。刑法第五条"本法于凡在民国领域外,犯左列各罪者适用之",夫刑法之效力,现今立法通例,多以属地主义为主,但又兼采属人主义,保护主义,以济其穷,本条之设,即其一端,惟法文于犯罪主体,既未明示,而于被害客体,又无限制,似觉过于广泛,例如一美人在美国犯伪造日人之文书罪,犯罪人为五边形,实行之客体为日人,犯罪地又为美国,被害之客体为日人,犯罪地又为美国,不论秉何惠,均无处罚之理,而依据本条第四款,固有处罚之专条也,设从而处罚之,不但无此需要,且实际上亦感觉不便,故不佞以为为贯彻第六条之文义计,应从犯罪之主体上限定民国人民。从保护主义而观,又应从犯罪之客体上,加以"对于民国或民国人民"字样,方足以昭妥洽。③

这是针对《刑法二次修正案》(1928 年刑法)的第五条之规定:其中三、四项即第二百十一条至第二百十七条之伪造货币罪,第二百二十五条至第二百二十七条第二百三十一条第二百三十三条及第二百三十五条之伪造文书印文

---

① 《法律评论》第 11 卷第 39 期。
② 《法律评论》第 11 卷第 40 期。
③ 蔡肇璜:《修订现行刑法之一得》,《法律评论》第 8 卷第 21 期。

罪,及第六条本法于民国公务员在民国领域外犯左列各罪者适用之,此条第三项,第二百三十条之伪造文书罪。① 上文对此法有关于此条例之规定确有不易操作与把握之处,且也不太符合法理之常理,因此客观上法律实践中遇到无法适用之事。法律修订时就进行了改正,于1935年刑法便改为采取折衷主义。即第四条之规定,犯罪之行为或结果有一在中华民国领域内者,为在中华民国领域内犯罪。② 同法第五条规定,本法于凡在中华民国领域外犯左列各罪者适用之,本条第三、四、五项伪造货币罪,第二百○一条及第二百○二条之伪造有价证券罪,第二百十一条第二百十四条第二百十六条及第二百十八条之伪造文书印文罪。本条法律之解释:本条规定即折衷主义之表现,盖于属地主义中参以属人主义也,而外国人犯之者,亦适用本法,以保护国家之生存、信用、财政、经济并安定等,故学说上对此名曰自卫主义,盖不仅中华民国人犯之者处罚,即非中华民国人犯之亦同样处罚也。第六条之规定,本法于中华民国公务员在中华民国领域外犯左列各罪者适用之。此条之第三项第二百十三条之伪造文书罪。③

1928年的《中华民国刑法》的伪造罪关于未遂罪罚之过多,未免失之过苛。④ 剥夺公权为从刑之一处,其科刑之范围,大抵以无廉耻之犯罪为限,与主刑性质不同。德国刑法准备草案且有明文规定,以防滥用。况其受刑之结果,至不公平,与公权无关系者,即令科之,犯人毫无所觉,与公权有关系者,出狱后复科以此刑,或至夺其生存之路。暂行律对于各罪皆有剥夺公权之规定,

① 王宠惠:《中华民国刑法》,北京:中华印书局1928年版,第1—2页。
② 详解为:本条规定亦根于前条折衷主义而来,从来对此学说,计有三者,一为行为地说,即以犯罪之行为地犯罪也;一为结果地说,即以犯罪之结果地为犯罪地,然皆有所置疑,例如甲在子地伤乙,而于丑地因伤重不救死亡,是明明为伤害致死罪,使依前说,则子地仅有伤害之行为而无致死之结果,使从后说,则丑地仅有死亡之结果而无伤害之行为,因有第三之折衷说,即不问为行为地及结果地,认为犯罪也,本案规定,即根据折衷说也。参见:《中华民国刑法详解》,上海法政学社出版1940年版,第3页。
③ 此条详解:本条亦为折中主义之表现,唯其所惩罚者,限于中华民国之公务员,故凡依法从事于中华民国公务之人,苟有犯之者,不问为中华民国人,非中华民国人,一体治罪,例如海关税务司非中华民国人也,然以从事于中华民国公职,故即以中华民国公务员论。参见《中华民国刑法详解》,上海法政学社1940年版,第4—5页。
④ 谢振民:《中华民国立法史》(下),北京:中国政法大学出版社2000年版,第900页。

修正案除妨害卫生罪外，与暂行律同，其科剥夺公权之范围略嫌太广。在此伪造罪之三章皆规定辅之以剥夺公权，也显其过广。①《刑法第二次修正案》（即 1928 年刑法）将民国三年的《修正刑法草案》伪造文书罪改为伪造文书印文罪，而此前晚清的《暂行新刑律》也规定伪造文书印文罪。各国刑法于伪造文书罪略分两派，以证明权利义务之文书为限者，德国是也。以足生损害于公众或他人之文书为限者，法国是也。暂行律从德国派，惟证明权利义务之标准未易确实，德国数十年来，施行颇生困难，是以学者多非议之，其准备草案删去足以证明权利义务句，而以欺骗他人重要权利义务为标准，其结果殆与法国损害制无大区别，故本案从法国派。是故，关于伪造文书罪之规定制定刑律时所选取哪个法学派系之法理而言。② 刑法草案（1928 年）与暂行新刑律之异同也将伪造文书罪二种派别予以记述：各国刑法于伪造文书罪略分两派，以证明权利义务之文书为限者，德国是也，以足生损害于公众或他人之文书为限者，法国是也，暂行律从德国派惟证明权利义务之标准未易确定，德数十年来施行颇生困难，是以学者多非议之其标准草案删去，足以证明权利义务，而以欺骗他人重要权利义务为标准其结果殆与法国损害制无大区别，故本案从法国派。③ 修正案 34 条规定徒刑为（1）丧失公务员资格，（2）没收。黄右昌谓修正案将现行法剥夺公权之规定，改为仅以丧失公务员资格为限，不如现行法分款列举，较有系统。赵琛、郗朝俊极力主张维持修正案，谓剥夺公权并无确定范围，各国刑法规定亦各不同。

　　傅哲泉在《刑法上三个小问题》中非常深刻地阐述了有关于伪造罪中"关于伪造案审断中常出现法律适用违误的情况"，如行使行为与收受行为理应如何吸收问题进行详细立阐释。行使包括单纯之收受按刑法第十二章所规定之伪造货币罪、难列举犯意二而犯行五。较之旧刑律为表密，然应用上反不若旧律之赅括，兹析述之于下一是意图供行使之用而伪造变造或减损之罪：如第二百十一条第一项和第二百十三条第一项；二是意图供行使之用而收集之罪，

---

　①　谢振民：《中华民国立法史》（下），北京：中国政法大学出版社 2000 年版，第 901 页。

　②　谢振民：《中华民国立法史》（下），北京：中国政法大学出版社 2000 年版，第 901 页。

　③　王宠惠：《中华民国刑法》，北京：中华印书局 1928 年版，"附录"第 14 页。

所谓收集,指向各方收集而有随时可以增加之倾向,与同交付相对待之单纯收受不同。故若以意图供行使之用,而着手于收集而不遂者,为该罪之未遂罪,如第二百十一条第二项及第二百十三条第二项是;三是行使之罪,固应包括行使自己伪造变造减损收集伪币诸罪,即因行使而单纯收受伪币之行为,亦包含在内。因行使伪造、变造或减损之货币,除自己伪造变造减损或收集外,必须经过一收受之行为阶段,今刑法既不与刑律同设意图行使而收受之规定,故解释上应将因行使而为单纯之收受行为,包含于行使行为之内,方与立法本意相合。则凡因行使而为单纯之收受行为,应属于行使行为之未遂,而不得论为意图供行使之用而收集之既遂罪。如第二百十二条第一项前半第二百十四条第一项前半是。四是意图供行使之用而交付之罪,如第二百十二条第一项后半及第二百十四条第一项后半是。五是收受后方知而仍行使,或意图供行使之用而交付之罪,如第二百十二条第二项第二百十四条第二项是也。① 据笔者所阅读之伪造案件档案常有将伪造行为与行使行为吸收问题出现法条适用违误,这种解释在某种意义上有利于法院特别是基层的县司法处法官判案时的运用法令的准确把握。

1935 年《中华民国新刑法》在修订过程中,其修正草案意见书中有关于伪造文书罪只足损害他人即为成立。② 伪造公债票、公司股票、邮票、印花税票及其他一切有价证券,旧刑法纳入伪造文书印文罪章内,似嫌不类,《新刑法》将关于有价证券条文提出,另订一章。③《修正刑法草案要点》提出总则增加保安处分,分则亦予以变更或修正,将伪造文书印文罪一章内关于伪造有价证券部分划出,另成为伪造有价证券罪一章。④ 旧刑法第 232 条关于从事业务之人,登载不实之事项,于其业务上作成之文书者,以医师之证书为限,范围太狭,《新刑法》扩充其范围至一切从事业务之人,及一切业务上作成之文书,以

① 傅哲泉:《刑法上三个小问题》,《法律评论》第 6 卷第 42 期。
② 谢振民:《中华民国立法史》(下),北京:中国政法大学出版社 2000 年版,第 904 页。
③ 谢振民:《中华民国立法史》(下),北京:中国政法大学出版社 2000 年版,第 938 页。
④ 《法律评论》第 11 卷第 8 期。

免疏漏(第215条)。①《新刑法详解》对此条有详细的法律解释:本条犯罪主体必限从事业务之人,其行为则为虚伪登载于其业务上之文书,如医师虚伪登载于诊断书,律师或会计虚伪登载于证明书,又如商店经理虚伪登载于帐册,而其登载又足生损害于公众或他人者,即构成本条之罪,又所谓不实者,不限于根本不实,即实有其事,而将年月故意颠倒属于此列。②

度量衡的统一,不仅关系到国家政权的稳定,也影响到普通大众的生活。因此,民国政府也采取了许多措施来划一全国度量衡,制定了一系列法律法规。北洋政府于1914年3月31日以大总统令公布了农商部拟定的《权度条例》。《权度条例》共有二十四条,规定权度分甲乙两制。甲制为"营造尺库平制。长度以营造尺一尺为单位,重量以库平一两为单位";乙制为"万国权度通制。长度以一新尺为单位,重量以一新斤为单位"。③ 尽管该条例并未实行,但却为《权度法》的制订奠定了基本内容。《权度法》共二十三条,由北洋政府在1915年1月7日公布。此法也规定度量衡采甲乙制。甲制为营造尺库平制。乙制为万国权度通制,"长度以一公尺为单位,重量以一公斤为单位"。④ 一周后,北洋政府又公布了《权度法施行细则令》。同年3月19日,北洋政府颁布了《权度委员会章程》,确定了建立组织机构的法律依据,规定"农商部设立权度委员会,研究关于权度一切重要事项";权度委员会分为专任委员、兼任委员、名誉委员三种,设委员长一人,由农商总长于专任委员中指充。⑤ 可以说,北洋政府制订一系列有关度量衡的法律法令为度量衡的划一提供了重要的法律保障,也为其标准化程度提高奠定了基础。

1928年7月18日,国民政府制定《中华民国权度标准方案》。规定万国

---

① 谢振民:《中华民国立法史》(下),北京:中国政法大学出版社2000年版,第941页。
② 《中华民国刑法详解》,上海:上海法政学社出版1940年版,第120页。
③ 《中华民国史档案资料汇编》第三辑,农商(一),南京:江苏古籍出版社1991年版,第46—47页。
④ 《中华民国史档案资料汇编》第三辑,农商(一),南京:江苏古籍出版社1991年版,第63页。
⑤ 《中华民国史档案资料汇编》第三辑,农商(一),南京:江苏古籍出版社1991年版,第63页。

公制（即米突制），为中华民国权度的标准制，以与标准制有最简单之比率，而与民间习惯相近者为市用制。① 1929 年 2 月 16 日，国民政府公布了《度量衡法》。《度量衡法》是开展全国度量衡统一工作的根本依据。继《度量衡法》之后，在 1928 年，国民政府颁布了一系列法规，如《工商部全国度量衡局组织条例》、《度量衡法施行细则》、《工商部全国度量衡制造所规程》、《工商部全国度量衡检定人员养成规则》、《度量衡器具营业规程》等几十种。② 国民政府工商部在 1929 年 9 月召集度量衡推行委员会议，讨论全国度量衡划一的进行程序。推行度量衡划一的组织机构，分为中央及地方两级。中央一级的机构有度量衡局及其附属机构：度量衡制造所和度量衡检定人员养成所。全国度量衡局在 1930 年 10 月成立，设总务、检定、制造三科，以吴承洛为局长。度量衡局的任务主要是督促各省市推行度量衡新制，掌管度量衡营业的许可，标准器副原器的制造及检定，检定员训练等事项。③ 度量衡检定人员养成所在 1930 年 3 月成立。按国民政府工商部的规定，该所专司培养全国度量衡检定人员。截至 1934 年年底，养成所共举办六期，培养出一等检定员 88 人，二等检定员 340 人。只有一等检定员的省份是山西。只有二等检定员的省份是两广、云南、吉林、陕西、甘肃、绥远及平、津、青岛、汉口四市、蒙藏两区和威海卫特区。尚无检定员者为黑龙江、新疆、察哈尔、青海、西康。④ 到 1932 年终，各省市已办过三等检定员训练班的有江苏、浙江、山东、河北、河南、湖南、湖北、安徽、陕西、宁夏及上海市，浙江甚至举办过两期，总人数有 1130 人。⑤ 国民政府在 1938 年 7 月 30 日颁布了经国民政府修正的《经济部组织法》。在其第九条中，规定了工业司执掌工业标准事项和度量衡器具之制造等职务，并由吴承洛任司长（从 1938 年 8 月 22 日—1939 年 6 月 1 日）⑥。此间，度量衡的制度的制订、人员的培训、机构的建设等等都相继建构。

---

① 实业部全国度量衡局编：《全国度量衡划一概况》，南京：国民书局 1933 年版，第 5 页。
② 《中国实业杂志》1935 年第 1 卷第 1 期，第 221—222 页。
③ 实业部全国度量衡局编：《全国度量衡划一概况》，南京：国民书局 1933 年版，第 48 页。
④ 《中国实业杂志》1935 年第 1 卷第 1 期，第 226—227 页。
⑤ 实业部全国度量衡局编：《全国度量衡划一概况》，南京：国民书局 1933 年版，第 44 页。
⑥ 郭卿友：《中华民国时期军政职官志》，兰州：甘肃人民出版社 1990 年版，第 597 页。

新旧刑法关于伪造度量衡之罪做了非常详细的规定,二部法律的基本宗旨类似,都是为划一全国度量衡,但是在其惩罚力度与具体法条之规定方面有所差异。如伪造度量衡章内各条之未遂罪,大都情节轻微,而旧刑法第 221 条罚之持有,按照我国社会情形,尤觉过苛,《新刑法》均予删去。至行使违背定程之度量衡者,以从事业务之人为最多,并增订较重处罚之明文(第 208 条)。① 司法行政部训令(训字第三一一号)各省高等法院首院、席检察官长云为令知事准实业部咨,开查到度量衡为现今要政,自奉国民政府公布中华民国权度标准方案及度量衡法以来,本部已督饬各省市主管机关积极进行定期画各在案,查伪造度量衡罪刑法第十三章各条已经明白规定其他违背现行度量衡法令各项罚,则除修正度量衡器具检查执行规则第十四条之处罚规定,由公安机关执行及不遵照新旧度量衡折合物价办法买卖之行为,应照违警罚法第三十三条一项处罚,业经本部解释有案外所有度量衡法第十九条及修正度量衡器具检查执行规定第十二十三等条之处罚均非行政机关所能执行度量衡法本为单行法与矿业法性质相同,矿业法中规定之罚则前,奉行政院令据司法院解释应由法院处理,则上述罚则自应一并由法院处理,相应抄同修正度量衡器具检查执行规则一份,咨查照通行各法院知照等,由此合行抄同原规则一份令仰知照并转饬属一体知照此令。② 并制订了相关《度量衡器具检查执行规则》与《修正度量衡器具检定费征收规程》③详细规定了度量衡器具检查与修正之执行规则,在一定程度使得度量衡行使变得有序化与合理化、科学化,至少从一定范围内规范了一直较为混乱的度量衡市场,从而也起到规范市场秩序的作用。

因此,对伪造度量衡罪进行了符合实际的修改,更有利实行与应用,将度量衡的定程标准与使用法令化与制度化,从另一侧面体现度量衡对于社会的重要性,也反映民国政府较为重视社会经济建设与商业发展,或者说是意识到其重要性,至少有利于实业的发展。正如《东方杂志》专门就度量衡问题进行

---

① 谢振民:《中华民国立法史》(下),北京:中国政法大学出版社 2000 年版,第 941 页。
② 《法律评论》第 10 卷第 20 号。
③ 《法律评论》第 10 卷第 21 号。

过专刊论说,民国制订之度量衡标准至少应遵守合理化、民族性化、工业适用化等原则,也可反映度量衡定程之标准于法律意义的制订也有利于工商业的发展,至少趋向于合理化,体现些许民族性意义。①

第二节　伪造案的审断依据

一、伪造货币罪的法令条例

1928 年南京国民政府形式上统一之后,颁行了《中华民国刑法》,其中制订了关于伪造货币罪的内容。1935 年币制改革,国民政府为了维护法币的权威,确保法币信用基础,巩固法币制度,制订了相关保护法令。如 1935 年《中华民国刑法》的第十二章"伪造货币罪"中从 195 条至 200 条就对伪造变造法币及收集与行使伪造法币的惩罚做了非常明确的规定;1935 年 7 月 15 日,公布《妨害国币惩治暂行条例》,同时说明展期两年施行,俾将其"酌加修正";②1938 年 7 月 15 日,公布修正后《妨害国币惩治暂行条例》,后于 1943 年又进行了修正。这些法律法规是为保护法币的权威的最后屏障,具有相对的稳定性和普适性。此外,也有因为战时特殊时域与场域公布的保护货币的法令。如 1943 年 9 月 9 日国民政府公布了《战时伪造法币治罪暂行条例》。另外,除这种面向全国范围内保护法币、惩治伪造货币的法律外,还有部分地方政府亦制订了相关保护地方法币,如广东省政府于 1936 年颁布的《惩治伪造广东省法币匪犯暂行条例》,其中对惩治伪造广东省法币匪犯等处治进行了非常严厉的明文规定③。

---

①　胡刚复:《对于吾国度量衡之商榷》,《东方杂志》第 32 卷第 7 号。

②　按此"条例"公布实施日期为 1935 年 7 月 15 日(参见《中华民国国民政府公报》第 1794 号),但一个月后,国民政府军事委员会复发布训令,称该条例仍需"酌加修正",故"应再通饬施行"的时间。参见中国第二历史档案馆编《国民政府财政部档案》,见中华民国史档案资料汇编:第 5 辑第 2 编财政经济(三)》,南京:江苏古籍出版社 1994 年版,第 2—3 页。受抗日战争影响,加之国民政府内迁重庆,1938 年 7 月 15 日国民政府公布修正后的《妨害国币惩治暂行条例》,但同时又令延期实施;故直到 1943 年 10 月 18 日,国民政府又才公布《妨害国币惩治条例》(但未实施)。

③　《广西省政府公报》1936 年第 121 期。

1928 年《中华民国刑法》中关于伪造货币罪规定:

第十二章 伪造货币罪①:

第二百十一条 意图供行使之用而伪造变造通用之货币、纸币、银行券者处无期徒刑或五年以上有期徒刑得并科三千元以下罚金;意图供行使之用而收集伪造变造之通用货币纸币银行券者亦同;本条之未遂罪罚之。

第二百十二条 行使伪造变造之通用货币纸币银行券或意图供行使之用而交付于人者处无期徒刑或五年以上有期徒刑得并科三千元以下罚金;收受后方知为伪造变造之通用货币纸币银行券而仍行使或意图供行使之用而交付者处二千元以下罚金;第一项之未遂罪罚之。

第二百十三条 意图供行使之用而减损通用货币之分量者处五年以下有期徒刑得并科一千元以下罚金;意图供行使之用而收集减损分量之通用货币者亦同;本条之未遂罪罚之。

第二百十四条 行使减损分量之通用货币或意图供行使之用而交付于人者处五年以下有期徒刑得并科一千元以下罚金;收受后方知为减损分量之通用货币而仍行使或意图供行使之用而交付于人者处一千元以下罚金;第一项之未遂罪罚之。

第二百十五条 意图供伪造变造通用之货币纸币银行券或意图供减损通用货币分量之用而制造或交付或收受各项器械原料者处五年以下有期徒刑得并科一千元以下罚金。

第二百十六条 伪造变造之通用货币纸币银行券减损分量之通用货币及第二百十五条之器械原料不问属于犯人与否没收之。

第二百十七条 犯本章之罪者依第五十七条及第五十八条之规定剥夺公权。

1935 年《中华民国刑法》关于伪造货币罪之内容②:

---

① 王宠惠:《中华民国刑法》,北京:中华印书局 1928 年版,第 53—59 页。注:之后关于他类伪造罪之法令皆出于此材料。

② 中国法规刊行社编审委员会编纂:《最新六法全书》,中国法规刊行社 1946 年编刊,第 219—221 页。注:之后关于他类伪造罪之法令皆出于此材料。

第十二章 伪造货币罪:

第一百九十五条 意图供行使之用而伪造变造通用之货币、纸币、银行券者,处五年以上有期徒刑,得并科五千元以下罚金;前项之未遂犯罚之。

第一百九十六条 行使伪造变造之通用货币、纸币、银行券或意图供行使之用而收集或交付于人者,处三年以上十年以下有期徒刑,得并科五千元以下罚金;收受后方知为伪造变造之通用货币、纸币、银行券而仍行使,或意图供行使之用而交付于人者,处五百元以下罚金;第一项之未遂犯罚之。

第一百九十七条 意图供行使之用,而减损通用货币之分量者,处五年以下有期徒刑,得并科三千元以下罚金;前项之未遂犯罚之。

第一百九十八条 行使减损分量之通用货币,或意图供行使之用收集或交付于人者,处三年以下有期徒刑,得并科一千元以下罚金;收受后方知为减损分量之通用货币,而仍行使,或意图供行使之用而交付于人者,处一百元以下罚金;第一项之未遂犯罚之。

第一百九十九条 意图供伪造变造通用之货币、纸币、银行券,或意图供减损通用货币分量之用,而制造、交付、或收受各项器械原料者,处五年以下有期徒刑,得并科一千元以下罚金。

第二百条 伪造变造之通用货币、纸币、银行券、减损分量之通用货币、及前条之器械、原料,不问属于犯人与否,没收之。(无剥夺公权)

1935年《中华民国刑法》中关于伪造货币罪的规定十分具有可操作性。其中对"意图供行使之用而伪造变造货币"、"行使伪造变造之通用货币、纸币、银行券或意图供行使之用而收集或交付于人"、"减损通用货币"、"行使减损分量之通用货币"等伪造货币行为分别进行了具体的界定,较为完备,以致于现代台湾仍有所沿用,可见其具有较强的操作性,这为国民政府打击伪造货币现象提供法律基石。

1938年7月15日,国民政府公布修正的《妨害国币惩治暂行条例》中规定:"意图营利,私运银币、铜币或中央造币厂厂条或银类出口者,处死刑、无期徒刑,或七年以上有期徒刑,得并科币额或价额五倍以下罚金。意图营利,销毁银币、铜币或中央造币厂厂条或银类私运出口者,亦同。""意图供行使之用而伪造货币券者,处无期徒刑或五年以上有期徒刑,得并科五千元以下罚金。意图供行使之用而收集、伪造、变造币券者,亦同。"①明显比新刑法中的关于伪造货币罪的处罚严厉,并且对伪造对象进行明确限定,是针对于"银币、铜币"等硬通货和"中央造币厂厂条"。这些规定体现了战时国民政府对伪造变造法币等扰乱金融市场行为的严厉处置。

国民政府在 1943 年 9 月 9 日公布的《战时伪造法币治罪暂行条例》中除同样体现《妨害国币惩治暂行条例》惩治的严厉思想,还有特别的新规定:"意图营利以房屋供给伪造或变造场所者处三年以上有期徒刑,并将其房屋及供制造之各项器械原料没收之,其知情不报者同";"关于伪造法币各项犯罪事实之告发者酌给奖金其给奖办法由中央储备银行另订之"②。

1935 年 7 月 15 日,国民政府公布《妨害国币惩治暂行条例》,同时说明展期两年施行,裨将其"酌加修正";③其内容如下:

第一条　意图营利,销毁银币或中央造币厂厂条者,处一年以上七年以下有期徒刑,得并科一千圆以下罚金。

第二条　意图营利,私运银币或中央造币厂厂条或银类出口者,处死刑、无期徒刑,或七年以上有期徒刑,得并科币额或价额五倍以下罚金。

第三条　伪造或变造中央造币厂厂条,或减损其分量,或行使或意图行使而收集或交付者,分别依刑法伪造货币罪各条之规定而处断。

第四条　销毁或私运出口之银币、厂条或银类,不问属于犯人与否,没收之。

第五条　本条例之未遂犯罚之。

第六条　本条例实施期间定为二年。

第七条　本条例自公布日施行。

---

① 《中华民国金融法规选编》(上册),北京:档案出版社 1990 年版,第 625 页。

② 《中央经济月刊》1943 年第 3 卷第 10 期,第 71 页。

③ 按此"条例"公布实施日期为 1935 年 7 月 15 日(参见《中华民国国民政府公报》第 1794 号),但一个月后,国民政府军事委员会复发布训令,称该条例仍需"酌加修正",故"应再通饬施行"的时间。参见中国第二历史档案馆编:《国民政府财政部档案》,见《中华民国史档案资料汇编:第 5 辑第 2 编·财政经济(三)》,南京:江苏古籍出版社 1997 年版,第 2—3 页。

　　1938年7月15日,国民政府公布修正后的《妨害国币惩治暂行条例》,但同时又令展期实施;①其内容如下:

　　第一条　意图营利,私运银币、铜币或中央造币厂厂条或银类出口者,处死刑、无期徒刑,或七年以上有期徒刑,得并科币额或价额五倍以下罚金。意图营利,销毁银币、铜币或中央造币厂厂条或银类私运出口者,亦同。

　　第二条　意图营利,销毁银币、铜币或中央造币厂厂条者,处一年以上七年以下有期徒刑,得并科币额或价额三倍以下罚金。

　　第三条　伪造或变造中央造币厂厂条,或减损其分量,或行使或意图行使而收集或交付者,分别依刑法伪造货币罪各条之规定而处断。

　　第四条　意图供行使之用而伪造货币券者,处无期徒刑或五年以上有期徒刑,得并科五千元以下罚金。意图供行使之用而收集、伪造、变造币券者,亦同。

　　第五条　犯前四条之罪者,其银币、铜币、厂条、银类或伪造、变造之币券,不问属于犯人与否,没收之。

　　第六条　本条例之未遂犯罚之。

　　第七条　本条例实施期间定为二年。

　　第八条　本条例自公布日施行。

　　受抗日战争影响,加之国民政府内迁重庆,故直到1943年10月18日,国民政府又才公布《妨害国币惩治条例》(但未实施),其文如下②:

　　第一条　意图营利,私运银币、银类、金类或各种新旧辅币出口者,处无期徒刑或五年以上有期徒刑,得并科币额或价额五倍以下罚金。意图营利,销毁银币或各种新旧辅币私运出口者,亦同。前二项之未遂犯罚之。

　　第二条　意图营利,销毁银币或各种新旧辅币者,处一年以上七年以下有期徒刑,得并科币额或价额三倍以下罚金。前项之未遂犯罚之。

---

　　①　中国第二历史档案馆编:《国民政府财政部档案》,见《中华民国史档案资料汇编:第5辑第2编·财政经济(三)》,南京:江苏古籍出版社1997年版,第2—3页、第5页。

　　②　《中华民国史档案资料汇编:第5辑第2编·财政经济(三)》,南京:江苏古籍出版社,1997年版,第29—30页。

第三条　意图供行使之用而伪造、变造币券者,处无期徒刑或五年以上有期徒刑,得并科五千元以下罚金。前项之未遂犯罚之。

第四条　意图营利,不按法定比率兑换各种币券者,处所得利益十倍以下罚金。以兑换币券为业,所取兑换手续费超过币额百分之一者,亦同。

第五条　故意损毁币券,致不堪行使者,处所损毁币额五倍以下罚金。

第六条　犯条例之罪者,其银币、银类、金类、新旧各种辅币、伪造变造或损毁之币券,不问属于犯人与否,没收之。

第七条　本条例自公布日施行。

1945 年 10 月 31 日,国民政府修正公布、并令同期施行《妨害国币惩治条例》,其文如下:①

第一条　意图营利私运银币银类金类或新旧各种辅币出口者,处无期徒刑或五年以上有期徒刑,得并科币额或价额五倍以下罚金;意图营利销毁银币或新旧各种辅币私运出口者亦同,前二项之未遂罚之。

第二条　意图营利销毁银币或新旧各种辅币者处一年以上七年以下有期徒刑科并科币额或价额三倍以下罚金;前项未遂犯罚之。

第三条　意图供行使之用而伪造变造币券者处无期徒刑或五年以上有期徒刑得并科五千元以下罚金;前项之未遂犯罚之。

第四条　意图营利不按法定比率兑换各种币券者处所得利益十倍以下罚金;以兑换币券为业所取兑换手续费超过币额百分之一者亦同。

第五条　故意损毁币券致不堪行使者处所损毁币额五倍以下罚金。

第六条　私发类似币券之纸票或以金属竹木等物代替币券及辅币行使者处一年以上七年以下有期徒刑得并科所发纸票或代替物所表示之币额全数十倍以下罚金。

第七条　犯本条例第一条第二条第三条第一条之罪者其银类金类新旧各种辅币伪造变造或毁损之币券不问属于犯人与否,没收之,犯第六条之罪者其

---

①　中国法规刊行社编审委员会编纂:《最新六法全书》,中国法规刊行社 1946 年编刊,第245 页。

纸票或代替物应严定限期,勒令全数收兑,其无力收兑者扣押相当数额之财产变价收兑。

第八条　本条例自公布日施行。

2.与金融货币战相关的法令条例

抗战期间这个特殊的时代背景,为了保护法币体系,打击伪造货币必然还将针对日方的伪造法币纳入打击范围,为此国民政府颁布了一系列的法律法规反制敌伪的破坏以维护法币信用,其主要措施有限制法币、金银外币等流向敌占区,抵制敌伪的假币流入。国民政府为了反击敌方通过货币进攻方式的金融阴谋,颁布了一系列金融法律法令惩治伪造货币,以便保护货币安全,以利战事与国民经济。如《限制携运钞票办法》、《私运法币及其他禁运物品出口检查办法》、《取缔收售金类办法》、《日人伪造法币对付办法》、《关于分区金融处理办法》等等法律。

抗战时期流通市面的四行法币,种类繁多,人民识辨较难,容易导致伪券混用。这为日本人伪造货币流入市场提供便利,对此,1939年国民政府颁行了《日人伪造法币对付办法》①:

一、四行设法阻止新法币券转入沦陷区内,及在接近沦陷区域发行处,多备旧券发行,使沦陷区内所有流通者尽属旧券,则日人新制之伪券,不易鱼目混珠。

二、由财政部通令各关卡严密检查日人印制伪券,绝对不使窜入未沦陷区域内,则受害地方不致蔓延。

三、由财政部通咨各省转饬所属,特别注意防范,务使境内日人所造伪券不能留存。

四、四行应择要发送各种样本券,与接近沦陷区之县政府请其张贴示众,使人民发现伪券时,就近可以核验不致受欺。

五、四行应宣示真券伪券不同之点,并将行使伪券之害剀切详列,印制宣传品,由中央宣传机关设法在沦陷区域内散发,并请中央宣传机关,或驻在就

---

① 中央训练团编印:《中华民国法规辑要》(第3册)第9编·金融,1941年,第83—84页。

近沦陷区域之军委会政治部之各种宣传方法同时进行,俾得民众知所从违而拒绝行使。

六、凡据情报知日人伪造法币印造制运等情时,应由国际宣传机关对各友邦极力宣传其狡谋,如知伪券号码数额时,由外交部正式对各友邦声明,该项伪券本国不能承认,务使日人不正当丑态举世毕露。

七、沦陷区域内如有伪造机关时,因我军警权利不能执达,应托印券之外国钞票公司出面交涉,盖日人制造伪券对银行为破坏信用,对国家为扰乱金融,对印券公司则为侵害法益,在法律地位上言之,该钞票公司自有出头交涉之权也。

八、无论在任何地方,若有为日方收藏或转运或行使伪造之法币,或未通谋日方而意图供行使之用伪造法币或收集者,经查获或告发讯实后,应按其所犯情节,分别依照修正惩汉奸条例第二条第十款,或修正妨害国币惩治暂行条例第四条之规定,从重处断。

这部法令对敌人伪造的法币的对付办法十分严密。一是阻止新版法币流入沦陷区,并阻止伪造法币流入未沦陷区,尽量使伪造法币和真法币流通的区域易于界分,以便利对伪造法币的清理;二是针对乡民辨识力差的现状,发送各种样本券张贴示众以便教育人民辨别真伪法币;三是加强宣传机关功能发挥外交舆论功能,在国际社会揭露敌人伪造法币的真相;四是严加防范并加大惩罚力度,凡有伪造伪造法币行为参以汉奸罪论处,从重处断。对于严厉惩治敌伪伪造法币,遏制敌方对我金融体系的蓄意破坏起到很重要的作用。

1943 年,四行又将现有各种版式中,择其最精良之一种,作为一种券类,并将其他杂版陆续收回,以后规定每一种券,每行不得并用二种版式,庶可统一钞币,抵制伪造。①《敌人伪造法币对付办法》这部法令分别转咨后方各省相继遵照。云南省政府训令秘财字第一二五号开,财政部渝字第五〇三一号"查敌伪造我法币扰乱金融应谋有效抵制办法,兹由中中交农四行联合办事处拟具《敌人伪造法币对付办法》"。……拜可互相参照各就应办之事项努力

---

① 《银行周报》1940 年第 24 卷第 4 期。

迈进,除函复迅行四行照办并分行外,相应录送原办法一份,咨请贵省政府查照转饬 所属遵照,并希见复为荷。①

这些法律的制订为惩治伪造货币的不法行为提供了有章可循的制度保障,在一定程度上有效地维护了法币信用体系,有利于恢复国民政府统治区域的金融与经济秩序。

二、伪造文书罪的法律法规

1928 年刑法关于伪造文书罪内容②:

第十四章　伪造文书印文罪:

第二百二十四条　伪造变造文书足以生损害于公众或他人者处五年以下有期徒刑。

第二百二十五条　伪造变造公文书足以生损害于公众或他人者处一年以上七年以下有期徒刑。

第二百二十六条　意图供行使之用而伪造变造公债票公司股票或其他有价证券者处三年以上十年以下有期徒刑得并科三千元以下罚金;意图供行使之用而收集伪造变造之公债票公司股票或其他有价证券者亦同。

第二百二十七条　意图供行使之用而伪造邮票及政府发行之各种印花税票者处六月以上五年以下有期徒刑得并科一千元以下罚金;意图供行使之用而收集伪造变造之邮票及政府发行之各种印花税票者亦同;意图供行使之用而涂抹邮票及政府发行之各种印花税票上之注销符号者以伪造论。

第二百二十八条　意图供行使之用而伪造变造船票火车电车票或其他往来客票者处三年以下有期徒刑拘役或一千元以下罚金。

第二百二十九条　伪造变造护照免照特许状旅券及关于品行能力服务或其他相类之证书介绍足以生损害于公众或他人者处一年以下有期徒刑拘役或三百元以下罚金。

---

① 《云南省政府公报》1940 年第 12 卷第 17 期。
② 王宠惠:《中华民国刑法》,北京:中华印书局 1928 年版。

第二百三十条　公务员明知为不实之事项而使公务员登载于职务上所掌之公文书足以生损害于公众或他人者处一年以上七年以下有期徒刑。

第二百三十一条　明知为不实之事项而使公务员登载于职务上所掌之公文书足以生损害于公众或他人者处三年以下有期徒刑。

第二百三十二条　医师明知为不实之事项而登载于其应提出公署或保险公司关于人之健康或死亡原因之证书足以生损害于公众或他人者处三年以下有期徒刑拘役或五百元以下罚金。

第二百三十三条　行使第二百二十四条至第二百三十二条之文书者依伪造变造文书或登载不实事项或使登载不实事项之规定处断;行使已使用之邮票及政府发行之各种印花税票者以行使伪造邮票印花税票论;本条之未遂罪罚之。

第二百三十四条　伪造印章印文或署押足以生损害于公众或他人者处三年以下有期徒刑;盗用印章印文或署押足以生损害于公众或他人者亦同;本条之未遂罪罚之。

第二百三十五条　伪造公印或公印文者处六月以上五年以下有期徒刑盗用公印或公印文足以损害于公众或他人者亦同;本条之未遂罪罚之。

第二百三十六条　意图供伪造变造有价证券邮票及政府发行之各种印花税票之用而制造交付或收受各项器械原料者处二年以下有期徒刑得并科五百元以下罚金。

第二百三十七条　伪造变造之有价证券邮票政府发行之各种印花税票印章印文署押及前条之器械原料不问属于犯人与否没收之。

第二百三十八条　在纸上或物品上之文字符号依习惯或特约足以为表示其用意之证明者关于本章之罪者得依第五十七条及第五十八条之规定剥夺公权。

1935年刑法关于伪造文书罪内容①:

第十五章　伪造文书印文罪:

①　中国法规刊行社编审委员会编纂:《最新六法全书》,中国法规刊行社1946年编刊。

第二百十条　伪造变造私文书，足以生损害于公众或他人者，处五年以下有期徒刑。

第二百十一条　伪造变造公文书，足以生损害于公众或他人者，处一年以上七年以下有期徒刑。

第二百十二条　伪造变造护照、旅券、免许证、特许证、以及关于品行、能力、服务、或其他相类似之证书、介绍书，足以生损害于公众或他人者。处一年以下有期徒刑、拘役、或三百元以下罚金。

第二百十三条　公务员明知为不实之事项，而登载于职务上所掌之公文书，足以生损害于公众或他人者，处一年以上七年以下有期徒刑。

第二百十四条　明知为不实之事项，而使公务员登载于职务上之公文书，足以生损害于公众或他人者，处三年以下有期徒刑、拘役、或五百元以下罚金。

第二百十五条　从事业务之人，明知为不实之事项，而登载于其业务上作成之文书，足以生损害于公众或他人者，处三年以下有期徒刑、拘役、或五百元以下罚金。

第二百十六条　行使第二百十条至第二百十五条之文书者，依伪造变造文书、或登载不实之事项、或使登载不实之事项之规定处断。

第二百十七条　伪造印章、印文或署押，足以生损害于公众或他人者，处三年以下有期徒刑，盗用印章、印文、或署押，足以生损害于公众或他人者，亦同。

第二百十八条　伪造公印或公印文者，处五年以下有期徒刑，盗用公印或公印文，足以生损害于公众或他人者，亦同。

第二百十九条　伪造之印章、印文、或署押，不问属于犯人与否，没收之。

第二百二十条　在纸上或物品上之文字、符号依习惯或特约，足以表示其用意之证明者，关于本章之罪，以文书论。

三、审断其他伪造案的法例根据

北洋政府公布了《权度法》。1927年南京国民政府组织了度量衡标准委员会。1928年国民政府拟定了"中华民国权度标准方案"并于7月18日公布实行。1929年2月立法院制订《度量衡法》，全文二十一条，同月16日国民政府公布。

1929 年 2 月 16 日,南京政府公布《全国度量衡局组织条例》,根据《全国度量衡局组织条例》,全国度量衡局于 1930 年 10 月 27 日成立,委任留美归来的吴承洛教授为局长。全国度量衡局下设总务、检定、制造三个科,并直辖度量衡制造所以及检定人员养成所。1933 年,又与工业标准委员会合作,特设技术室,专司各国工业标准的翻译与我国各项工业标准的拟定。从此,全国度量衡局全面掌理各省市度量衡划一,兼办工业标准的事务,其主要工作是,督促各省市推行度量衡新制;审批度量衡营业许可证;标准器副原器及其他计量器的制造、检定与查验;度量衡器具的制造修理及其指导;各省市区各县市度量衡检定的监督指导;全国度量衡检定人员的培训等。

工商部在 1929 年开始陆续出台、1930 年继续公布的法规,主要有《审定特种度量衡专门委员会章程》、《度量衡器具营业条例》、《度量衡临时调查规程》、《全国度量衡划一程序》、《度量衡检定人员任用暂行规程》、《全国度量衡会议规程》等。全国度量衡局设立以来,又先后拟定《度量衡营业条例施行细则》,《度量衡器具检定费征收规程》、《度量衡器具盖印规则》、《废除旧器暂行办法》、《检定玻璃量器暂行办法》,《标准器检定用器复检办法》、《度量衡器具输入取缔暂行规则》、《度量衡器具錾印烙印使用办法》等,经实业部核定后陆续公布。这些由专家苦心积虑制定出来的度量衡法规,在很大程度上吸收了国外成熟的条文,但不一定完全适合中国的国情。有些法规,诸如《全国度量衡局制造所规程》、《各省市检定所规程》、《各县市检定分所规程》、《度量衡法施行细则》、《检定人员任用暂行规程》、《度量衡器具盖印规则》、《检查执行规则》、《度量衡器具检定费征收规程》等,在施行了一段时间以后,不得不进行增补修订。另外,在各种度量衡法规中,常常会有些政策性很强的问题,一般地方检定所的检定员也无法确定时,往往由全国度量衡局做出权威的详细解释,并及时刊登在《度量衡与工业标准》刊物上,以便广而告之。

1928 年《中华民国刑法》中关于度量衡的规定①:

---

① 王宠惠:《中华民国刑法》,北京:中华印书局 1928 年版。

第十三章　伪造度量衡罪：

第二百十八条　意图供行使之用而制造违背定程之度量衡或变更度量衡之定程者处一年以下有期徒刑拘役得并科或易科三百元以下罚金；本条之未遂罚之。

第二百十九条　意图供行使之用而贩卖违背定程之度量衡者处一年以下有期徒刑拘役得并科或易科三百元以下罚金；本条之未遂罪罚之。

第二百二十条　行使违背定程之度量衡者处二年以下有期徒刑拘役得并科或易科一千元以下罚金；本条之未遂罪罚之。

第二百二十一条　意图供行使之用而持有违背定程之度量衡者处一百元以下罚金。

第二百二十二条　前条之违背定程度量衡不问属于犯人与否没收之。

第二百二十三条　犯本章之罪者得依第五十七条及第五十八条之规定剥夺公权。

1935年《中华民国刑法》规定：

第十四章　伪造度量衡罪①：

第二百零六条　意图供行使之用，而制造违背定程之度量衡，或变更度量衡之定程者，处一年以下有期徒刑、拘役、或三百元以下罚金。

第二百零七条　意图供行使之用，而贩卖违背定程之度量衡者，处六月以下有期徒刑、拘役、或三百元以下罚金。

第二百零八条　行使违背定程之度量衡者，处三百元以下罚金。从事业务之人，关于其业务犯前项之罪者，处六月以下有期徒刑、拘役、或五百元以下罚金。

第二百零九条　违背定程之度量衡，不问属于犯人与否，没收之。

《度量衡法》(1929年2月立法院制订《度量衡法》，全文二十一条，2月16日国民政府公布，1929年1月1日施行)：(《度量衡法》的颁布《中华民国权度标准方案》的公布，结束了民初以来关于度量衡标准的争议，规定了度量

---

①　中国法规刊行社审审委员会编纂：《最新六法全书》，中国法规刊行社1946年编刊。

衡的单位制。为进一步推动权度标准方案的法律化。)①:

《度量衡法》是南京政府划一全国度量衡的基本法,这部基本法对度量衡各单位的名称及定位都做了详细的规定。特别是《度量衡法》第二条明确指出,中华民国度量衡采用"万国公制"为标准制,并暂设"辅制",称作"市用制"。作为辅制的市用制,《度量衡法》第五条规定,市用制长度以公尺三分之一为市尺(简作尺),重量以公斤二分之一为市斤(简作斤),容量以公升为市升(简作升),一斤分为十六两,一千五百尺定为一里,六千平方尺定为一亩,其余均以十进。这不仅明确了标准制与辅制之间简单的"一二三"折合比例,而且充分考虑了民间习惯,保留了十六进制、一千五百进制以及六千进制等非十进制。②

修正度量衡器具检查执行规则(1944 年 5 月 31 日):③

凡各公务机关公民间营业用度量衡器具之检查除度量衡法施行细则第三章已有规定外依本规则行之。

第一条 定期检查每年一次其区域及日期由检定所在分所定之除会同公安机关先期布告外并通知各同业公会及应受检查之公务机关。

第二条,已经检查之区域有新设或进入之机关或行号应将使用之度量衡器具送检定所在分所补行检查其已领有凭证者附着凭证。

第三条,施行检查进由检查人员会同警士检每日业务时间前往。

第四条,检查人员应携带奉派检查之证明书,前项证明书须粘该检查人员之二寸半身像片。

第五条,度量衡器具之检查概不收费。

第六条,凡经检查合格之度量衡器具应加鎏阁印或给予凭证。

第七条,已受检查之度量衡器具应由地方检定所在分所详细登记。

第八条,各地方度量衡检定所或分所应将每届检查情形及其结果呈报全

---

① 吴承洛,《中国度量街史》,上海:上海书店 1984 年版,第 342—350 页。
② 关增建、孙毅霖、刘治国、苏敬:《中国近现代计量史稿》,济南:山东教育出版社 2005 年版,第 168 页。
③ 重庆市档案馆藏:《关于检送度量衡器具检查执行修正全文的咨、训令》,53—2—1551。

国度量衡局。

第九条,施行一各行号不得使用未经检查鉴印或未给予凭证之度量衡。

第十条,施行检查后凡意图供行使之用而持有违背定程之器具者处百元以下五十元以上之罚金由公安机关执行。

第十一条,已经或检查鉴有图印或给予凭证之度量衡器具如发现增损不合之情形时得施行临时检查。

第十二条,伪造或冒用检查图印或给予凭证者移送法院依法处断。

第十三条,检查人员有违法舞弊情事发查实后除免职外,并送法院依法惩办。

第十四条,违反本规则第十条之规定者处五十元以下之罚金由公安机关执行。

第十五条,本规则自公布之日施行。

《经济部全国度量衡局组织条例》(1940 年 5 月 8 日):①

第一条　经济部全国度量衡为整理划一全国度量衡并照办工业标准事务。

第二条　全国度量衡为设左列三科　一第一科　二第二科　三第三科。

第三条　第一科职掌如左　一关于推行度量衡新制事项　二关于度量衡营业之许可事项　三关于度量衡文书度量衡及出纳事项　四关于不属其他各科事项。

第四条　第二科职掌如左　一关于制造标准器副量器及其他计量之工务事项,二关于度量衡制造修理及其他指导事项,三关于标准器副量器及其他计量器之检定查验及鉴印事项,四关于各地方度量衡检定之监督指导事项,五关于全国度量衡检定人员之养成训练事项,六关于度量衡之其他事项。

第五条　第三科职掌如左:一关于工业标准之调查研究编译等事项,二关于工业标准之实施及与国内外机关国家之建设合作事项,三关于工业标准参考资料之收集及保管事项,四关于工业标准之其他事项。

---

① 重庆市档案馆藏:《经济部全国度量衡局组织条例》,53—2—358。

第六条 全国度量衡局附设度量衡制造所制造各种法定度量衡器具。

第七条 全国度量衡局得设度量衡检定人员养成所训练全国度量衡检定人员。

第八条 全国度量衡局对于各省或直录于行政院之市所设度量衡检定所有指导监督之责。

第九条 全国度量衡局置局长一人承经济部部长之命综理全局事务监督所属职员。

第十条 全国度量衡局置科长三人,承局长之命,掌各科事项。

第十一条 全国度量衡局轩科员九人至十一人事务三人至六人承长官之命办理文书出纳事项。

第十二条 全国度量衡置技正三人至五人检定员六人至八人,技士六人至八人承长官之命分掌检定技术工作。

第十三条 全国度量衡局长任科长技正任科员技士事务员由局长遴请经济部委任,度量衡检定人员任用暂行规程由经济部拟定呈请行政院会商考试院核定之。

第十四条 全国度量衡局置会计员一人依国民政府呈计处组织法之规定掌理会计统计事项。

第十五条 全国度量衡局因事务之必要得酌用雇员。

第十六条 全国度量衡局应分期派员至各省各直隶分行政院之市及各县市视察度量衡状况。

第十七条 按全国度量衡应月将工作情形及收支状况呈报经济部。

第十八条 全国度量衡局办事细则由局订定呈请经济部备案。

第十九条 全国度量衡检全国度量衡依期划一后即行裁撤,全国度量衡局裁撤后其原掌事务由经济部就部内设科掌理之。

第二十条 本条例自公布日施行。

此外,1935 年《中华民国刑法》对伪造有价证券才有规定①:

---

① 中国法规刊行社编审委员会编纂:《最新六法全书》,中国法规刊行社 1946 年编刊。

第十三章　伪造有价证券罪：

第二百零一条　意图供行使之用而伪造变造公债票、公司股票、或其他有价证券者,处三年以上十年以下有期徒刑,得并科三千元以下罚金。行使伪造变造公债票、公司股票、或其他有价证券者,或意图供行使之用而收集或交付于人者,处一年以上七年以下有期徒刑,得并科三千元以下罚金。

第二百零二条　意图供行使之用,而伪造变造邮票或印花税票者,处六月以上五年以下有期徒刑,得并科一千元以下罚金。行使伪造变造邮票或印花税票者,或意图供行使之用而收集或交付于人者,处三年以下有期徒刑,得并科一千元以下罚金。意图供行使之用,而涂抹邮票或印花税票上注销符号者,处一年以下有期徒刑、拘役、或三百元以下罚金,其行使之者,亦同。

第二百零三条　意图供行使之用,而伪造变造船票、火车电车票、或其他往来客票者,处一年以下有期徒刑、拘役、或三百元以下罚金,其行使之者,亦同。

第二百零四条　意图供伪造变造有价证券、邮票、或印花税票之用,而制造、交付、或收受各项器械原料者,处二年以下有期徒刑,得并科五百元以下罚金。

第二百零五条　伪造变造之有价证券、邮票、或印花税票及前条之器械原料,不问属于犯人与否,没收之。

第三章　实践:民国时期伪造货币案及其审断

对伪造一词,我国《刑法》没有作具体的解释,而我国理论界目前也仅限于在伪造的个别意义上讨论最狭义的伪造含义。如在论述伪造货币罪时,认为伪造"是指制造出外观上足以使一般人误认为是货币的假货币的行为"①,就伪造货币而言,伪造是指无制造、发行货币权限的人临摹真实货币而私自制造出与某货币外观相同的假货币的行为。关于货币的伪造标准,我国台湾地区学者主要有三种主张,一是主张"不必摹拟真币,只要足以欺罔他人,使之信为真币者";二是主张"非与真币仍同一外貌、同一形式不可,否则,即非此所称之伪"②;三是主张"就其形式之类似,而由客观上为一般之视察,足以使社会一般人误认为真币者"。后者为通说,日本学者大谷实也是主张这一学说:所谓"伪造"即没有制造、发行货币权限的人制造出与真实货币外观相同之物并足以使一般人误认为是真实货币。笔者赞同第三种学说,因为伪造货币罪的设立在于保障政府的专有造币权、维持通用货币的公共信用,而非源于顾及私人利益的损害,所以伪造物品必须具有类似通用货币的各种特色,于交易上能够足以使一般人信以为真的,其行为才属于伪造货币罪中的伪造。至于是否足以欺罔有专门货币知识的人,则在所不问。

货币事关国计民生,因此,古今中外各国的刑事立法无不把伪造货币的行为规定为犯罪,予以刑事打击,维护货币独立与稳定,捍卫政权稳定与社会经

---

① 张明楷:《刑法学》(下),北京:法律出版社1997年版,第625页。
② 王振兴:《刑法分册实用》(第一册),台湾:三民书局1985年版,第107页。

济的发展。中国自宋代以来,伪造纸币案便不曾中断,而民国尤为严重。

关于伪造货币问题的研究,须对于本章研究伪造货币的具体对象进行客观界定,以便更有利于研究与考察伪造货币这个研究对象,利于通过研究民国伪造货币之司法实践,以期从更深更多维度分析民国社会、司法和政治等多层面相。

第一节　伪造货币产生的社会环境

一、日本的金融侵略图谋

自九一八事变后,日本不断加深对中国的全面侵略,本着经济侵略之先锋为金融的意旨,相继在沦陷区设置伪"满洲国中央银行",发行伪"满洲国中央银行券",设立伪"蒙疆银行"发行伪"蒙疆"法币,设立伪"中国联合准备银行"发行伪"中国联合准备银行券",设立伪"华兴商业银行",发行伪"华兴银行券"等等并负"发展商务调剂金融"。敌伪之成立伪行之狠毒目的正是发行伪钞,禁止法币之流通,意在消灭沦陷区内之法币,断绝我国在沦陷区内的金融势力。一方面是通过这种大量发行没有准备金的伪钞、军用票以此来挤兑法币,干扰法币流通信用;另一方面,是在沦陷区设立伪造机关大量伪造法币,投入市场,套取物资,造成假币混流,造成法币安全与信用危机,以达到利用经济侵略、金融侵略进而达到政治侵略之最终野心。同时日本为了控制中国金融,破坏法币制度,动用了各种手段,如贬值法币,在占领地回收法币,禁止流通,限制中国人持有法币,如违反则没收,甚至判死刑。①

(一)伪造中方货币

抗战时期,中国出现国民党政权、共产党政权、日伪政权三种势力控制的战时特殊情况,日本"以战养战"的战略目标及其对沦陷区的经济"统制"、国民政府战时金融统制、独立自主的中共根据地货币政策等,均是货币伪造问题

---

① 《抗日战争时期国民政府财政经济战略措施研究》,成都:西南财经大学出版社,1988年,第485页。

滋生的运行环境。"一个统一政权及治安、交通、度量衡及国内自由市场诸方面的相应设施"的缺乏是货币伪造问题呈现的基本成因,出现民众基于生存考量而伪造货币及伪造敌国货币达到经济侵略、政治控制的种种伪造景象。

战时特殊环境是货币伪造的社会背景,伪造敌方货币成为货币"进攻"的基本手段,通过伪造对方货币,达到扰乱敌方金融货币信用体系,破坏对方经济秩序,达到侵略国家主权与政治控制权的目的。在抗日战争中,日方和南京国民政府都发动了货币战,国民政府为了巩固统治与保障战争进行币制改革,统一发行法币,日本为了控制国民政府的法币在沦陷区发行中储券、"联银券"、军需票等各类伪币,与此同时,敌后抗日根据地为打击日本伪币也发行冀南币、北海币、边币等来保障人民生活与开展对敌货币斗争。此间,战争多方充分利用货币的力量达到自身的目的,汹涌如潮的货币伪造使得原本混乱的金融秩序变得更加杂乱无章。

日本为实现"以战养战"的战争策略,通过在中国设立日伪银行发行各类伪币,伪造法币,破坏中国的货币体系、金融秩序。抗战期间,日本伪造中国货币行为十分猖狂,据不完全统计,日本军部专门研究与制造中国纸币的登户研究所就伪造了 40 亿元法币。[1] 日伪区敌人伪造法币流通,是为了扰乱法币体系,冲击中国的经济和金融秩序,同时也借伪造法币的行使来掠夺国人财富,削弱抗战的经济基础,以达到日方"以战养战"的侵略目的,因此,日伪区的货币伪造行为具有严重的侵略性、殖民性、斗争性。

(二)成立伪银行,发行伪币

日方对中方货币金融侵略手段无外有二:一方面为前文所述之印制军票、伪造中方货币等手段达到贬损法币、破坏我方经济金融秩序,以达到政治、军事侵略目的;另一方面则为利用日伪政权设立伪银行,制订侵略金融体系,控制沦陷区金融势力,破坏中国货币金融体系。

在抗日战争中,日方和南京国民政府都发动了货币战,国民政府为了巩固

---

① 戴建兵:《日本投降前后对中国经济的最后榨取和债务转移》,《抗日战争研究》2001 年第 1 期。

统治与保障战争进行币制改革,统一发行法币,日本为了控制国民政府的法币在沦陷区发行中储券、"联银券"、军需票等各类伪币。

日本作为妄图吞并中国的侵略国,金融侵略是辅助其军事侵略的重要手段,试图打败我方金融财政以控制我等政治。因此,日本妄图盗取法币外汇,使中国外汇枯竭,摧毁法币的对外价值,由此打击法币的信用,使中国经济破产以致无力抗战。敌伪在华北组织伪联合准备银行,又在上海、南京先后组织伪华兴银行,暨伪中央储备银行。滥发空头钞票,以冀遂其经济侵略之阴谋,并于各战区内强迫行使该项伪钞,以剥削我民众,掠夺我物资,其卑劣手段层出不穷。

抗战时期的伪满银行发行币券具有很大的任意性、侵略性,主要是扰乱中国货币体系,破坏中国经济基础。日本及其他外国方面的发券银行有横滨正金银行、香港上海银行、麦加利银行、花旗银行、华比银行、汇丰银行等,但这些银行的发行额都很低,发行情况如下:正金银行 400000 元,花旗银行 197000元,麦加利银行 142000 元,华比银行 11000 元,汇丰银行 36000 元,合计786000 元。[1] 由横滨正金银行发行的银元纸币和日本银行、朝鲜银行发行的金元纸币,其流通量超过 1000 万元,在胶济铁路沿线城乡及青岛、济南广泛使用,其中仅青岛租借地的流通量就达 420 万元[2]。特殊地方或特殊势力的货币权的控制者,很可能按照他们自己的有利打算,随时把货币的价格标准予以变更,事实上,他们的确经常在变更。甚至有意的或有计划的把他们的货币,贬价到一文不值的地步。价值尺度与价格标准的不确定,正是各种特权借以施行经济及经济以外的榨取的有效手段。在中国主权受到侵略的情况下,货币权的运用也大受限制,中国货币制本身的缺陷,特别是整个中国经济对外的依赖关系,货币不但不能进攻,不足以防卫,往往成为外人利用破坏本国经济

---

① 中国抗日战争史学会、中国人民抗日战争纪念馆编:《日本对华北经济的掠夺和统制》,北京:北京出版社 1995 年版,第 968—971 页。

② 青岛市档案馆编:《胶海关十年报告:1912 —1921》(帝国主义与胶海关),北京:档案出版社 1986 年版。

的手段,因此,在防备他国货币进攻时处于被动与被控制的受动窘况。①

日本在沦陷区印制巨量纸币,造成通货膨胀,使得法币贬值。"在上海及上海邻近各区流通之日圆票与日元军用票,此两者之市价均较法币为高"。考其原因,"殆由于一般日本人民与军人,利用日元之虚价在日本与上海间往来转移,互相买卖,致造成一种特殊而形近非法需要之结果"②。经营此项买卖所获之利益,为数甚为可观。日本以金融权威,统制经济命脉,极尽剥削者榨取之能事。"1933 年,在东北日本开设 17 间银行,总放款额是 176086234金元、10493208 银元,单以经营不动产金融中枢机关之东洋拓殖株式会社,1933 年的放款总额,亦达二千七百多万元,又据朝鲜银行之调查,1933 年中,对东北实际投资,达一亿八千八百多万元,而计划资本,在 1932 年是四千一百万元,1933 年则突增至四亿五千多万元"。③ 敌人运用金融政策掠夺占领区域内人民的血汗,物资,破坏我法币信用的基础,以达到他在政治上的愿望。"敌人所采取的经济侵略手段有敌方通货泛滥、开设伪银行、滥发伪币"④"敌方赶印军用票一千万元,由使轮运往沪、粤,以吸收法币,套取外汇"。⑤

在日寇操纵下,中华民国维新政府于 1938 年 3 月 28 日在南京成立,梁鸿志任行政院长兼交通部长;温宗尧任立法院长;章士钊任司法院院长(未到任);陈群任内政部长;陈篆任外交部长;陈锦涛任财政部长;王子惠任实业部长。由日寇和维新政府的扶持,1939 年 5 月 1 日,伪华兴商业银行在上海成立,16 日正式营业,总行设上海窦乐安路 2 号,资本 5000 万元。该银行由维新政府投资 2500 万元,日本方面投资 2500 万元,兴业银行出资 5000 万元,三井、三菱、台湾、朝鲜、住友五银行各出 4000 万元。华兴银行成立后发行伪华

---

① 王亚南:《中国经济原论》,福州:福建经济科学出版社 1946 年版,第 95—98 页。
② 中国第二历史档案馆编:《国民经济研究所拟具沦陷区货币战之透视》,见《中华民国史档案资料汇编:第 5 辑第 2 编·(附录)日伪在沦陷区的统治(下册)》,南京:江苏古籍出版社1997 年版,第 711—714 页。
③ 《日对华金融侵略之问题》,《社会经济月报》1937 年第四卷第 10 期。
④ 《敌人对我之金融侵略》,《防空军人》1939 年第一卷第 8 期。
⑤ 中国第二历史档案馆编:《四联总处抄送关于敌赶军票套取法币拟于元旦在广州湾行使军票情报的公函》,见《中华民国史档案资料汇编:第 5 辑第 2 编·(附录)日伪在沦陷区的统治(下册)》,南京:江苏古籍出版社 1997 年版,第 721 页。

兴券,吸收法币,夺取外汇资源。

"八一三"上海事变发生后,日军在占领区内又大量使用日钞。"日钞即随敌人踪迹,大量流入华中",在1939年年底已达8000万元之巨。"日钞充斥市面,价值乃不断下跌,与在敌国之日元价值形成隔离现象"①,对日本本国金融形成两重威胁。

日本帝国主义为了榨取中国人民,掠夺中国资财和与日本本国经济隔离起见,1937年11月5日,敌柳川兵团在杭州湾登陆时,即携带特制军用票,强迫沦陷区人民使用。当时,这些地区只发行了相当于日币300万元,是试探性发行,后来发行量逐渐增加。在1938年11月间军用票在华中、华南发行额估计为3000万日元,至1940年年底,仅在华中一带,日本军用票的流通额即达12000万日元,再加上在华南一带流通额5000万日元。仅在这短暂的两年多时间,发行额迅速膨胀,其速度十分惊人。在华中及汉口一带,军用票流通额约为8000万日元②。到1941年底,日本军用票,仅在华中各地流通额约为9亿至12亿日元左右。1941年4月1日,日本军用票停止发行,用伪中储券代替,以军用票18元折合伪中储券100元的比率,将军票收回,以日本军用票的变种—伪中储券,在华中广大地区流通。日本在侵华过程中财政困难,在其占领区中发行军票,当作财政上的收入,作为军费的支付。军票毫无准备金,与本国关系完全脱离。日寇在华中流行的军用票,害怕过于膨胀,影响本国经济,所以在华中流行的军用票不能在日寇本国使用。在民国27年10月底,日本报纸正式公布,自11月1日起,在占领区内,除上海以外,要尽量推用军用票,规定推行的办法计有四条:"一、在占领区内,除上海以外,一律用军用票为通货,不用日本银行纸币;二、收买占领区物资,得以日本银行纸币换成军用票后使用之;三、如果要以军用票换成日本银行纸币,须经大藏省(财政部)派往各地的财务官的许可,方可向银行调换;四、军用票的存款,与日本纸币的存

---

① 徐昭:《敌寇之货币侵略》,《中农月刊》第三卷第11期,第105页。
② 此材料摘自献可编著:《近百年来帝国主义在华北银行发行纸币概况》,上海人民出版社,1958年,第146—148页。

款,同样处理"①。到 12 月 1 日,日本政府规定上海禁用日钞,只用军票。

汪伪政权成立后,制订了一系列贬损法币的政策,以达到日军侵华之货币手段。1939 年汪伪政权制订的关于货币与金融政策的诸多设施可见其侵略之图谋②。

一、调剂市面金融

当政府成立之日,新、旧法币宜通令照常行使,同时并分令地之中央、中国、交通、农民四行,中央信托、邮政汇业两局,以及其他各银行、钱庄照常营业,四行及两局并由政府派员监督。万一四行不遵令而撤退,恐其他各商业机关因缺乏资金之通融而随之停业,使市面金融陷于混乱状态,予人民以不良之印象。上海为全国金融之枢纽,必须用全力顾及,其他各地只须上海不生问题,均可迎刃而解。以是在政府成立之前,务须预筹法币五千万元,并事先准备成立委员会,以备临时为调剂及安定市面之工作,各商业金融机关获得接济的,对新政府必可发生好感。姑拟办法如下:

(一)委员会设在上海,定名为调剂金融委员会。

(二)委员会由财政部指派代表,合同上海银、钱业两公会之主席及常务委员会组织成立之。委员人数定为五人。

(三)先期日方商在现存海关税款项下,拨付法币五千万元,另行存储备用。该款务在政府成立之前办妥。

(四)各商业、金融机关请求接济法币,应供相当押品,期限临时商定,利息特予便宜。其手续可委托银钱业推备库办理,押品办委托代为管理。

二、确立新货币制度

新政府为促进政治统一,确立新经济政策起见,当政府成立之日,宜即由财政部组织钱[钱字衍]币制委员会,制定新货币政策,限期收回所辖区域内之旧法币,并停止行使。但新货币之确立,乃系主权独立之一种表现、故新货

---

① 魏友棐:《中日货币战》,蕈庆:独立出版社 1939 年版,第 12 页。
② 中国第二历史档案馆编:《周佛海起草和平成立后货币与金融政策之设施(1939 年)》,见《中华民国史档案资料汇编:第 5 辑第 2 编,附录日伪在沦陷区的统治(下册)》,南京:江苏古籍出版社 1997 年版,第 652—660 页。

币政策希望日方从旁协助,不加干涉,以免日方有破坏中国之嫌,而失民心。姑拟其要点如下:

(一)新货币以元为单位,定名为金币。

(二)新货币之对外价值,仍为一先令二便士半。

理由:(A)旧法币实施以来,达至七七事变,试出一先令二便士半之对外价值,对中国之国际贸易极为适合而有利。(B)表示新货币仍继承旧货币之法定价格,以信用中外。

(三)新货币之质量,以所含纯金表示其重量,应等于英镑、先令二便士半所含纯金之数。

(四)新货币暂时停止兑现,但得向中央准备银行依照法定汇价,申请结购外汇。

(五)发行新货币,宜从早制定式样。第一次订印数日,至少十万万元,分十元、五元、一无及辅币券一角、二角数种。

(六)新货币发行准备,拟定为现金与保证各五成。

(七)新货币发行准备公开检查。

(八)新货币之发行,租界内能行使与否,极关重要,方协助,先向租界当局打通。

(九)新货币之发行额,不得超过三十万万元。

三、成立新中央准备银行。

四、管理外汇,统制进出口贸易。

五、管理旧币。

(一)对各种旧币之比率,应依两币之对外价值比例而定。

(二)新政府协力范围内,原已在市内通行之各种旧币,在中央准备银行尚未成立,新货币尚未发行之前,只可准其照常行使。在此过渡期内,宜从严规定每人准许携带数目,通令各关严格检查,逾额没收。

(三)中央准备银行成立之后,政府即应命令将所辖区域内之旧币限期收回,换给新法币,逾期不许通用。

(四)旧币不许行使后,所有人民间凡届旧币之兑换,应照规定比率拆成新货币。

（五）华兴钞希望即日停止增发,其已发行的,为数不多,希望该银行限期自行收回。

（六）联银钞发行数目,闻已有三万万元之巨,最好能由该行自行收回。

六、关于退还关税之办法

（一）我国新中央政府成立时,复战争以前之原有状态与法则。

（二）各关收入,应由海关总税务司公布之数目为准,现有具体数目字可知者,民国二十七年,全国各关收入计国币二万五千四百五十七万元,二十八年一月至六月底,计国币一万八千四百万元,内应除去其时在前国民政府控制下各关收入,及各关本年经费计算。二十六年七月至十二月,华北各关收数,以及二十八年七月以后至我国新中央政府接收内日方控制下各关时止,各收入均应一律计算在内。

（三）前项计算,拟于我国新中央政府成立后,即由日方与我国各方负责人员会同总税务司在上海及关款清算委员会清算之,并有权随时向横滨正金银行查阅关款存入帐目。

（四）清算程序,应就上海关收入及其他各关收入有于上海正金银行保管者先行清算,是为第一清算期。然后按照各关收入之多寡与事实之便利,依次清算,是为第二清算期。第一清算期报告,应于清算委员会成立后一个月内提出,第二清算期报告,应于清算委员会成立后三(?)个月内提出。

（五）发还程序,以上海关及其他各关收入有于上海横滨正金银行之为第一返还期,其余各关为第二返还期。每期以两个月为限,以清算委员会成立之日为第一期起算之日。

（六）返还手续,以简单有效为原则。查上海横滨正金银行所管关税,系以税务司名义存入,并请日方先行训令施行,一面清算委员会清算报告提出,即行如数拨交该税务司,一面由我国新中央政府命令税务司签具支付手续,取得后转交国库。其他各地海关,亦依此手续同样办理。如有非正金银行保管,或未由税务司名义存入者,亦请依此原则按时退还。若英国税务司如有不从命令时,得由我国新中央政府另选英籍或其他国籍之税务司继任行使职权。

（七）我国新中央政府未成立前，及未经成立时，一切经费之筹措与推行，非大宗款项不办，应请顾全事实之需要，先行调令上海之横滨正金银行于最近期内借垫四千万元。以为新政府成立筹备时一切用途。政府一经成立后，各项收入未就绪时，亦请借垫若干万元，以资应付。此项借垫之款，均于关税清算应予返还款内尽先抵扣。其借垫数目，另行议订之。

（八）关于清还关税一切未尽事宜，应请保留成文后，经调查明确认为有调整或修改之必要时办理。

七、联合准备银行之处置问题等候我国政府再行通知查照

方案甲　当新政府成立之初，第一步应令联合准备银行停发纸币，第二步清算其实际状况，第三步加以调整改组之为中央准备银行分行。对其已发行之纸币，或以新币收回之，或加盖印记，暂时认为法币之一种。

方案乙　当新政府成立之初，暂行规定联合准备银行为一种特许银行，正如现在之中国与交通然，并认其已发行之纸币为法币之一种。惟其纸币之准备与发行额应报告中央政府，并得由中央政府派员检查之。从新政府成立之日起，该行即停止发行纸币（此点与甲方案相同，似宜为我方所必争，否则该行所发纸币，将来不易收拾，而且对于新法币之发行多一层障碍）。

处置联合准备银行之补充方案：

（一）新政府对于联合准备银行之处置，最好将其改为新中央银行分行。其已发行之钞票，一面许其流通，面加盖新中央银行印记。改组之详细办法另订之。

（二）如欲保留联合准备银行之独立，政府应确定其为普通商业银行。华北特殊情形，得准其已发行之钞票在市面流通，惟应规定其现在之发行额（据临时政府于二十八年十月二十六日公布之消息，联银现有发行额为三万二千八百万元）为最高发行额，并规定其行使区域。在联银钞票行使区域内，新法币亦得行使。

（三）新政府成立后，即统制全国之对外贸易，华北出口汇票与其他各地之出口汇票相同，应售与新中央政府银行或其分行，或由财政部指定之中国商业银行。华北外汇之售出与其他各地同，统由新政府规定办法，由新中央银行

或其分行办理,联银不得买卖外汇。

(四)新中央银行发行新法币后,对于外汇之买卖,仅以新法币为限。

(五)凡商业银行缴纳规定之现金准备与保证金准备后,得享受领用新法币之权利,联银不外此例。故联银本身需要外汇时,得以所领用之新法币向个别银行申请购买。惟鉴于联银之历史关系,对于购买外汇之请求得酌予从宽核准。

(六)新法币与联银钞票或旧法币同时行使时,均不规定比价,其彼此交换比例,在公开市场自由决定。

(七)联银对其顾客之存款应分联银钞票存款及新法币存款两种。付款时应分别付给联银钞票与新法币。新中央银行及各商业银行之顾客存款,均照此办理。

关于联银钞票案之争执点之答案:

(一)日方以为我方规定联银钞票之最高发行额无适当标准,实为不确。最适当之标准不得超过其现有之流通额(约有三万数千万元),即让一步亦可以四万万元为最高发行额。盖八一三之时,全国法币发行额不到十四万万元,今准许联银钞票四万万元,发行额已达当时全国法币发行额百分之二十八以上。我方对于规定最高发行额一层,仍应根据此项理由力争。

(二)日方所规定联银钞票之现金准备成数,由中央随时检验外币之发行为后盾,其所设外汇准备(与现金准备同),可以其朝鲜银行账上之存款充之,表面上外汇数额之增加乃如反掌。

(三)日方以为联银先例之区域同时先例新法币,则联银券将归消灭一层,亦属不确,盖同一区域先例数种纸币,乃极平常之事.如我国旧有钞票除中、中、交、农四行之法币外,尚有实业银行,农工银行,浙江兴业银行等之钞票(即所谓杂色钞票),与各省立银行之钞票。即在外国如美国亦有政府钞票(Green Banks)、联邦准备钞票(Fedefal Reserve Notes)、联邦准备银钞票(NatlonalBank Nate s)等。联银钞票与新法币同时行使,而联银钞票将绝迹市场上,于联银钞票之值信用远高新法币时为然。盖以恶币驱逐良币之原则,良币必为人民所藏龙卧虎也。若然,则联银将大可以自豪矣,尚何足恐惧耶。若联银钞票之信用不及法币,将被人收获,而联银钞票反充斥市场,并不致于消灭。

(四)此外关于我方必须对日方要求者,有下列三事:(1)联银钞票之行使区域,应以河北、察哈尔、绥远为限,进一步时可规定为冀、察、绥、晋四省及黄河以北之山东区域。再进一步亦不得超过冀、察、绥、晋、鲁五省,惟应极力避免包括河北。

(2)华北之进出贸易,应由我国新政府统制,至出口外汇之规定,由新中央银行之分行或其指定之商业银行结售,日方不得干涉。如日方坚决要求我方在华北出售外汇,而收受联银钞票时,则我方必以(甲)规定联银钞票之现金准备成数,及(乙)由银行将其一切现金准备全数交与我方为条件。

(3)华北外汇之购买应由政府统制,由新中央银行之华北分行(或新政府指定之商业银行)出售外汇,惟只限收新法币,联银之收售联银钞票而出售外汇,应由联银自己负责办理,新政府不负责任。

八、货币金融方案

(一)法币如何应付

(1)暂时沿用旧法币。查中、中、交行纸币已为人民所习用,新政府成立之初,即宣布继续沿用旧法币。

(2)派员分赴各银行清查法币存底,并一律加盖暗记。

(3)过渡时期中任旧法币……[系原件省略]之自然涨落。

(4)筹备发行新法币。

(5)新法币发行之时,让新、旧法币随时依市场折算。

(6)新法币的汇价,在发行初应规定为六便士,逐渐提高至七便士或八便士。

(二)联银与华兴两银行之处置问题

华兴银行成立不久,其已发行之纸币至今不过一百四十万元,故新政府成立之时,可立与日方交涉,使华兴停发纸币,至新政府发行准备银行纸币时,再设法收回华兴纸币。至联合准备银行成立较久,其已发行之纸币拥有困难,当新政府成立之时第一步应令联合准备银行暂发纸币,第二步清算其实际状况,第三步加以调理，改组之为新联合准备银行分行。对于其已发行之纸币，或以新纸币收回之，或加盖印记暂时认为法币之一种。总之，此问题须候华北政局恢复八一三前之状况时，方可由政务委员会徐图解决焉。

（三）日本军用票问题

现在日本军队所至之处，强迫行使军用票，为数已不少，当新政府成立之时，应即请日方停止发行军用票。至其已发行之军用票，我方应请日方拨还一笔款项，由我方代为收回。

（四）维持法币政策应请日方谅解问题

日方军人及不明经济之政客，核以破坏我国旧法币为政策，然日本真懂经济之商人与经济学者均认为破坏我国旧法币为失策。今我方既许人民照常行使旧法币，应明白告知日方得谅解，以免将来发生无谓之麻烦。第一，日方认识之法币已流通全国，为全国财产之一部分，并非蒋某某之私产。第二，吾人若破坏法币，费力多而成功少，徒扰乱市面，对于日方并无益处。华北之成例可为殷鉴。

（五）请日方交还占领区域内对于各种出口货物之统制权问题。吾人为维持新法币之价值计，必统制外汇，而统制外汇又必以统制出口贸易为前提。前已言之，目前日本在华北，华中各处对于各种出口之输出，已实行垄断，当新政府成立之时，应请日方将各种出口货物之统制权完全交还我国，否则我国无以立国。恐亦非日方之所以期待我也。至我国出口货物中，有为日方所需要者，则为中日经济合计，在平等互惠之原则下，自可予日优先待购之权，将来可由中日商约规定之。

自汪伪政府成立后，从周佛海起草和平成立后货币与金融政策的内容可见，汪伪政府所进行的货币金融政策是建立在卖国的基础之上的，是协助日军破坏中方货币体系的极大帮凶。准备在所谓的新政府成立即行实行经济统制体制，建立新中央银行即伪中央银行，发行新法币即伪币，控制外汇，以图打击国民政府之原有法币，以破坏中国既有法币体系。如"全国之对外贸易，华北出口汇票与其他各地之出口汇票相同，应售与新中央政府银行或其分行，或由财政部指定之中国商业银行。华北外汇之售出与其他各地同，统由新政府规定办法,由新中央银行或其分行办理,联银不得买卖外汇"。

当然,其中亦体现汪伪政府即有借助于日方遏制蒋之中央政权之意,如,汪伪主张现在情形之下呈请日方理解其维持原法币政策之用意,并指出"日方军人及不明经济之政客,核以破坏我国旧法币为政策,然日本真懂经济之商人与经济学者均认为破坏我国旧法币为失策"。今我方既许人民照常行使旧法币,应明白告知日方得谅解,以免将来发生无谓之麻烦。第一,日方认识之法币已流通全国,为全国财产之一部分,并非蒋某某之私产。第二,吾人若破坏法币,费力多而成功少,徒扰乱市面,对于日方并无益处。以此揭示汪伪政权在借力日方之意图中,期冀于日本帮助其打击蒋之政府,又力图从其夹缝中得以发展自己的实力,如"请日方停止发行军用。""与日方交涉,使华兴停发纸币,至新政府发行准备银行纸币时,再设法收回华兴纸币。"等等。

汪伪国民政府于1940年3月30日在南京成立后,1941年1月6日在南京成立了汪伪中央储备银行,总裁是周佛海、副总裁是钱大槐。该银行发行中央储券,值为1元、5元、10元兑换券,1分、5分、1角、2角、5角辅币券。在汪伪中央储备银行成立开幕式上,汪精卫发表了书面训词,宣称:中央储备银行的成立,是1941年复兴经济工作的一件重要事业,要求该行以有效的办法,救济恶性通货膨胀,并集中资力,扩充和平区的生产力。是日,周佛海发表声明,宣告新法币(指伪中央储备银行发行的中储券)发行后,与旧法币(指国民党政府发行的法币)等价使用。旧法币如跌至相当程度以下,当立即稳定新法币制,对于由香港流入上海的旧法币,将加上相当的限制。周佛海的声明,第一次把中储券规定为新法币,把国民党政府发行的法币列为旧法币,并扬言要立即稳定新法币制度。从此,在日寇和汪伪政权势力范围内,展开了一场推行新法币禁止旧法币的斗争。

伪中央储备银行成立后,各地分行、支行也陆续成立。1941年1月20日,上海分行成立,开始营业;2月10日,苏州支行成立,开始营业;8月25日,芜湖办事处成立,开始营业;10月5日,扬州办事处成立;1942年7月6日,广东支行成立,开始营业;8月3日,汉口支行成立。从1941年1月6日伪中央储备银行成立到1942年底,其分支机构遍及华中各地,计有南京总行、上海分行(三个分行)、杭州分行、苏州分行、蚌埠支行、广州支行、宁波支行、汉口支行。各地办事处有芜湖、常熟、无锡、南通、嘉兴、扬州、太仓、镇江、常州、泰州、松江、昆山、安庆、厦门、西安等办事处,租界办事处、东京办事处①。

伪中央储备银行开张后的第一件大事,就是发行货币中储券,最大面额为10元。1942年5月以后,由上海横滨正金银行掌握中储券发行权。由于敌伪军事浩繁,面额扩大。1944年6月23日,中央储备银存发行面额有200元、500元中储券,1945年2月10日,又发行面额1000元中储券;1945年6月9日,发行的面额为5000元中储券,1945年7月13日,发行的面额高达10000元中储券。"当伪中储银行成立之初,发行额不超过1370余万元,至3月中旬为2300余万元,此后按月增加,至8月底已超过1万万元。"②1941年1月发行额为1370余万元,到1941年11月发行额竟至15620万元,11个月内增加11倍以上。到1945年8月日本投降时为止,伪中储币发行额已达434079690余万元,比1941年1月开始发行额1370余万元,增长了30余万倍。从这个惊人数字来看,日伪对中国人民的经济掠夺,达到何等疯狂的程度!日伪大量发行伪钞,尤其以法币套取外汇,严重扰乱了上海的金融秩序,动摇了法币的地位。

伪中储行名义是汪伪政权的国家银行,实际上却是日本对华中沦陷区进行金融掠夺的总机关,是地地道道的日本国家银行的分行,是日本对华实施极为严重的金融侵略的重要手段。

二、法币制度的内生缺陷

货币伪造是一个复杂的命题,它与系统的货币政策和严密的机构相伴随,反映着复杂的政治、经济、军事社会关系。国民政府推行法币政策的过程中,体现了中央政权与地方势力的渗透与反渗透,中国政府与外国势力之间的利益博弈,由于法币的汇兑本位制的异化和货币发行控制权的异位,导致流通于

---

① 伪《中央经济月刊》1943年第三卷第1号。
② 徐昭:《中华敌寇之货币侵略》,《中农月刊》第二卷第11期,第113页。

中国市面的货币种类繁多,使得货币行使其流通手段时相互抵制,导致法币在流通领域里出现堵塞之异象,从另一视角诠释货币伪造现象产生的多重社会究因。

1935 年,日本制造了华北事变,大大加紧了侵华步伐。同年 11 月 1 日在国民党四届六中全会开幕的会场发生了汪精卫遇刺事件。两天后,国民政府宣布实行法币政策。法币改革主要内容里规定旧有以银币单位订立之契约,应各照原定数额,于到期日概以法币结算收付之;中央、中国、交通三银行无限制买卖外汇。① 这里的"按照目前价格"和"无限制买卖外汇"即界定了法币实行的是外汇汇兑本位制。也就是说,法币的稳定是依靠法定的汇率来满足市场兑换外币实现的,说明上述两个因素是确保币值稳定的关键。特别是外汇是法币币值稳定重要调节剂,货币的本质是由货币本位制度决定的。由此表明"按照目前价格"和"无限制买卖外汇"是保持法币币值稳定的重要因素,一旦二者受到破坏,汇兑本位制度就会招致异化,使得法币公信力面临危机。因此,维持汇率成为南京国民政府此后一直努力的结点。

在抗日战争的特殊环境下,中国主权受到严重侵略的时候,货币进攻成为经济侵略的主要手段,由于中国货币制本身的缺陷,特别是整个中国经济对外的依赖关系,货币不但不能进攻,不足以防卫,往往成为外人利用它破坏本国经济的手段,因此,在防备他国货币进攻时处于被动与被控制的受动窘况。伪造敌方货币,扰乱对方货币金融体系,破坏敌国经济,进而通过货币的伪造达到经济的操纵与政治的控制。在这一过程中,中国对于货币权的运用也大受限制,说明以汇兑为本位制度的法币体系极易受外部因素的干扰,特别是在抗日战争这一特殊背景下,使得西方外部势力对于中国货币的渗透力与影响力在很大程度上决定法币体系的运行样态。

在币制改革过程中,英、美对国民政府的币制改革的"介入",名则维护法币体系的稳定,实则体现西方列强对中国货币权的控制。而且,他们是否支持

---

① 中国第二历史档案馆编:《财政部关于施行法币布告(1935 年 11 月 3 日)》,见《中华民国金融法规档案资料选编》(上册),北京:档案出版社 1990 年版,第 401—403 页。

或支持力度,利益是最基本的考量。

英国开始较早支持中国币制改革也是出于利益的考量,因为,英国在华利益在其他各国之上,据统计,仅在上海,英国的利益就大于美国的 7 倍。因此,对于中国经济状况与政治统治样态,英国显得更为关注些。与此同时,英国认为对华贷款是将中国币制纳入英镑集团,进一步控制中国财政金融的最佳时机。正如当时外交大臣哈利法克斯(Viscount Halifax)所言:无论基于荣誉还是自身利益的任何考虑,都促使我们尽可能地援助中国;用一较少数额的款项,我们就可以维护在远东的基本利益。[①]

缺乏足够外汇储备的币制改革即将面临货币信用危机,获得外币贷款与出售白银成为维护法币稳定的基本手段。而实施这二个手段的过程正是中国币制改革进程中受制于外国势力,西方列强渗透中国经济势力,操控中国货币权的过程。

国民政府在宣布法币政策时规定近五年来中国货币对外汇价的平均数发表了对英镑的汇价,汇率为法币 1 元等于英镑 1 先令 2.5 便士,实际上是较为隐晦地宣告了法币是与英镑联系在一起的关系。但是,即便如此,英国也因为害怕日本,顾忌美国,并没有为维持法币汇率承担相应的义务。完全无视国民政府的期望,并没有用巨额的英镑购买中国白银,因为他们正在放弃银本位制,这并不符合他们的经济利益,也不适合他们的政治利益,因此,他们绝对不会牺牲自己的利益去维持法币体系的稳定。

同理,美国对于中国币制改革态度的转变都是以利益为基点的。法币改革前期,美国对于国民政府期望的援助是采取不“介入”的态度,基于美国认为日本会成为维护东亚秩序的重要力量,这是符合美国当时在东亚的利益旨向的。

此后,由于日本对华的疯狂侵略,对美国在华利益和远东政策是极为不利的。又对中国货币与英镑紧密联系的状态极为不满,害怕英国对中国货币的

---

① 关于中国援华要求的备忘录(1938 年 5 月 31 日),Documents on British Foreign Policy(简称 DBFP),1919—1939,Ser.2,Vol121,P.1793。转引自吴景平:《英国与中国的法币平准基金》,《历史研究》2000 年第 1 期。

过多干涉,因此,美国转为采取积极支持态度。

通过1936年签订的《中美白银协定》,美国政府以市场价向中国续购白银7500万盎司,价款以美元支付,但要存在纽约的美国银行以作为法币的海外准备金。之外,中国还获得一笔以5000万盎司白银作抵押的2000万美元的贷款,同时确定法币与美元的汇率为法币100元等于美元29.75元,还规定了外汇买卖售价的幅度。① 至此,美国控制中国稳定币值需要的外汇,也使得美元控制了法币,使得中国货币对于美元形成严重的依附关系,这是美国利用白银政策获得中国货币控制权的结果。

在实施法币政策的过程中,透视英美对于中国货币政策的态度,英美对中国币制改革提供援助的力度与速度,直接折射出他们在华利益的博弈,透视西方列强在这场复杂"货币战争"中所获得的对中方货币权的控制权,说明由于中国经济落后,中国币制改革并不能逃脱对外依附的命运。也正因为如此,使得法币仅具有现代化货币的外形,因此,法币在货币战争中无法承担起敌方货币进攻的防御力,货币伪造便成为敌方经济进攻的重要武器。

正如章乃器所说:"货币战争的战术,是一切经济战争中最高度技术的运用,是比较高深的。""贵金属币材的集中和控制,是货币战争中一种很重要的策略,然而,这种策略的运用,在超过某种限度时,受压迫的国家便会放弃了金属本位,采了非金属本位——法币,而根本消灭了这种策略的效用。"②章之论说一语中的地道出了1935年的币制改革的无奈处境,也正是西方列强之间"货币战争"招致中国银本位制崩溃的被动结果。说明中国货币制度本身由于内生机制的缺陷在上述策略运用时处于绝对的劣势地位。法币改革后,中国政府想通过出售白银来获得法币准备金,但是作为拥有世界白银市场操纵权的美国,通过停止向伦敦市场购买白银,导致世界银价大跌,使得中国政府准备出售的大量白银滞销在伦敦,导致法币缺乏准备金,出现外汇的不稳定,

---

① 中国人民银行总行参事室编:《中华民国货币史资料》(第2辑),上海:上海人民出版社1987年版,第269页。

② 章乃器:《中国货币金融问题》,见《章乃器文集》(上),北京:华夏出版社1997年版,第336页。

遂将国民政府推向经济恐慌的深渊。

由上可见,法币实行的是外汇汇兑本位制,也就是与贵金属价值脱离的货币符号,因此,汇率的稳定情况在很大程度上决定了法币的稳定性。英美等西方国家对于法币改革的支持行为也是他们经济力量渗透过程,说明缺乏内在支撑力的汇兑本位制的法币体系在形成与运行过程中对于西方外部势力的依附是不可避免的,由此沦为英美等国的附属货币也是一种无奈的受动结局,也是必然的结果。在对外的经济斗争中,货币权是对外斗争的重要武器。中国主权倍受侵略的情况下,货币权的控制也必将受到限制。

统一货币发行权是南京国民政府集权的一个重要措施与途径。限制地方银行纸币发行权,集中纸币发行权,是法币改革的重要目的。法币改革后,规定除中、中、交与农民银行外,其他银行不再具备发行法币的资格。但是实现货币发行权进程中许多地方当局对取消省地银行的发钞权也不甘心,于是对中央法币则暗中抵制,暗自发行诸多地方钞票。

在抗战特殊时域下,出现国民党、共产党及日伪政权等多方势力分而治之的割据状态,由于各方持不同政治意图实行不同的货币制度,导致出现中央货币与地方货币、中国货币与外国货币等多种货币对立的乱象,使得不同类型的货币在流通领域呈现相互排斥与对立的局面,致使货币行使其流通手段时相互限制与抵消,导致货币在流通过程中呈现堵塞异象,反而形成现存货币种类与流通领域货币数量呈反比例怪相,出现货币"负相关"现象。这正是抗战时期货币伪造大量涌现的社会动因。

1937年,立法院通过的《中央准备银行法案》明确规定了中央银行具有统一全国纸币发行,保证物价与汇率稳定,按社会需求控制基础货币投放量,把货币发行控制权以法文形式集中于中央政府。同年8月15日国民政府颁布《非常时期安定金融办法》,建立适应战时需要的金融体制。1940年7月18日四联总处颁布了《管理各省省银行发行一元券及辅币券办法》,在加强辅币发行监管方面,规定要有指定专门之监管机构以便加强有力的监控和督导。四联总处作为战时最高金融监管机构被赋予审核法币发行之调度与发行准备的权利,表明货币发行权更进一步的集中了。

1942 年国民政府先后通过了《中中交农四行业务划分和考核办法》、《统一发行办法》、《中央银行接收省券办法》，都集中强调结束省地方银行的发行钞券权利，全国钞券发行皆集中于中央银行办理。1942 年以后中央银行基本上独占了法币发行权，已成为了全国金融的中枢位置，当然，一个强有力的代表政府意志的机构来统筹全国上下之金融力量是战时之必需，以便能够有序地高效率地开展金融工作，客观上"中央银行面临着在金融方面支持抗战的任务"。中央银行拥有对货币的高度垄断权体现了国民政府加强了对地方货币的控制，亦揭示出中央金融利益向地方渗透的进程。

国民政府通过法币政策实现货币发行权的统一，垄断法币发行权，限制其他地方银行钞票，实际上也是通过集中货币权，实现加强中央集权、削弱省权的意图，使得南京中央政权对于地方实力派统治的合法性、权威性有其货币制度的保障。

但从实践效果看，由于国家货币发行制度不可避免地与政治、财政、社会环境发生密切关系，很多制度在执行的实际环境下执行得并不尽如人意。地方实力派通过发行货币获得财源，得以解决兵源，进而扩展并巩固其统治的重要手段，因此，对于中央政府实行集权、削弱省权的意图，反抗由趋于维护利益之自然状态。因此，币制改革后，对于中央企图取消各省地银行发行钞票权的目的，自然会受到诸地方当局一定程度的抑制与反抗。

国民政府实施货币发行权统一于中央银行，取消省地银行的发钞权的政策，所受的阻力非常大。1935 年南京政府实施法币改革要求自 11 月 4 日起禁止白银流通，全国一律使用法币。同年 11 月 13 日，广东地方当局竟公开拒绝执行法币政策，当局颁布广东法币发行准备管理委员会组织章程，明定发行管理准备委员会由广东省政府、商会及金融界领袖专家组成，奉广东省政府命令，保管准备金，①这里所指的广东法币与中央政府所指的法币是不同的，这里指的广东省府的地方法币，其公开与中央对抗之态显明。广西当局亦同样对法币政策予以公开反对之行动，同年次月，广西省政府通电公布："省内不

---

① 罗家伦：《革命文献》（第七十四辑），台湾：中央文物出版社 1971 年版，第 44—45 页。

论公私款项、债权、债务,一切交收行使,统限用广西银行省金库所发行之钞票,照旧十足行使。"①广西地方当局抵制中央金融业渗透之势不言而喻。

阎锡山主政的山西公开反抗之势更为明显。在法币政策公布后不久,山西成立了"实物准备库"机构,旨在购买山西土库券,明显与法币政策反向而行之,对推行法币极为不利。据 1937 年统计,山西地方银行的新省币已达 2500 余万元,铁路银号已发行 1000 余万元,垦业、盐业两银号各已发行 500 余万元。四种纸币共达 4500 余万元。② 对此,1937 年 12 月财政部电饬绥远:"严饬各税收机关一律收用法币,至绥各地银行私发钞票,并应严行取缔,限期收销,以重币政。"③由此表明,国民政府利用统一法币发行权强化金融控制权进展得并不顺利,地方当局展开了不同程度的不甘心渗透的反抗。

全面抗战爆发后,为了发展农村经济,抢购物资,防敌吸收法币,国民政府又开始一定程度上地放开省钞的发行权。1939 年 2 月,第二次地方金融会议核准,允许省地方银行发行 1 元及 1 元以下的辅券。同年 6 月的第三次会议地方金融会议通过的《省地方银行应奉行中央金融政策,切实推行以利抗战建国案》,又规定省钞流通不得出省,省地方银行必须严格服从中央管理。因省钞发行管理过于严格,不利于增发,为应对敌伪币抢购物资、大量法币被伪币吸收的境况,财政部又责令地方银行发行省钞以替代法币。后来国民政府又害怕地方政府通过发行地方钞票掌握地方经济,扩大地方势力,进而削弱中央政权,给法币信用度与政府公信力带来不良后果。因此,国民政府又相继发布《管理各省银行或地方银行发行 1 元券及辅币券办法》、《各省省银行或地方银行旧存钞券整理办法》,进一步加强对地方银行发行权的管理与控制。但是,一些地方实力派,不听中央政令,不断滥发纸币。阎锡山于 1942 年 12 月印制"专为找零、兑换法币"字样的晋钞 1 元券,1942 年 5 月 28 日又印 1

---

① 广西省政府:《电知规定本省管理货币办法由》,《广西省政府公报》1935 年第 92 期。

② 中共中央党校本书编写组:《阎锡山评传》,北京:中共中央党校出版社 1991 年版,第 225—226 页。

③ 中国第二历史档案馆编:《财政部关于电伤绥远克日公布并实施法币政策函（1935 年 12 月 21 日）》,见《中华民国史档案资料汇编:第 5 辑第 2 编,财政经济(四)》,南京:江苏古籍出版社 1991 年版,第 365—366 页。

元、5元券5600万元。显然,与1942年7月财政部关于《中央银行接收省钞办法》"所有各省地方银行的存款和准备金,均归中央银行保管"的规定是不相符合的。当然,地方金融势力的反控制斗争降低了中央战时金融体制的效率。

上述诸多政论与行为体现了地方当局与中央在金融领域内也进行了渗透与反渗透、控制与反控制的博弈,反映了地方当局与中央政权之间相当复杂之关系。呈现中央政权与地方当局在目标与利益上存在差异,由此出现渗透与不甘心渗透的反向面相。也在一定程度上反映了落后的小农生产方式决定的各自为政割据政治局面在金融领域里的反射。

抗战时期,中国市面流通纸币除法币之外,有日伪银行发行的联银券、华兴券、中储券及军票,还有省县地方银行发行的种种地方钞票,以及在中国流通的英、法、美等外国货币,另外还有中共抗日根据地发行各类抗币,真可谓之为名目繁多,杂乱无章。在抗日战争这一特殊时域与场域,上述现象的存在反映诸多社会面相,体现了制度与实施环境的不契合性,上述制度的制订在很大程度是为实施战时金融统制政策,也就是说这些制度本来就是在战时特殊环境下为了特殊战需利益而产生的,它具有突变性的特征,缺乏普适性与稳定性。因此,一定程度上,相互对立限制和抵消的种类繁多货币现况更加剧了货币阻塞在流通过程中,因此,中国"内生"货币制度的残缺会使许多经济政策的实施发生异位。这正是抗战期间大量货币伪造现象涌现的现实场景。

第二节　伪造货币案及其审断具情①

通过对民国时期的地方法院档案进行系统考察,梳理伪造货币案卷,伪造货币呈现两大类型:其一为日本以国家形式对中国法币和根据地货币的伪造,

---

① 具体将伪造货币案细分为伪造货币、纸币与伪造银行券只是从伪造客体来进行分类,而实际上有的伪造货币案中既有伪造纸币也有银行券,因此分类也不是绝对化的,那就看伪造的主要对象来分类,这种分类也是为便于案例的分析与考察。

即属于国家层面的货币战(主要集中于抗战时期)①。其二属于个人谋利行为的伪造货币,其中有中国人,也有外国人,亦有如军队、政界等团体营利行为,但更多的是普通民众谋利的伪造货币行为,据笔者所查阅的大量地方法院案卷中,大多数为普通民众伪造或行使伪造货币。希望通过对这类案卷的解读,对其中犯案的具情及审断尽量还原其具体的历史场域,进而引入分析民众伪造货币的原因及这类案件审判的趋向特点,以达到解读这场给中华民族带巨大灾难的战争在货币金融战中对于普通民众日常生活的影响,普通民众作为研究视角正是史学研究所需要着墨的地方,亦是研究更需要关注之处。因此,更多以普通民众伪造货币为分析对象,透析案情细节,发现司法实践中具有一定灵活性与实用性,既反映战时国民政府较为重视司法体制、货币金融机制建构,又揭示货币伪造案件审判中有权力寻租等诸多面相,亦反映货币伪造问题与民国社会的多维关系。

一、伪造货币案及其审断②

从案卷反映的情形看,伪造货币的罪犯多为经商者,或从事印刷事业者;收集和行使伪造货币者,一般是贫困百姓,他们或因贫困而收集和行使伪币,或因不知、不认识伪币而收集和行使伪币,以致形成犯罪。这类案件涉及的伪造货币,数目大、种类多。并且,犯案者多呈现为团体性,即其多具有一定的经济实力,有目的、有计划、有一定合作步骤地进行伪造货币或收集和行使伪币,

---

① 这一方面的伪造,货币学界已有诸多成果,如,台湾学者林美莉:《抗战时期的货币战争》,台北:台湾师范大学历史研究所 1996 年;戴建兵:《金钱与战争——抗战时期的货币》,桂林:广西师范大学出版社 1995 年版;陈建智:《抗日战争时期国民政府对日伪的货币金融战》,《近代史研究》1987 年第 2 期;梁晨:《日本侵华战争中的货币战》,《东岳论丛》2004 年第 6 期;黄存林:《论抗日根据地的货币斗争》,《河北学刊》1985 年第 5 期;赵学禹:《抗日战争时期日寇的货币侵略》,《武汉大学学报》(人文科学版)1989 年第 2 期;孟国祥:《民国时期的中日假钞之战》,《民国春秋》1999 年第 6 期。戴建兵的《金钱与战争——抗战时期的货币》一书也是从论述货币战中对伪造货币有过较多阐述。本书故不赘述。
② 案件分类基本上以伪造货币之行为取向为分类标准:一是伪造货币伪造与变造货币者;二是基于收集与行使伪币二个行为本身具有一定的目的与结果之关联性,即收集与行使伪币一类案件。

其组织形式有出资入股、技术入股、设备入股等。伪造货币严重妨害金融、市场秩序,对社会经济的影响和破坏相当严重。通过对湖南这一特定地域内的相关案件的考察分析,可以看到当时的诸多社会问题。

案一①:

胡朝生,男,31 岁,经商,宁乡人;杨泽泉,男,21 岁,从事印刷业,长沙人;朱吉光,即朱父成:男,33 岁,经商,长沙人;周林村,男,26 岁,从事印刷业,长沙人;杨庆元,男,27 岁,经商,长沙人。杨泽泉在长沙市下东长街设五洋印刷局,1936 年 3 月起陆续受胡朝生及在逃王雪云之委托,与其同伙杨庆元、周林村共同伪造中央银行一角 3000 万张、五角 4000 万张、二角辅币 20000 万张,同年 7 月 16 日经长沙县公安局派警前往该处将杨泽泉等拿获。并缴获已印出的一角、二角伪币 681 大张,双面二角伪币 200 大张,印刷机两架,石板六块;后来又在南墙湾 23 号,拿获胡朝生,查出伪造中央银行五角纸币 300 余张。

湖南省高等法院调查认定,胡朝生承认受杨泽泉之托代为印刷的事实,杨泽泉亦承认伙同周林村、杨庆元等伪造各银行币与券属实。1937 年 7 月 24 日一审判决:判处胡朝生等犯伪造货币一案处有期徒刑十年,毁损一案处有期徒刑二年,脱逃罪处有期徒刑四月,按数罪并罚,三罪合计共判处有期徒刑十年八月。

杨泽泉、胡朝生等不服原判向最高法院提起上诉,1937 年 8 月 4 日最高法院审理。判决如下,在胡朝生宅内所搜获之五角伪币多数载有中央银行字样,原审据以认定上诉人杨泽泉等系犯连续伪造通用纸币之罪,"第一审量刑过重,将其撤销改判"。依"新刑法"第二十八条第五十六条第一百九十六条第一项各处有期徒刑十年,至于在杨泽泉店中抄获各种票币皆系普通空白花纹,未印何种名义意思行为均不构成犯罪。原审以胡朝生家中查出之伪币认为有伪造之行为,这确有不实之处。

---

① 湖南省档案馆藏《湖南省高等法院档案》,全宗号 29,目录号 2,案卷号 918,案卷名《长沙地院检察处杨泽泉伪造货币案》(1937 年),第 1—20 页。

查上诉人杨泽泉在侦查中已明白承认,"我印了三次假票,头次印一角空白票三千张,是仿中央银行的票币印的,是黄雪云胡朝生请我印的,第二次印五角的四千张,也是仿照中央银行票币印的,第三次印了二角的两万张,我是一个印手,周林村帮同我印伪票币上号码,是杨庆元盖的,杨庆元周林村所述亦大致相同。"这确系出于一个概括之犯意,反复而为同一行为,自应认为连续犯以一罪论,上诉意旨对于后之行为认为尚未完成犯罪,对于前之行为辩称非其所为实系饰词,狡赖无足据取,惟周林村为杨泽泉之伙计,凡事听店主之命而行,杨庆元与杨泽泉同族失业闲居暂时帮同印,是故,比杨泽泉所犯之事为轻,原判处以同一之刑,未免有失公平,应由本院将该部分撤销改判,而杨泽泉之上诉仍应予以驳回。据上论结,应依刑事诉讼法第三百八十九条,第三百九十条第一款,刑法第二十八条第五十六条,第一百九十五条第一项,刑事诉讼法第三百九十三条,第三百八十八条第一项,第三百八十七条。判决:原判决关于杨庆元周林村罪刑及胡朝生部分撤销,杨庆元、周林村共同连续伪造通用纸币各处有期徒刑五年,胡朝生部分发回湖南省高等法院,其他上诉驳回。

长沙《晚晚报》对此案也进行了报道,公安局长亲自令饬所属侦缉队,严密侦查,限令破案。奉令后,该队队长亲自带队分批出发,连夜侦查,经精心之侦查,终侦破此案。① 字里行间亦可见此案关系重大,公安局长亲自督令侦破此案,这与一般百姓的行使伪币有本质区别,显现其团伙性与破坏性。该案情系伪造纸币比一般因贫而犯收集或行使之事对于金融市场与社会秩序的破坏力大。因此,在其审断过程中也体现这一意味,对重案、要案、团伙性质案惩治力度大些,以体现其以警效尤。"新刑法"第一百九十五条规定意图供行使之用而伪造变造通用之货币、纸币、银行券者,处五年以上有期徒刑,得并科五千元以下罚金。但本案一审判处胡朝生等犯伪造货币一案处有期徒刑十年,并按数罪并罚共计十年八月之刑,据笔者查阅所见之法院档案本案判决属于严重之审。后经最高法院进行二审更审判决,作出几点重新认定:一、认为杨庆元、周林生二人系杨泽泉之伙计,帮其印刷,其犯意与动机理应与老板杨泽泉

① 《晚晚报》1925 年 2 月 15 日。

不同,其所犯之事当然比杨泽泉所犯之事为轻,而原判处竟以同一之刑处之,显系有失公正。二、对于在杨泽泉店中抄获各种票币皆系普通空白花纹,未印何种名义意思行为,故应均不构成犯罪。而原审则认定此行为均系伪造之行为而定罪量刑,尚属不合。三、关于杨泽泉反复印刷同样之伪币原审认定为数罪有讳误,对于该行为前后之行为犯意分别进行界定。故此,最高法院认为"第一审量刑过重,将其撤销改判",作出该部分撤销改判,发回湖南省高等法院复审。由此可见,最高法院对于案件审理非常细致认真,比下级法院判案要公允、合理、客观。对于高院一审判决进行改判,通过仔细认真调查,将该案此前一审判案诸多讳误皆一一审订与纠正,认为"第一审量刑过重,将其撤销改判",并重新判决"原判决关于杨庆元周林村罪刑及胡朝生部分撤销,杨庆元、周林村共同连续伪造通用纸币各处有期徒刑五年,胡朝生部分发回湖南省高等法院,其他上诉驳回"。可见,经过校勘事实重新审理后刑期显然减轻。表明当时司法机关对于相关伪造货币案件之审理非常关注与慎重,该案之审断亦体现当时司法机关对既有依法行事的准则,同时又有某些灵活变通的处理。

案二①:

郭伯霖,即郭伯陵,男,31岁,从事印刷业,湘潭人;眭明成,男,31岁,务农,衡山人;杨田清,男,35岁,务农,衡山人;王光旭,即王光寿,男,36岁,务农,湘潭人。1947年8月间郭伯霖、眭明成、杨田清、王光旭、刘秋汉(即刘清汉)、王文质、袁冬云、刘敦孝、罗光生等其印工多人,他们在衡山县李家龙地方李起连、刘秋汉、眭明成等人家中伪造中央银行币券30000张(2500元一张),共计75000000元,文连生则与在逃之罗富有(曾犯伪造货币之罪的逃犯)共向眭明成、罗光生购买伪币680000元,9月30日在衡山县城管驿门行使,被衡山县警察局拿获,一同解往地方法院侦查起诉。

1947年10月9日审理该案。

① 湖南省档案馆藏:《湖南省高等法院检察处档案》,全宗号28,目录号6,案卷号688,案卷名《衡山地院郭伯霖等伪造货币案》(上)(1937年),第1—204页;湖南省档案馆藏:《湖南省高等法院检察处档案》,全宗号28,目录号6,案卷号689,案卷名《衡山地院郭伯霖等伪造货币案》(下)(1937年),第1—187页。

衡山地方法院调查认定,郭伯霖于 1947 年 8 月间与睦明成、杨田清、王光旭及在逃之刘秋汉、王文质、袁冬生、刘敦孝、罗光一等多人伙同在衡山李家龙地方李起连、刘秋汉、睦明成等人家中,伪造中央银行 2500 元一张币券,7500万元铜板。其中,睦明成出资 40 万元,杨田清有 20 万元股本,袁冬云将机器抬至家中印制币券,即以房屋作为股本,并分得伪币 80 万元,杨田清组织出资21 万元参加伪造币券,并分得伪币 50 万元,其中,郭伯霖与其他股东约定,以印行之伪币与股东二八照分。文连生和罗富有向睦明成购买伪币 68 万元,并用伪币前往市场买煤。9 月 30 日王光旭衡山管驿门取出伪币行使,被警察张玉重抓获交解往警察局。警察局在杨田清家中搜出伪币 55 万元及同样材料纸 7000 张,睦明成家中搜出伪币 802500 元,喻戴生家中搜出伪造币券铜板两块,李家龙附近梓树凹内搜出伪造币券之石印机。

衡山地方法院于 1947 年 11 月 8 日一审判决:认定被告人郭伯霖、睦明成、杨田清、王光旭共同意图供行使之用伪造币券,睦明成将伪造之币券交付文连生为犯伪造币券结果,应从一重处断;文连生行使伪造纸币分别依《妨害国币惩治暂行条例》第三条第一项、刑法第十一条、第二十八条、第五十五条后段、第一百九十六条第一项、第三十七条第二项。判处郭伯霖、睦明成、杨田清各有期徒刑七年,剥夺公权七年,文连生有期徒刑三年剥夺公权三年,伪造及行使之币券、供伪造币券之铜板制钞纸、石印机分别依同条例第七条同法第二百条没收。

郭伯霖等不服一审判决提起上诉。1947 年 12 月 4 日湖南省高等法院高院审理该案。判决如下:上诉人郭伯霖所供情况与原审侦查审判相同,只是表明与股东之间有分成。高院查悉,上诉人睦明成指称在其家中并未搜出伪币,上诉人文连生指称并无向睦明成等购买伪币及行使情节,核与实际事实,及睦明成口供不符。他说在县警察局口供为刑讯,但是他身上既无伤痕,所翻口供又无事实证实,实为饰词图卸。上诉人郭伯霖指称王光旭确系王光寿,因其也不能另举一王光旭到庭辨别;据上诉人杨田清指称他的伪币是其妻在接收喻戴生还他家六石谷时给的,因其妻不辨真伪。上诉人文连生谓无行使伪币事实,其经警察搜出之伪币数量与其所供向睦明成购买之数量只差三元,因而,指摘原判处刑过重,复无法律上之依据。

高院二审判决:高院认为"原审均无不合法",惟上诉人王光旭在上诉人郭伯霖与杨田清等第一次印制伪券时并无参加,情节较轻,原审判决与其他上诉人同判处有期徒刑七年,剥夺公权七年,应予以改判,"其他上诉非有理由"。据上论结依《刑事诉讼法》第二百六十条①、第三百六十一条第一项前段、第三百五十六条、第一百九十六条前段,《妨害国币惩治条例》第三条第一项②,《刑法》第十一条、第二十八条、第三十七条第二项。判处原判决关于王光旭(即王光寿)罪刑部分撤销,王光旭(即王光寿)共同意图供行使之用伪造币券处有期徒刑五年剥夺公权五年,其他上诉驳回。

本案经省高院二审改判判决,高院指出上诉人王光旭在上诉人郭伯霖与杨田清等第一次印制伪券时并无参加,情节较轻,原审判决与其他上诉人同判处有期徒刑七年,剥夺公权七年,判决过重,应予以改判,并于二审判决中相应作出改判,将王光旭(即王光寿)罪刑部分撤销,王光旭(即王光寿)共同意图供行使之用伪造币券处有期徒刑五年剥夺公权五年,说明高等法院较初级法院更加注重案件细节调查与审断,民国时期司法机关对于案件审理尚且具有严肃认真之态度,非常难能可贵。

此外,本案的伪造行为具有一定的组织性的伪造行为与行使行为,7500万元铜板系其所在眭明成出资40万元,杨田清有20万元股本,上诉人眭明成对于袁冬云将机器抬至伊家印制币券,以房屋作为股本分得伪币80万元,上诉人杨田清参加伪造币券,组织出资21万元,分得伪币50万元事实,皆具有较为明确与系统的分工与合作,破坏性重于一般伪造行使行为。因此判决时较为严重,剥夺其公权,除个别因情节轻微些减轻外,并判决七年有期徒刑。另外笔录中记载着被告郭伯霖供认在眭明成家伪造货币时被警察发现过,他

---

① 《刑事诉讼法》第二百六十条:审判期日除有特别规定外,被告不到庭者,不得审判。许被告用代理人之案件得由代理人到庭。注同上。

② 妨害国币惩治条例第三条第一项:意图供行使之用而伪造、变造币券者,处无期徒刑或五年以上有期徒刑,得并科五千元以下罚金。参见《中华民国史档案资料汇编:第5辑第2编,财政经济(三)》,第29—30页。

们请警察所吃饭并给 600 万元钱就未报道此事。因此,也在一定程度上体现着当时行政上的腐败与不规范性。

由前述案例可知:其一,伪造货币的罪犯大多是具备一定实力的经商者,并且有非常熟练的印刷行手参与。其中,后一情况反映出,熟悉印刷技术为伪造货币提供了便利。比如"杨泽泉伪造货币案"中的杨泽泉和周林村,均业印刷;"郭伯霖等伪造货币案"中的郭伯霖,则反映出更为复杂的行使伪造的背景和动机,即家贫失业、学艺印刷、伪造货币。其二,伪造货币数目较大,一般都上万张,上万元。其三,具备一定的组织性。除了案例二以外,另一个典型例子是"苏元洪等妨害国币案",其案情显示,苏元洪等不仅有专门进行伪造的场所,还有独立的伪币运转公司。①

但通过比较全面的统计观察,可知更多的伪造或行使伪造货币案,其团伙性质比较小,并且犯案者也多因生活窘迫所致,即犯案动机多数是因为贫困、失业有关。如"郭伯霖等伪造货币案"中的主犯郭伯霖的口供有谓:战乱长年,家园被毁,河山光复,家贫依旧,上有老下有小,嗷嗷待哺,且战役繁多,始在本市王记印刷局强为生计。不幸物价猛涨,商场失衡,店务紧缩,遂被解雇。全家生计全无保障。正在危机之时,适逢王文质、袁冬云来省觅雇印刷工,他们并未言是印制伪币,且其工价高。可见即使是较大伪造案件也并非显赫家世,专为猎取暴利而行,也是缘于贫困窘迫所致,因此分类案件重大与否也只是相对而言。

从相对宏观的层面观察,此类案件反映出当时农村社会经济状况。以金融为例,近代中国社会货币沿着由乡村到都市、由通商大埠到国际金融机构的路线流通。农村的有限资金通过商业、赋税、地租、高利贷、储蓄等途径向通商都市汇聚,以致可供乡村流通之货币日渐枯竭,从而使得农民生计、乡村发展难以持续。这一点可从城乡贸易中有所了解。中国的对外贸易,除少有的几年外,一直处于入超地位,而在城乡之间的贸易中,乡村则处于入超地位。以

---

① 湖南省档案馆藏:《湖南省高等法院检察处档案》,全宗号 28,目录号 6,案卷号 808,案卷名《安化县苏元洪等妨害国币案》(1940 年),第 1—178 页。

浙江嘉善为例,1931 年输出的产品值 1108 万元,输进货物值则为 1 295 万元,入超 187 万元;1936 年广西梧州输出产品值 589 万元,而输进达 1 811 万元,相当于输出的 3 倍多①。本来就落后贫穷的农村,其货币的日益外流,势必导致农村的金融恐慌,从而直接影响农村的发展。30 年代中央农业实验所对全国 22 省 850 县所做的调查表明,借钱户占全体农民户数的 56%,借粮户占 48%。② 在这样的总体背景中,湖南的农村金融情况,实不能想见。

　　具体观察此种案件可见,伪造货币案的案犯大多为农民,进而可知其进行伪造更多是因为经济贫困。这与湖南的经济状况特别是农业生产力水平低、人口密度大有密切关系。全国农业生产力水平低,而人口对于土地的压力显而易见。在多山的湖南西部,外来移民在 1795 年与当地的苗族爆发了严重的冲突,也许长江下游各省是人口极端稠密的地区,它们不久变成了当时最具毁灭性的内战的战场。③ 1922—1931 年《海关十年报告》记载,湖南长沙一带,农业依然因袭悠久的古老方法。在农业生产工具方面,"湖南农业依然是使用古老的原始的工具";岳州关"还没有使用现代农业机械,因为农民太穷,买不起这类东西,同时农场太小"。化学肥料虽为保持和更新土壤肥力的重要手段,但多数地区农民仍主要依靠传统农家肥,有的甚至根本不施肥。1924年,长沙虽引进外国肥料,"但被认为一般不适应当地土壤","结果依然主要利用本地植物肥料",岳州一带也是"化肥生意微不足道"。与化学肥料和新式农机具在湖南的命运一样,改良种子和新品种的引进实际上"完全与农村隔绝,徒具名义而已","仅可谓之装饰品"。④ 民国前期湖南社会的农业生产工具和技术尽管出现了某些新的迹象,但将其置于全省范围内,分摊到单位面积耕地之上,这些新因素则完全被淹没于传统农业的汪洋大海之中,实效微乎其微。

---

　　① 《旧中国资本主义生产关系》,北京:人民出版社 1977 年版,第 287 页。

　　② 张培刚:《民国二十三年的中国农业经济》,《东方杂志》第三十二卷第十三号。

　　③ 参见[美]费正清:《剑桥中国晚清史》(1800—1911 年)(上卷),中国社会科学院译,北京:中国社会科学出版社 1985 年版,第 116 页。

　　④ 章有义:《明清及近代农业史论集》,北京:中国农业出版社 1997 年版,第 38—48 页。

湖南省苛捐杂税繁多,人民负担沉重。据 1934 年 7 月《东方杂志》记载,湖南省田赋附加种数为 23 种。当时中央地政学院学者李振在湘调查后说:湖南农民"衣只求蔽体,粗布衣履,绝少华饰,鹑衣百结"。"食只求充饥,粗茶淡饭,绝无甘肥。除富庶之地富有余裕外,其他则均粮食缺乏,青黄不接之际用杂粮代食者甚多",每年常是"糠菜半年粮"。在滨湖地区,丰收时谷贱伤农,遇上天灾则歉收或无收,出现"十室十空,男女老幼飘泊他乡,乞食度日"的惨象①;1934 年 4 月省政府委员黄士蘅视察时发现,"入衡阳境,查邹姓三村,所查各户多食草根、树皮、仙泥,有杂粮者极少。沿途豆麦极稀,均称土性不宜,又无钱购种子","到桐梓坪,灾民拦舆跟迫,请赈数次。沿途抽查朱姓邓姓各二村。至曲栏,灾民数千包围请愿,出示蒿草、蕨薇、椰树皮、地骨皮、野菜籽、艾叶、夏枯草、观音土等食品,鸠形鹄面,惨不忍睹"②。同时,由于局势极端动荡,匪患也异常猖獗。如有报道说,辰邑十一区,被匪焚掠者,达七、八区之多,纵横二百余里,寂无人烟③。战争、动荡、匪患、腐败及灾荒既是产生伪造案之深刻社会原因,又是影响伪造货币案审断的重要因素。

案三④:

蔡松文,男,54 岁,工人;徐树生,男,38 岁,务农,攸县人;吴登科,男,38 岁,务农,安仁县人。1937 年 11 月 4 日蔡松文和徐树生在安仁县城汽车站饭店吃饭,用伪币付酒钱,(行使)被该店主发现并报警察抓获,警察从他们身上搜查出湖南省铜元伪币 2 张(2 千文 2 张),湖南醴陵农民银行伪币 2 张(5 角 2 张),上海中国银行伪币 2 张(6 元 2 张),湖南省银行铜元伪币 6 张(6 千文 6 张),他们称此伪币是从吴登科处以真币 5 角换伪币 1 元的价格贩卖而来的,安仁县政府将此三人拘案,并送往司法处,继而立案侦查。

---

① 李振:《湖南土地利用与田赋》,台北:成文出版社 1977 年版,第 116 页。
② 宋斐夫:《湖南通史》(现代卷),长沙:湖南出版社 1994 年版,第 258 页。
③ 《大公报》(长沙)1922 年 2 月 8 日。
④ 湖南省档案馆藏:《湖南省高等法院检察处档案》,全宗号 28,目录号 6,案卷号 761,案卷名《安仁县罗锡芝等妨害国币案》(1936—1947 年),第 45—68 页;湖南省档案馆藏:《湖南省高等法院检察处档案》,全宗号 29,目录号 2,案卷号 1676,案卷名《安仁县司法处关于罗锡芝等行使伪币案》(1936—1947 年),第 112—155 页。

　　安仁县司法处调查认定，徐树生称伪币一部分来自于吴登科购买得来，一部分属于别人赠送所得（此说法无从证实），蔡松文称其伪币是卖鸭子得来的（无从证实），吴登科却称其假币是徐发南给他的，并且徐树生与蔡松文对持伪币行使也不承认，直至汽车站饭店老板谢荣发指认，见其不容脱卸，故而承认之所为；而吴登科对其伪币之来源，故意加害于徐发南，至于其贩卖以伪币一元而易其真币五角之事实坚不吐实。而蔡松文也是诡称其伪币是卖鸭子得来的，至于问其来自何地何人均不能回答，则为有意行使者亦属明了。

　　1938 年 4 月 26 日，安仁县司法处一审判决：令伪币犯遵奉司法行政部 1936 年训字三四九六及第七零四八号训令，1937 年训字第三零六零号训令：各所属司法机关对伪币案务依刑法所定刑名从重处断。是故，该三犯处刑较重，并予较重剥夺公权，又于吴登科行使伪币数量多，于徐蔡二犯而犯罪后之态度特为强硬狡猾，故检科重刑之，依上论结，援依《刑事诉讼法》第二百九十一条前段，①《刑法》第一百九十六条第一项，二百条，第二十八条，第三十六条，第三十七条，第五十七条。② 判决：吴登科行使伪造上海中国银行纸币处有期徒刑六年，剥夺公权七年；蔡松文共同行使伪造湖南省银行湖南醴陵农民银行纸币处有期徒刑五年，剥夺公权六年；徐树生共同行使伪造上海中国银行湖南省银行湖南醴陵农民银行纸币处有期徒刑五年，剥夺公权五年，伪造上海中国银行纸币六元二张（一张五元），又湖南省银行铜元纸币八千文八张，又湖南醴陵农民银行纸币一元二张均没收之。

　　徐树生等不服提起声请。1938 年 12 月 20 日湖南省高等法院受理该案。

---

　　① 《刑事诉讼法》第二百九十一条：被告犯罪已经证明者，应谕知科刑之判决，但免除其刑者，应谕知免刑之判决。参见上海法学编译社：《中华民国刑事诉讼法》。

　　② 《刑法》第二十八条：二人以上共同实施犯罪之行为者，皆为正犯。三十六条：剥夺公权者，剥夺左列资格：一、为公务员之资格；二、公职候选人之资格；三、行使选举、罢免、创制、复决四权之资格；第三十七条：宣告死刑或无期徒刑者，宣告剥夺公权终身；宣告六月以上有期徒刑，依犯罪之情质，认为有剥夺公权之必要者，宣告剥夺公权一年以上十年以下；剥夺公权，于裁判时并宣判。第五十七条：科刑时应审酌一切情状，尤应注意左列事项，为科刑轻重之标准。一、犯罪之动机；二、犯罪之目的；三、犯罪时所受之激刺；四、犯罪之手段；五、犯人之生活状况；六、犯人之品行；七、犯人之智识程度；八、犯人与被害人平日之关系；九、犯罪所生之危险或损害；十、犯罪后之态度。《中华民国刑法详解》，上海：上海法政学社 1940 年版。

高院认为原审只对徐树生及蔡松文持伪币行使之行为进行调查,而对于伪币之实质来源及吴登科如何行使伪币并无详尽认定,乃均论以行使伪造币券之罪已属不合,况妨害国币惩治暂行条例已经施行,该条例对于意图供行使之用而收集伪造币券设有特别规定,从于收集后得其行使行为应为收集行为所吸收,所谓收集后指收买受赠互换等一切行为在收取以前即有行使之犯罪意思者而言该被告等持有之伪造币券,如系出于收集虽有行使行为仍应依妨害国币惩治暂行条例处断,原审未注意到这点,因此,认为有复审之原因。据上论结应依《县司法处刑事案件复判暂行条例》第六条第一项、第七条第一项第一款。裁定判决:本件发回安仁县司法处更审。

1939 年 4 月 21 日,安仁县司法处刑事庭复审。认为上述所供事实为证,所有伪券,均花纹粗浮模糊不明,一望而知其为伪造之物,由此种情形,互为佐证,徐树生系明知为伪造之物,图供行使而收集、而行使;吴登科是明知为伪券而交付,均至明确,该吴登科虽不承认是其亲自交付于徐树生,徐树生亦翻供五角购一元及吴亲自交付之说。尽管他们极力狡辩,但是事实确乃如此。吴登科之伪券,无论是否徐发南交付,交付时是否识别真伪,然其明知为伪券而交付于徐树生之事实即明,罪责自无可追。徐树生收集伪币券,原为意图行使,其行使行为之罪刑,轻于收集行为之罪刑,应为收集行为为罪刑所吸收,其所有之伪券,虽不能认明其已有行使行为,但其既不能指出卖鸭交券之人,其系意图供行使之用而收集,亦属无疑,应收集伪币从重处断,共同蔡松文因已死,犯罪主体消失,是故不受理。又此种犯罪系诈欺性质,有丧失廉耻,应剥夺公权。是故依上论结判处:吴登科应依《刑法》第一百九十六条第一项,第二百条,第三十七条第二项处断;徐树生应依《刑法》第一百九十六条,第五十五条,第三十七条第二项,《妨害国币惩治暂行条例》第四条第二项处断;蔡松文部分,应谕知不受理,其伪券应依《刑法》第二百条处断,援《依刑事诉讼法》第二百九十一条,第二百九十五条第五款。判决:徐树生意图供行使之用,而收集伪币券,处有期徒刑五年,剥夺公权三年;吴登科图供行使之用,而交付伪币券于人,处有期徒刑三年,剥夺公权三年;蔡松文部分,公诉不受理,所有伪币均没收。

　　吴登科、徐树生因不服安仁县复审之判决,1939 年 4 月 21 日向湖南省高等法院提起上诉,并于同年 7 月 18 日审判。查悉:根据已供认之事实对二人犯所处之判决应负刑事责任固属无误,唯妨害国币惩治暂行条例规定之币券系包括银行券在内,而所谓收集要不以一次之收取行为为限,原审于徐树生收集伪造货币适用妨害国币惩治暂行条例第四条第二项论科外,复认其收集湖南省银行及醴陵农民银行伪券为另犯刑法第一百九十六条之罪,援引同法第五十五条后一重处断显有未当,又吴登科收集伪造币券后复以之交付于人依高度行为吸收低度行为之原则,自应后收集罪名论科,原审设置收集行为于不究乃援刑法第一百九十六条第一项论以交付伪造币券罪刑,亦不合检察官上诉为有理由。据上论结应依刑事诉讼法第三百六十一条第一项妨害国币惩治暂行条例第四条第二项及第一项第五条刑事诉讼法第三百五十九条判决:原判决关于吴登科徐树生部分撤销。吴登科、徐树生意图供行使之用而收集伪造币券各处有期徒刑五年,伪造之中国银行五元纸币一张一元纸币一张、湖南省银行铜元券六张、醴陵农民银行五角券一张没收,其他上诉驳回。

　　本案审理次数较多,先经安仁县司法处一审判决,又经实行当庭提出声请,司法处予以裁决"发回安仁县司法处更审",安仁县司法处刑事庭又调查取证复审,其中判决有些改动,吴登科行使伪造上海中国银行纸币处有期徒刑六年,剥夺公权七年。复审认为,徐树生共同行使伪造上海中国银行湖南省银行湖南醴陵农民银行纸币处有期徒刑五年,剥夺公权五年,吴登科之伪券,无论是否徐发南交付,交付时是否识别真伪,然其明知为伪券而交付于徐树生之事实即明,罪责自然无可追。然而徐树生收集伪币券,原为意图行使,其行使行为之罪刑,轻于收集行为之罪刑,应为收集行为为罪刑所吸收,其所有之伪券,虽不能认明其已有行使行为,但其既不能指出卖鸭交券之人,其系意图供行使之用而收集,亦属无疑,应收集伪币从重处断,因此,理应做出如此之改判:徐树生意图供行使之用,而收集伪币券,处有期徒刑五年,剥夺公权三年;吴登科图供行使之用,而交付伪币券于人,处有期徒刑三年,剥夺公权三年。

　　徐树生、吴登科等不服复审之判决,再度向高院提起上诉,高院重新严谨查阅案卷,仔细界定,发现原审判决时忽视其中重要情节,即《妨害国币惩治暂行条例》规定之币券系包括银行券在内,而所谓收集要不以一次之收取行为为限,原审于徐树生收集伪造货币适用妨害国币惩治暂行条例第四条第二项论科外,复认其收集湖南省银行及醴陵农民银行伪券为另犯刑法第一百九十六条之罪,援引同法第五十五条后一重处断显有未当,又吴登科收集伪造币券后复以之交付于人依高度行为吸收低度行为之原则,自应后收集罪名论科,是故,二审判决"吴登科、徐树生意图供行使之用而收集伪造币券各处有期徒刑五年"。该案之判决几经声请、一审、二审判决,不断改判与认定,发现有几个问题得以呈现:一是基层法院对于法律及法条应用存在讳误,对于纸币及银行券的界定有误,在判案过程中对于法律规则认定存在偏差,如对于连续收集与行使及低度行为与高度行为的吸收等等界定存在讳误,这个问题在整个伪造案件审断过程中非常凸显。二是该案判决比其他案件判决略于过重,"新刑法"第一百九十六规定行使伪造变造之通用货币、纸币、银行券或意图供行使之用而收集或交付于人者,处三年以上十年以下有期徒刑,得并科五千元以下罚金。一般案件大多判决三年左右有期徒刑,而本案几经审断之后,仍对主要案犯处以五年有期徒刑。从案卷记载可知,该案呈现这种从重之情势与司法行政部 1936 年、1937 年的训令规定"各所属司法机关对伪币案务依刑法所定刑名从重处断"不无关联。由此也无不透露民国时期司法审断在一定程度上受行政命令之制约与影响。这二个显著特点在后文案件审断中亦同样呈现。

苏元洪伪造货币案①中本市附近伪造伪币制造所,并携伪币至邻近各县行使(邵阳、溆浦、沅江、益阳),本县严饬捉拿制造伪币人犯,而其伪造机关处所仍未发现。欧亚图书服务社数月前得买玉田乡所属六亩塘人谭锡光石印机一部,限期应民国二十九年八月交货,而逾期未交,而谭锡光称是石板断了,他不交货系正制造伪币,其石板锯断显系推拖。后警察所传唤谭锡光,他又拒不

<hr>

① 　湖南省档案馆藏:《湖南省高等法院检察处档案》,全宗号 28,目录号 6,案卷号 808,案卷名《安化县苏元洪等妨害国币案》(上)(1940 年),第 1—178 页;湖南省档案馆藏:《湖南省高等法院检察处档案》,全宗号 28,目录号 6,案卷号 809,案卷名《安化县苏元洪等妨害国币案》(下)(1940 年),第 1—211 页。

到场,只派亲属谭显诰来探听。随后四名警士前来勒传谭锡光,他复逃,具限人甲长亲属以坚壁清野以资顽抗,迭传不到。警察追辑谭锡光人(出售石印械件有关制造伪币)时当地保甲长不予支持,致使捉获难度加大。

抓获此伪犯三人,关押于县府,具呈人玉田乡四保四甲梁福康、谭德藩、廖章国、梁学发、梁乘裕及蓝田镇第一保保长梁凤藩、第一保十一甲长殷泰圻、十二甲长谭汉初、十三甲长梁笃主合伙具保梁笃全。梁伯祥,梁笃全之父,声请。称其子务农老实从不干生意之事,被人诬陷,巡官用严刑拷打因子年少故屈打成招,承认有罪。而保长及邻居皆认为其是正当人士。谭王氏(谭锡光之母)于三月五日呈具书:其子谭锡光本性忠厚,原为开鸿章石印局,因生意失败,但将石印械件由股东谭道卿寄存蓝田正总福成昌,因股东追索股本,经股友谭显仁于上年二月将该械件售与新新石印局,即以所得价值退还股本是时。即时谭锡光外出不得其详。至七月其子回适欧亚图书馆主任彭某要购石印机械件,由友人梁日宪介绍其子卖与此,向同伙友询及寄存石印械件始悉已卖,氏子只得归还欧亚图书馆定洋。其堂叔谭区轩充任湖北荆宜师管区辅充第二团第三营第七连连长现驻宜昌适以书来,氏子锡光已于二十八年古历十一月二十六日前去抽效、该彭主任见其子不在家,遂带警察来诈欺,诬其伪造伪币之嫌疑。正适夫堂弟谭显诒从学校回家邀同保甲谭震华(第七保副保长)谭延龄(第九保甲长)从场证明谭锡光外出具限四周赶回。可见,其保甲长大多为本家所充任,又有人在军界充役,说明该犯家族势力较为强大,其保甲长坚壁清野以资顽抗等不予支持行为则不足为怪,但其表现行为是有其深刻社会背景的。

此类案件与反映的值得注意的现象是,均有保甲长偏袒伪造案犯的行为。正如蒋介石说:"区乡镇之组织,然系自治机关,组织不健全,人选亦复杂,区乡镇长之地位,率皆土劣把持,以之推行政令则不足,压迫民众则有余。"①可见保甲长在伪造案件中极力庇护伪造案犯,严重脱离保甲维护地方之自治之功能范畴,这与其文化素质之低、道德品质之劣有严重之关联。

---

① 程方:《中国县政概论》,上海:商务印书馆 1939 年版,第 59 页。

二、伪造银行券案及其审断①

银行券系私人银行呈准政府所发行之纸币,与法币一并通用于市场②。即便是刑法中对此有专门的解释,现实中还是存在很多误解;不仅仅一般百姓对此理解有误,就是专门的司法机构对此也存在严重法条适用讹误。国民政府界定纸币时,认为仅只限于中央、中国及交通银行三银行所发行者,而 1933年蒋介石自己创办了一个四省农民银行(后来的中国农民银行),其第一件大事就是发行纸币 50 万元,此后纸币发行银行应由这四银行发行,③后来,中国农民银行钞票于 1935 年 11 月 4 日施行法币时,由财政部规定与法币同样行使,因此,中国农民银行发行之纸币系属纸币,而不是银行券。最高法院判例也曾多次对此做出过解释,如《纸币与银行券》界定,纸币与银行券不同,实行所交付之券系中国银行发行,并随时可以兑取现金,关于银行券之一种,原审认为纸币显属错误。④ 通用纸币之解释:通用纸币系指有强制通行力不兑换之纸币而言,若市面流通之兑换券,则属于银行券之一种。⑤ 尽管如此,从诸多伪造货币罪的判例中可见,特别是初级法院审判时,存在对此认定讹误不为少数,且较为常见,导致应用法条出现讹误,下文对此将进行专门考察。

案一⑥:

谢介然,男,32 岁,业工,新化人。谢介然与在逃犯钟郭银、吴锡凡、段祥志、关福和等于 1937 年 6 月共同供行使之用而收买伪中国农民银行一角券各多张,并于同年 8 月(旧历七月)在安化县蓝田镇廖日华客栈内,经该镇义勇

---

① 本书共考察 102 例伪造银行券案件,案件主要涉及 1930 年至 1949 年,在此对案件的记载及后文的审断都建立在对于 102 例案件的全面考察之上,但因不可能对所有案例列举,因此,为行文与研究之方便,在此只引述较为典型案例,后文审断部分也基本上引用同样案例加以分析与考察。

② 《中华民国刑法详解》,上海:上海法政学社 1940 年版,第 110 页。

③ 《银行周报》第十七卷第十三号,第 4 页。

④ 郭卫:《最高法院刑事判例汇编》第 7 期,第 42 页。

⑤ 郭卫:《最高法院刑事判例汇编》第 10 期,第 101 页。

⑥ 湖南省档案馆藏:《湖南省高等法院检察处档案》,全宗号 28,目录号 6,案卷号 804,案卷名《安化县谢介然等妨害国币案》(1937—1940 年),第 1—10 页。

队抓获,解由安化县司法处讯解。

安化县司法处查悉,谢介然对于犯罪事实供认不讳,1938年4月28日安化县司法处一审判决:依照《妨害国币惩治暂行条例》判处谢介然以有期徒刑五年。

谢介然不服原判向湖南省高等法院提起上诉。1938年5月23日湖南省高等法院审理该案,二审判决如下:谢介然所犯罪事实供认属实,唯查犯罪虽发生在1937年7月15日《妨害国币惩治暂行条例》施行后,唯法律施行到达日期表湖南为三十日,应扣至8月15日始能适用,该被告8月7日即被抓获,该条例尚未至到达施行日期,依《刑法》第十一条、第二条第一项但书,应适用于最有利于行为人之法律处断,"原审未注意及此",竟依《妨害国币惩治暂行条例》处以有期徒刑五年,"殊自未合",上诉虽未指摘及此,而攻击原判决适当能谓无理由。据上论结应依《刑事诉讼法》第三百六十一条第一项,依《刑法》第十一条,第二条第一项但书,第一百九十六条第一项。判决:原判决关于部分罪刑撤销;谢介然共同意图供行使之用而收集伪造银行券处有期徒刑三年六月;伪中国农民银行券一角1446张没收。

本案二审更判起于法条更改后应用讹误,犯罪虽发生在1937年7月15日《妨害国币惩治暂行条例》施行后,但法律施行到达湖南的日期表为30日,而本案被告8月7日即被抓获,该条例尚未至到达施行日期,而原审则忽略这点,导致法条应用讹误,判处被告五年之重有期徒刑不妥,是故,二审将原判决撤销部分予以更判。可见,上级法院对于法令更改后应用及法条本身的运用把握较初级法院及司法机关要准确,对此进行改判也体现民国时期司法机关对于民间案件较为认真负责,特别是上级法院审判做出较为周密的判决。

案二①:

何淑元,男,28岁,务农,长沙人;颜正心,男,38岁,赋闲,长沙市人。何淑元曾向谭罗氏借得伪造江西建设银行五角银行券11张及湖北省银行五角银

---

① 湖南省档案馆藏:《湖南省高等法院检察处档案》,全宗号29,目录号2,案卷号714,案卷名《长沙地院检察处何淑元等伪造货币案》(1938—1940年),第1—67页。

行券 4 张,颜正心持有伪造湖北省银行五角银行券 28 张,于 1936 年 11 月 23 日同往长沙书堂乡周明生家买猪,被周明生发觉,报经长沙县政府,连同伪券 39 张,解由长沙地方法院检察官侦查起诉。

长沙地方法院侦悉,何淑元称"十一月二十几我和颜正心到周明生家买猪,是两人商议合伙去买的,我有七块五角,颜正心有十四五块,据颜正心称买猪是十一月二十几的事,钱是在我身上拿出来的,核与周明生指证情形相符"。是故,其共同行使行为显然明确,虽何淑元以票子是借得谭罗氏的不晓得是假的为由狡辩。然据谭罗氏述称"这七元五角钱是我做生意接来的,听得说是假的,我要烧掉,何淑元不要我烧,要借与他去用等等"。长沙地方法院 1937 年 2 月 9 日一审判决:依《刑法》第二十八条、第一百九十六条第一项,各处有期徒刑三年,缴案之伪券依第二百条没收。

何淑元等不服原判向湖南省高等法院提起上诉。1937 年 3 月 27 日湖南省高等法院二审判决如下:认为"原审判决尚无违误,上诉为无理由"。"惟原判决关于没收部分误银行券为纸币应予更正。"据上论结,应依《刑事诉讼法》第三百六十条。判决:上诉驳回。

颜正心 4 月 2 日向湖南省高等法院提交申请,提出本案判处徒刑三年,且执行一半有多,在抗战非常时期,敌机轰炸猛烈,唯恐炸死,徒刑尚不及死,又因被告尚属生产之良民,且有田产保障,且努力生产为保障前方战事胜利之基本,是故,综上几点,要求按照"非常时期法令"规定要求保外服务。据 1934 年 7 月 10 国民政府公布的《徒刑人犯移垦暂行条例》第一条规定处无期徒刑之人犯执行满五年后、处三年以上有期徒刑之人犯执行满五分之一后,得以司法行政部命令移送边远或荒芜地方从事垦殖,如系军事人犯得以军政部命令移送之;第二条规定移垦人犯二十岁以上之男子品性较良身体健全能任农事者为限。意即为抗战后方保障创造生产力而将犯人移垦之政策,是故,本案之申请尚有参照类同之意向。但同年 4 月 10 日湖南省高等法院检察处四月批示,因本案被告执行徒期尚未满 3 月,与"保外服役暂行办法"第一条之规定不合,因此,申请驳回。

何淑元等仍不服湖南省高等法院之二审判决,复向最高法院提起上诉。

1938 年 4 月 21 日最高法院审理此案。查悉,本院为终审法院以纠正下级法院违法裁判为职责,故凡上诉于本院之案件非以判决违背法令为理由者不得为之此。为《刑事诉讼法》第三百六十九条所明定其为裁判基础之事实,除属于《刑事诉讼法》第三百八十五条第一款至第三款所列情形,本院得依职权调查外,其经原第二审依法确认之事实,即非本院职权所能不干涉。本件上诉人等之上诉意旨从事实上对于原判决加以攻击。按之上述说明"其上诉固无理由",至侦查中之供词在现行法令之下,原非不得采为证据,而长沙县侦缉队于获案之初,从有虐刑迫供情事,但原审并未采用该项供词为判决基础。上诉人颜正心执此以为攻击原判决之论据显有误会,尤属不能采信。据上论结,应依刑事诉讼法第三百八十八条第一项判决:上诉驳回。

本案最高法院驳回上诉之原因也属下级法院判决尚无违背法令,故予以驳回上诉。最高法院以此种理由驳回上诉状况诸多,档案显示三审案件较多,一方面说明湘人好诉,智识层次较高,具备诉讼之能事,当然其好斗好争之风尚也显其表里。另一面,亦体现民国时期司法机关行使司法职责尚属严肃认真之办理态度,对于老百姓之越级与讳误法律事务,即便不属于本级司法机关之业务亦尚能解释与答复之,不无反射当时司法之前瞻性。

案三①:

王绍韩,男,30 岁,湘乡人。王绍韩于 1934 年 12 月间以银 100 元向王清远收买伪造湘西农村银行券 200 元,1936 年 7 月,又向王清远买伪造中央银行五角银币 500 元,图供行使之用,经湘乡县被拿获,解送长沙地院侦查起诉。

长沙地院调查认定,王绍韩对上述犯罪事实并不否认。1936 年 12 月 21 日长沙地院一审判决:依《刑法》第二条第一项第一百九十六条第一项第五十条第五十一条第五款判处被告有期徒刑七年。

王绍韩不服一审向湖南省高等法院提起上诉,1937 年 2 月 8 日湖南高等法院二审判决如下:上诉人先后收集银行券及纸币意图供行使之用自承不讳,

---

① 湖南省档案馆藏:《湖南省高等法院档案》,全宗号 29,目录号 2,案卷号 711,案卷名《长沙地院检察处黄四林伪造货币案》(1937 年),第 75—99 页。

查肖立堂供述无可证明,所称不知为假,显系饰词,原审以两次犯罪之意思不能证明为连续收集伪券,系在旧刑法有效,旧法所订刑法较现法行刑法为重,依刑法第二条第一项第一百九十六条第一项第五十条第五十一条第五款并合论科尚无不合,上诉为无理由,依上论结,依刑事诉讼法第三百六十条,判决:上诉驳回。

王绍韩不服二审判决继而向最高法院提起上诉,于1938年7月16日最高法院三审判决:查上诉人于1934年12月间以100元向王清远买伪湘西农村银行券200元图供行使之用,嗣该行歇业无法使用,复自退还烧毁等情,原为原审合法认定之事实,即该上诉意旨对于收买事实亦不否认,惟谓该湘西农村银行嗣后倒闭,即将该票自行烧毁,显系因已意中止犯罪之实行或防止结果之发生,适合于刑法第二十七条之规定,应否不罚之列等语,不知刑法第一百九十六条第一项,所谓意图供行使之用而收集伪券之罪,只以供行使之意思将伪券收集到手后即属既遂,至嗣后之行使与否于其犯罪之成立无关,第一审希图减免罪责之理由自不足据,至1936年旧历6月间向五清远收集伪造之中央银行五角纸币500元,图供行使亦为原审确认之事实,上诉意旨仅就事实上攻击,固属不合,惟修正妨害国币惩治条例,现已施行该条例第四条第二项,对于收集伪造纸币罪既有规定,即应依据该条例及刑法第二条第一项但书,比较新法之重轻适用,刑法改判原审及第一审,关于该部分依据刑法为之判决因法律变更结果难以维持。据上论结,应依《刑事诉讼法》第三百八十九条第三百九十条第一款第三款,《刑法》第二条第五十一条第五款,《刑事诉讼法》第三百八十八条第一项判决:原审及第一审关于收集伪造纸币罪刑及刑之执行部分撤销;王绍韩意图供行使之用而收集伪造纸币处有期徒刑五年,合以原处收集伪造银行券罪之刑执行徒刑六年,其余上诉驳回。

在"新"、"旧"刑法的适用上,上级法院比下级法院实施得当,理解与把握法条适度,应用得当。最高法院真正理解了犯罪中止与犯罪未遂的意旨,更正了初审、二审不利于犯罪行为之条文,如惟谓该湘西农村银行嗣后倒闭,即将该票自行烧毁,显系因已意中止犯罪之实行或防止结果之发生,适合于刑法第二十七条之规定,应否不罚之列等语。因此,可见,民国时期许多地方司法处或初级法院的司法人员的法律素质不高也是造成判案讹误的重要原因之一。

上述案件审断情况反射出以下几点可书于此:第一,上述案件情系伪造银行券所为,据可供查阅之档案归纳案发长沙之地案件诸多,这与银行券本身的属性有关,尽管银行券亦等同于纸币之效力,可通行于市面,但毕竟尚须银行之兑换,因此,在省城长沙更便于其行使与经营,缘于此故案发率集中于长沙。第二,此类案件三审终审案较多,且大多属于法定程式应用讹误予以驳回。既体现湘人知识层次较高并且喜好诉讼之趋向。亦折射出民国时期司法机关对于民间诸多案件非常重视,对于平常百姓之诉求是否得到公正的处理有高度法律意识。

为了便于理解,在此对银行券做一特定说明①。"刑法"界定纸币时仅只限于中央、中国及交通银行三银行所发行者,但因蒋介石于1933年创办中国农民银行,并自行发行纸币,于1935年货币改革,实行法币时,财政部规定农民银行发行之纸币与法币视为同等之纸币,即上述四大银行所发行者皆为纸币。尽管如此,司法判定时将纸币误判为银行券的案件仍迭出不穷,这一部分伪造银行券案例系纸币与银行券的界定存在错误,并导致法条应用讹误。此类案件既可归为伪造货币案,也可归为伪造银行券案,但因其有很大的普遍性,并且审断过程也有一定的规律性和专门性,因此,本书将其归类为"另类"案件予以考察,以期从另一个侧面反映民国时期货币、金融等混乱情形。

一案②:

肖寿山,男,39岁,浏阳人。肖寿山在1937年5月份用六元钱向逃犯胡矮子买伪造之中国农民银行二角券50张,随后拿到乡间及省会陆续使用,被湖南省会警备司令部察觉,并将其拿获,并搜出伪券八张,后被移送长沙地方法院检察官侦查起诉。

长沙地院调查认定,肖寿山称其伪钞来自于同住一个饭店的称为胡矮子

①　此类判案讹误之案件颇多,因不能对此全加列举,在此仅分析几例代表性案件,但是建立在对将数百十例案件的全面考察基础之上呈现的。

②　湖南省档案馆藏:《湖南省高等法院检察处档案》,全宗号29,目录号2,案卷号710,案卷名《长沙地院检察处吴春生伪造货币案》(1936—1937年),第40—75页。

手中买来,用六元真钞从胡矮子手上换来十二元伪票,并在乡间用去三元,又来省里用。对其犯罪事实供认不讳。

1937 年 9 月 9 日长沙地院一审判决:肖寿山有期徒刑六年。

肖寿山不服原判向湖南省高等法院提起上诉。1937 年 10 月 16 日湖南省高等法院二审判决如下:高院认据"妨害国币惩治暂行条例"第四条,仅就伪造变造券及收集行为而未规定其所谓收集自系指反复收受集合者而言,参照最高法院十九年上字第五四九呈判例,本件上诉人只在胡矮子手上一次买受伪券 50 张显难处认为收集,原审于上诉人连续行使伪券外,得谓其有收集行为,又以其犯在妨害国币惩治暂行条例施行前,因依刑法第二条第一项但书,规定适用刑法论科未免误会上诉意旨翻供,图卸固无足据,但原判既有未当,仍应认上诉为有理由。据上论结应依《刑事诉讼法》第三百六十一条第一项,刑法第五十六条,第一百九十六条第一项,第二百条。判决:原判决撤销,肖寿山连续行使伪造银行券处有期徒刑五年,伪造之中国农民银行二角券八张没收。

肖寿山不服二审判决又向最高法院提起上诉,并于 1938 年 9 月 22 日最高法院三审判决如下:上诉人于民国二十六年旧历五月间以六元代价向在逃之胡矮子买受伪造之中国农民银行二角钞票五十张,持往乡间及省垣陆续使用,经湖南省会警备司令部特务队队员察觉,将上诉人拿获并搜出前项伪票八张为原审认定之事实,查中国农民银行钞票原属通用纸币,原审认为银行券已有未洽,且刑法第一百九十六条第一项所谓收集依本院最近见解系指收买受赠互换等一切行为,在收取以前即有行使之犯罪意思而言并不以反复为同一之收取行为为限,即一次之收取行为亦可成立,是上诉人所犯显与妨害国币惩治暂行条例第四条第二项相当,虽其行为系在该条例施行以前,依刑法第十一条第二条第一项但书,应适用有利于上诉人之刑法处断,原审以上诉人仅买受伪票一次不认为收集,因而对上诉人所该条例之罪置而不问,于法亦属有违上诉意旨,专就事实饰辩,固无可据,唯原判决既有违误,应由本院予以撤销改判。据上论结应依刑事诉讼法第三百八十九条,第三百九十条第一款,刑法第十一条第三条第一项但书,第一百九十六条第一项第二百条。判决:原判决关于罪刑部分撤销,肖寿山意图供行使之用而收集伪造纸币处有期徒刑三年,伪造之农民银行二角纸币没收。(按:该案审理最高法院刑事第二庭审判长推事叶在均亲自莅庭审理)

本案历经三审终审结案,且二审三审皆进行改判,此案二审改判认为在此案中改判之缘由一是因为定罪有误,本案原审仅就伪造变造券及收集行为而为规定其所谓收集自系指反复收受集合者而定罪,然参照"最高法院十九年上字第五四九呈判例",本案上诉人只在胡矮子手上一次买受伪券五十张显然难以认定为收集行为,此处认定存在讳误;二是本案案犯于1937年5月用六元钱向逃犯胡矮子买伪造之中国农民银行二角券50张,明显其犯罪行为发生在"妨害国币惩治暂行条例"施行前(该条例于1937年7月15日修正公布并实施),原审并依"新刑法"第二条第一项判处显系讳误。是故,二审改判处肖寿山连续行使伪造银行券处有期徒刑五年,显然二审判决趋轻。三审终审又因认定伪造对象有误予以改判,伪造之中国农民银行钞票本属通用纸币,而原审认为银行券本有不当,至此,撤销二审之判决部分,判处肖寿山意图供行使之用而收集伪造纸币处有期徒刑三年。案经三审判决刑期已减至一半,不管缘由何为,其取轻之态则显明。至于伪造对象界定讳误则从调阅之档案显示诸多,是故,本小节列出以供专门之考察。下案亦是。

另案①:

廖人贵,男,48岁,新化人,商人;吴光时,男,42岁,安化人,商人;吴光鹏,男,38岁,安化人,商人。廖人贵于1937年7月至9月之间两次收集伪造纸币银行券多张,在本县蓝田市行使,1938年2月26日在该市吴光时、吴光鹏兄弟所开之镇鑫石印局门前,被该市商会派人抓获,廖人贵遂向镇鑫店内逃避,在其衣袋内搜出四明银行十元伪券5张,中央银行一元一张伪币1张,湖南通商银行30枚一张伪券2张。并查出镇鑫石印局店主吴光时吴光鹏兄弟

---

① 湖南省档案馆藏:《湖南省高等法院检察处档案》,全宗号28,目录号6,案卷号805,案卷名《安化县吴光鹏等妨害国币案》(1939—1940年),第1—12页;湖南省档案馆藏:《湖南省高等法院检察处档案》,全宗号29,目录号2,案卷号1857,案卷名《安化县司法处诉何芳谱等行使伪币案》(1936—1940年),第151—208页。

共同伪造之未就之中国农民银行五角 1 张,券票 27 听(每听六张底面未印),及伪造中国农民银行五角一张券票一张(系作样本),又检出小石板一块,其石板上尚现有伪造中国农民银行五角一张券票痕迹。该商会将此三人及伪券与石板皆押往本县县政府。该案由安化县县长兼理司法处检察职务周仲衡提起公诉之案。

安化县司法处查悉,廖人贵供称所搜出之伪币曾在乡里用不掉,遂去蓝田行使,该被告显系连续触犯《妨害国币惩治暂行条例》第四条第二项之罪,无诿卸刑责余地。二,关于被告吴光时吴光鹏罪刑部分,经义勇队所查获之伪造之未就票券,吴光时供称他一人所为,而其弟吴光鹏系共同开设之店,且其伪造伪币之工具皆在店内,岂能有吴光鹏不知晓之理,因此吴光鹏与吴光时皆为本案实施犯罪之共同正犯。触犯《妨害国币惩治暂行条例》第四条第一项之未遂罪无疑自应均予论罚。

1938 年 8 月 22 日安化县司法处一审判决:依《妨害国币惩治暂行条例》第四条第一项第二项,第六条,第五条,《刑法》第十一条前半段,第二十八条,第五十六条第三十八条第一项第二款,《刑事诉讼法》第二百九十一条前半段。判决:廖人贵连续意图供行使之用而收集伪造币券处有期徒刑五年,吴光时、吴光鹏共同意图供行使之用而伪造银行券未遂各处有期徒刑五年,送案之伪造四明银行十元券票五张,伪造中央银行一元纸币一张,伪造湖南通商银行三十枚券票二张,伪造中国农民银行五角券票一张,伪造未完成之中国农民银行五角,券票二十七听(每听计六张),伪造券票石板一块没收之。

廖人贵等不服一审判决向湖南省高等法院提起上诉,1939 年 1 月 31 日湖南省高等法院二审判决如下:认为"原审本无不合",惟查中国农民银行钞票于 1935 年 11 月 4 日施行法币时,由财政部规定与法币同样行使,是凡嗣后伪造该行钞票者,即属伪造纸币,本件上诉人于 1937 年伪造该行钞票,乃原审仍论以伪造银行券之罪,本属无可维持。据上论结,应依《刑事诉讼法》第三百六十一条第一项,《妨害国币惩治暂行条例》第四条第二项第一项,第六条,第五条,刑法第十一条,第二十八条,第三十八条第一项第二款。判决:原判决撤销;廖人贵意图供行使之用而收集伪造币券处有期徒刑五年,吴光时、吴光鹏共同供行使之用而伪造纸币未遂各处有期徒刑五年;伪造四明银行十元银行券五张,伪造中央银行一元纸币一张,湖南通商银行三十枚银行券二张,中国农民银行五角纸币一张,又二十七听(每听计六张)及印票石板一块均没收。

吴光鹏因不服二审判决向最高法院提起上诉,该案于 1939 年 11 月 10 日三审终审判决如下:按认定犯罪事实须依证据,《刑事诉讼法》第二百六十八条定有明文规定,犯罪事实应依证据认定之,法院对于证据之证明力,依同法第二百六十九条有自由判断之权,然亦须其采取之事物得为证据始可,若仅以空理推测认定被告犯罪事实,即非合法。本件上诉人对于镇鑫石印局伪造中国农民银行五角纸币未成情实并未自白。且吴光时供称查获伪币案发时,吴光鹏才来店内三天,且在屋里养病,不能以二人为同胞兄弟及该店为二人合伙创办为由凭空推测吴光鹏为其共犯,因此得以实据证实吴光鹏是否为该案之共同正犯抑为帮助犯及其犯罪情状是否相等有无,依未遂法条减轻之必要,并应注意案经发回湖南省高等法院复审。据上论结判决:发回湖南省高等法院复审。

该案于 1940 年 2 月湖南省高等法院复审。讯明,上诉人吴光鹏是否为该案之共同正犯进行调查,据被告吴光时供称,吴光鹏只来店内三天,且在屋内养病,那么在如此之短的时间内不可能共同行伪造币券之事,此外又无其他证据,以证明该上诉人有共同伪造行为,则吴光鹏之妨害国币惩治暂行条例第四条第一项及第六条之未遂罪刑,该上诉人自不负其责任。原审未见及此,遂论以共同伪造纸币未遂之罪,显有未合。本件上诉,应认为有理由。再上诉人经本院合法传唤,并不到庭,应不待其陈述,迳行判决。据上论结,应依刑事诉讼法第三百六十一条第一项,第三百五十六条,第二百九十三条第一项,第三百六十三条①,判决:原判决关于吴光鹏罪刑部分撤销,吴光鹏无罪。

此案犯吴光时于三十一年三月二日提出假释声请,湖南省高等法院检察

---

① 《刑事诉讼法》第二百九十三条:不能证明被告犯罪或其行为不罚者,应谕知无罪之判决;第三百六十三条:被告经合法传唤无正当理由不到庭者,得不待其陈述迳行判决。注同上。

处民国三十一年三月十九日指字第 600 号指令:呈请将监犯吴光时转请假释。钧院三十一年四月三日指字第七六九号指令本处呈具更正,监犯吴光时假释文件,请核办由内开"呈件均悉,监犯吴光时,核与假释条件尚合,除呈请,司法行政部核示外,准予饬具妥保,先行开释,并将该犯出狱日期具报,以凭核转"。

湖南高等法院三十一年字第 312 号,查安化县监犯吴光时假释一案,业经呈转,钧部三十一年五月二日指字第四六五〇号指令核准在卷。后经安化县县长兼理县司法处检察职务周仲衡呈报,已于本年 4 月 8 日收该监犯吴光时交保开释。

上述案例均呈现出法条应用讳误,事关伪造对象界定错误之案,本属于伪造之纸币案件则误判为伪造银行券案件。主要是因为 1933 年蒋介石创办中国农民银行并发行纸币,并且规定中国农民银行钞票于 1935 年 11 月 4 日施行法币时已经由部规定与法币同样行使,自应以纸币论。但是因为原来"刑法"中界定纸币时仅只限于中央、中国及交通银行三银行所发行者,因此,在此类案件定罪量刑时常常出现概念界定错误,导致判决出现讳误。是故,本书专门将此类性质之案件归为一并研究与分析。然其审断情况依然呈现出从轻之取向,特别是案经二、三审改判后,纠正法条应用讳误情形后,更显露出减轻之趋势。

通过对所考察之案例进行考察,反映出初审判决一般取其刑法规定之下限,二审、三审则更趋于减轻之趋向。这与地方法院和上级法院各司其职有一定关系,地方法院为了整顿地方治安,维护社会秩序,严惩以显其警示作用,而上级法院则侧重于法理之宽泛论处,呈现宽宥趋向。

第三节　治理伪造货币的对策①

鉴于伪造货币对经济发展、币制稳定、民生安全和政府统治造成日益严峻的挑战,国民政府采取诸多对策,力图加以治理。国民政府制订系列巩固金融货币安全的政策,调整完善金融机构,规范货币收支管理,努力防范金融风险,加强战时金融法制建设,加大伪造货币犯罪打击力度,通过强化金融司法体制来惩治伪造法币的犯罪活动。从政策制定和法律运行的角度来分析历史文本、法律功能发挥的利与弊,从政策层面、法律层面、实践层面来实现透过历史看现实、透过现实审视历史,以期为现实中国进行金融体制深度全面改革、国家治理体系现代化提供历史启迪。

一、巩固货币金融安全的政策

抗日战争这个特殊的历史背景下,涌现大量伪造货币充斥市面,严重影响法币信用与安全,既有法币制度本身汇兑制度缺陷的成因,又有日本金融侵略的原因。既有普通民众图利的粗制法币,又有日方伪造机关制造的以金融侵略为目的伪造法币,这样,大量伪造货币充斥市场,严重阻碍法币的流通信用与安全,势必扰乱了当时中国的金融信用体系,对国民经济正常运行与抗战全

---

① 注:自九一八事变后,日本为实现"以战养战"的战争策略,在中国设立日伪银行发行各类伪币、伪造货币,破坏中国战时金融秩序,鉴于湖南省高等法院及地方法院案卷原始档案,大量案卷基本显示为抗战期间所发生之伪造情事;抗战非常时期其伪造货币呈现基本归为两大类型:其一为日本以国家形式对中国法币和根据地货币的伪造,即属于国家层面的货币战。其二属于个人的谋利行为的伪造货币,其中有中国人,也有外国人,从另一层面细化亦有如军队、政界等团体营利行为。但基于抗战特殊时域场景,市面流通的货币主要是日伪区敌人所伪造的借以套用战略物资的法币,即货币战意义上的伪造货币行为诸多,因此,国民政府在制订治理伪造货币政策主要侧重于打击伪造货币保护法币信用的防卫民族国家层面的货币保卫战,当然也有部分政策与法规面向普通民众谋利的伪造货币行为,本章主要集中于前者,即国民政府治理伪造货币政策来做梳理与考察;至于解放战争期间,伪造货币案情发生并不多,主要是因为抗战胜利后,国民政府为发动内战,为筹措军费大量印发货币,导致严重通货膨胀,物价上涨,造成"钱不值钱"的景况,至1948年金圆券改革,更加加剧了这一现象的严重程度,以至于印刷纸币的纸比纸币本身还值钱,为此,伪造货币的价值丧失,因此,本章阐述国民政府治理伪造货币政策的时域基本界定在抗战期间。

局带来不利影响。对此,蒋介石强调"今后抗战之成败,全在于经济与金融的成效如何",后来他在日记中写到:"决定金融与钞币政策。"①可见,国民政府建立巩固金融的战时金融统制政策确实不失为维护法币安全、促进抗战胜利的有效措施。对于这点,日本也予以肯定"中国抗战能够长期坚持,金融巩固是一个极为重要的因素"。

(一)维护货币安全

1. 统一发行权

统一货币发行,为现代国家最重要之金融政策,欲使中央银行完成其国家银行之使命,尤须赋以统一发行之特权,始能控制金融,因应适当。1935年实行币制改革时,规定"中央银行、中国银行、交通银行三行所发之钞票,自公布日起,定为法币,并集中其发行。其他各银行所发钞票,仍准流通,但应逐渐收回,而代以中央银行钞票。以后各行不得续发新钞票,所有已印未发之新钞,应交存中央银行。"②1936年1月11日国民政府公布的辅币条例,其中第一条规定辅币之铸造,专属于中央造币厂。其发行,由中央银行专司之。③ 因此,可以说统一发行权,稳定币值是币制改革及维护法币信用的基础,也是国民政府自实行法币政策伊始极为重视的一贯举措。1942年四联总处制订了《统一法币办法》和《中、中、交、农四行业务划分及考核办法》,其中规定:"中交农三行已发法币总额、各地发行库存及定制未交券各项数额,应在六月底决算日结出,于七月底以前造具详细表单,送交财政部、四联总处及中央银行各一份备查。中交农三行未发库存钞券,无论存于总行及各地分支行处者,均应移交中央行接收。"④将四行业务专业化,也就是把中央银行升格为统一的货币发行

---

① 蒋介石日记1935年3月9日"下周预定表",斯坦福大学胡佛研究所藏蒋介石日记手稿影印件。

② 中国第二历史档案馆编:《孔祥熙关于改革币制实行法币政策发表之宣言》,见《中华民国史档案资料汇编:第5辑第1编,财政经济(四)》,南京:江苏古籍出版社1994年版,第315页。

③ 中国第二历史档案馆编:《国民政府公布之辅币条例》,见《中华民国史档案资料汇编:第5辑第1编,财政经济(四)》,南京:江苏古籍出版社1994年版,第283页。

④ 中国第二历史档案馆编:《财政部颁布之统一发行实施办法》,见《中华民国史档案资料汇编:第5辑 第2编,财政经济(三)》,南京:江苏古籍出版社1997年版,第19—21页。

权银行,其他各行发行的及印就待发的法币连同准备金,一律由中央银行接收,变中央银行成为银行的银行,具备国家金融垄断权力。1942 年 12 月 24 日,开四联总处理事会,蒋介石认为:"本年自法币发行统一,以及各行业务人事皆能纳轨道,此为我国经济与革命,最大之成就也。"①

1943 年 2 月 3 日《蒋介石关于限制各地公私银行开设的手令》"各地公私银行之开放,财部应有严格之规定,不可漫无限制,任其自设。如云南省银行,查在西安设分行,此是否为其业务所必需,应由财部审核决定。如认为无此必要,应令停止开设"。②

抗战初期,财政部基于辅助法币发行不足,并且为了防止敌人套取外汇吸纳法币冲击法币信用,一度允许省地方银行发行货币,但仅限于本省境内流通,不能直接购买外汇。各省省银行或地方银行发行钞券,调剂地方金融,并辅助法币政策之推行,对于战时金融关系尤为密切。抗战初期,财政部基于辅助法币发行不足,并且为了防止敌人套取外汇吸纳法币,冲击法币信用,一度允许省地方银行发行货币,但仅限于本省境内流通,不能直接购买外汇。

查各省省银行或地方银行发行钞券,所以调剂地方金融,并辅助法币政策之推行,对于战时金融关系尤为密切。其发行手续及缴交准备各节,经中央核定,设立省银行或地方银行及领用或发行兑换券暂行办法,及本部颁定省银行或地方银行印制辅币券暂行规则公布施行,抗战以后,并经第二次地方金融会议议决发行办法,分行各省地方银行办理在案。唯近查各省地方银行发行钞券,未能悉依上述政令,其缴交准备金,亦多未合规定,自应统筹管理办法,以利实施。迭经本部参照现行办法,察酌实际情形,并会同有关机关商讨,兹制定管理各省省银行或地方银行发行一元券及辅币券办法十五条,即日公布施行。但省地方银行发行辅币进行严格管理,"一、各省省银行或地方银行,应

---

① 黄自进、潘光哲编:《困勉记》(下),台湾:世界大同出版有限公司 2011 年版,第 875 页。
② 中国第二历史档案馆编:《蒋介石关于限制各地公私银行开设的手令》(1943 年 2 月 3 日),见《中华民国档案资料汇编:第 5 辑第 2 编,财政经济(四)》,南京:江苏古籍出版社 1997 年版,第 540—541 页。

在管理办法公布后三个月内,制具发行券及准备金明细表(包括历次定制、未收定制、销毁、存出、存库、流通、准印及准印未印各券,并现金,保证准备各项详数),报请发行准备管理委员会核转财政部,由部统盘筹划,重行核定各该行发行数额。二、各省省银行或地方银行以前发行钞券之准备金尚未缴足者,其短缺之数,得暂作留存券。但须在本办法公布后六个月内,补缴准备金至留存券递减为发行总额 20%。三、各省省银行或地方银行在以前接收案内,曾以票本抵充准备金者,如已将接收券领回发行,所有以票本抵充部份之准备金,应由各该行如数补缴。"①各省省银行或地方银行发行钞券,应依照下列规定照缴准备金,由发行准备管理委员会指定之银行保管之:

　　各省地方银行发行辅币进行严格管理,各省省银行或地方银行,应在管理办法公布后三个月内,制具发行券及准备金明细表(包括历次定制、未收定制、销毁、存出、存库、流通、准印及准印未印各券,并现金,保证准备各项详数),应报请发行准备管理委员会核转财政部,由部统盘筹划,重行核定各该行发行数额。各省省银行或地方银行以前发行钞券之准备金尚未缴足者,其短缺之数,得暂作留存券。但须在本办法公布后六个月内,补缴准备金至留存券递减为发行总额 20%。②

　　2. 调控货币流通

　　为巩固法币,国民政府提出调控法币流通的政策。基于经济凋敝、信用阻滞、准备金减少等因素,由政府及中央银行调控货币流通,以促进货币安全,保障抗战。国民政府颁行《节约建国运动大纲》订出了集中社会节储资金的运用方法。又相继制订相关条例与制度,如《节约建国储蓄券条例》、《外币定期储蓄存款办法》、《中央储蓄会增办特种有奖储蓄办法》、《增高存款利率办法》、《强制储蓄条例草案》、《普遍推进全国各市县乡镇公益金储蓄办法》、

---

　　①　中国第二历史档案馆编:《财政部关于整理各省旧钞办法及拟订公布各省行发行一元券及辅币券办法呈》,中华民国史档案资料汇编:第五辑 第二编　财政经济(三)》,南京:江苏古籍出版社 1997 年版,第 15—18 页。
　　②　中国第二历史档案馆编:《财政部关于整理各省旧钞办法及拟订公布各省行发行一元券及辅币券办法呈》,见《中华民国史档案资料汇编:第5辑第2编,财政经济(三)》,南京:江苏古籍出版社 1997 年版,第 15—18 页。

《黄金购户存户献金办法》等。

1939 年的《财政部公布之非常时期安定金融办法》对储蓄做了以下规定：定期存款未到期者不得通融提取,到期后如不欲转定期者,须转作活期存款,但以原银行、钱庄为限,并照本办法第一条规定为限。[①] ……1940 年 8 月 7 日财政部颁布了《非常时期管理银行暂行办法》对存款储蓄、汇款及贴现做了具体规定。银行经收存款,除储蓄存款应照储蓄银行法办理外,其普通存款应以所收存款总额 20% 为准备金,转存当地中中交农四行任何一行,并由收存行给以适当存息。银行运用存款,以投资生产建设事业及联合产销事业为原则。……银行承做汇往口岸汇款,应以购买日用必需品及抗战必需物品之款为限。银行每旬应造具存款、放款、汇款报告表,呈送财部查核,其表式由财政部另定之。[②]

《四联总处 1941 年度工作报告》中记录"在后方各地继续增设之分支行处计 130 处,连同前已设立及筹设中者,共有 509 处。为推行储蓄而设之简易储蓄处,已成立者共 106 处。邮政储金汇业局增设新制分局四,其通汇及办理储金业务局所亦各有增加,全国经办储蓄与汇兑之局所,分别增至 1700 余所及 16000 余所"。[③]

为了稳定货币,防止资金外逃,恰当安排进出口贸易,实行外汇管制,是战时金融行政的一个重要举措。特别是对法币制度本身来说尤其重要,法币是外汇兑换本位制,外汇的稳定与安全是保障法币币值稳定的重要前提,因此,法币的信用度在很大程度上依赖于外汇。国民政府先后相继公布《出口货物结汇报运办法》、《出口货物结汇领取汇价差额办法》、《吸收侨汇统一办法》、《侨胞汇款集中办法》、《出口货物结汇报运办法》等政策加强外汇监管。

1937 年 9 月,财政部公布了《金类兑换法币办法》,规定"金类兑换法币机

---

① 中国第二历史档案馆编:《巩固金融办法纲要》,见《中华民国史档案资料汇编:第 5 辑第 2 编,财政经济(三)》,南京:江苏古籍出版社 1997 年版,第 9 页。

② 中国第二历史档案馆编:《非常时期管理银行暂行办法》,见《中华民国史档案资料汇编:第 5 辑第 2 编,财政经济(三)》,南京:江苏古籍出版社 1997 年版,第 18—19 页。

③ 中国第二历史档案馆编:《四联总处 1941 年度工作报告》,见《中华民国史档案资料汇编:第 5 辑第 2 编,财政经济(四)》,南京:江苏古籍出版社 1997 年版,第 15 页。

关由财政部委托中央、中国、交通、农民四银行、邮政储金汇业局及其分支行局处或其委托代理机关办理之。金类生金、金器、金饰、金币或新产之金块、金沙等兑换法币方法有二种,一是依照中央银行逐日挂牌行市计算的纯金成分兑换法币;二是换算作为法币存款者,定期在一年以上者,除依第四条规定加给手续费外,并照银行规定利率加给利息,周息二厘。若以金类购买救国公债者,则一律加给6%。"①1938 年 3 月,国民政府公布《购买外汇请核办法》,对购买外汇的用途与程序严加控制,对各银行因正当用途,于收付相抵后,需用外汇时,应填具申请书,应即依照购买外汇请核规则核定后,按法定汇价,售与外汇。②

1938 年 10 月 11 日公布施行《财政部公布之监督银楼业办法》,规定"银楼业收售皆应用中央银行执行之。各地银楼业应遵守中央银行会定金价办法公布市价,不得专由该同业私议市价。在中央银行未设分支行地方,应由银楼业依照中国、交通、中国农民银行公定。其无中国、交通、中国农民银行分支行地方,应由银楼业依照附近有四行地方,四行与银楼业公布之市价为标准,仍不准私行议价,任意抬高或抑低"③。1939 年通过的《巩固金融办法纲要》规定"由外汇审核委员会依照公布进口物品申请购买外汇规则给外汇,使正当需要获得外汇供给,以稳定外汇市价"。④ 通过强化办理外汇之审核与管理办法,以图防止敌方套取外汇吸取物资并扰乱和控制我方金融经济。

(二)加强建设国家金融机构

1.强化国家金融垄断权力机构

1937 年 7 月 27 日国民政府财政部在上海成立由中、中、交、农四大银行

---

①　中国第二历史档案馆编:《财政部颁行金类兑换法币办法有关提案及公布令》,见《中华民国史档案资料汇编:第 5 辑第 2 编,财政经济(三)》,南京:江苏古籍出版社 1997 年版,第 91 页。

②　中国第二历史档案馆、中国人民银行江苏省分行、江苏省金融志编委会合编:《中华民国金融法规选编(下册)》,北京:档案出版社 1989 年版,第 1001 页。

③　中国第二历史档案馆编:《财政部公布之监督银楼业办法》,见《中华民国史档案资料汇编:第 5 辑第 2 编,财政经济(三)》,南京:江苏古籍出版社 1997 年版,第 93 页。

④　中国第二历史档案馆编:《巩固金融办法纲要》,见《中华民国史档案资料汇编:第 5 辑第 2 编,财政经济(三)》,南京:江苏古籍出版社 1997 年版,第 9 页。

合组的四行联合贴放委员会。四联处的成立正是为适应抗战环境而产生的，因此，它的基本工作纲要"亦必将以遵行战时政府金融经济为中心，故论其性质与功能，自可视为备战事金融集权之主要机构"。① 1939 年 9 月《国民政府颁行巩固金融办法纲要》、《战时健全中央金融机构办法纲要令》，设立中央、中国、交通、中国农民四银行合组联合办事总处，负责办理政府战时金融政策有关各特种业务，中、中、交、农四行总行及联合总处对于财政金融重大事项，得随时向财政部密陈意见。联合总处理事会设主席一人，常务理事三人，由国民政府派之。主席总揽一切事务，常务理事襄助主席执行一切事务。② 据此章程，"特派"蒋介石出任四联总处理事会主席，使它"可直接指挥管理监督之效，其与军事上行动更能相互配合，愈见恰当"。③ 抗战时期四联总处直接推进了整个战时金融经济政策，对国家金融、财政进行宏观调控，相当于充当了我国金融经济参谋部的作用，成为一个制订战时金融政策并全面管理国家金融业务的权力机构。

四联总处根据抗战实际之紧迫情形，制订了经济金融工作行动纲领即《三年经济计划》、《金融三年计划》，在推行农贷以促扩大生产、便利运输以求自给自足、控制物价求安全等业务方面制订大量的计划，力谋发展战时经济，增加生产、安定金融、稳定民心，促进抗战。尽管有些计划由于客观战事情况及其他实施环境等情况，未能完全付诸实施，但至少在 1940—1942 年这 3 年抗战进入深水区的特殊阶段，为国民政府战时经济、金融活动继续运行起到航向的作用，客观上来说，起到一种规范约束机制的意义。

抗战期间，国民政府相继制订政策，不断扶植中央银行，扩大其权力，使中央银行日益成为货币的发行银行、银行的银行、国家金融权力机构，进而强化与健全国民政府战时金融垄断体系。1942 年四联总处通过了《中、中、交、农

---

① 《中外经济年报（二）》，台北：文海出版社 1940 年版，第 200 页。
② 中国第二历史档案馆编：《国民政府抄发巩固金融办法纲要和战时健全中央金融机构办法纲要令》，见《中华民国史档案资料汇编：第 5 辑第 2 编，财政经济（三）》，南京：江苏古籍出版社 1997 年版，第 8—10 页。
③ 《中外经济年报（二）》，台北：文海出版社 1940 年版，第 200 页。

四行业务划分及考核办法》,规定"中央银行以集中钞券发行、统筹外汇收付、代理国库、汇解军政策款项、调剂金融市场为主要业务"。对于其他银行的业务分别进行专业化分权与安排,通过国家行政手段加速中央银行成为国家金融机构的实际地位。财政部颁布《统一发行实施办法》规定"中央银行接收三行之钞券及订印续交之新券,得继续使用或发行之;中交农三行在三十一年六月三十日以前之发行准备金,应于三十一年七月底以前,全部移交中央银行接收"。① 至此使得中央银行成为唯一掌管银钱业存款的银行。

2. 建设地方金融网络

1938 年 4 月 28 日财政部公布施行《改善地方金融机构办法纲要》,为适应抗战时期调剂内地金融,扶助农工商各业生产之需要,规定各地金融机构得按规定向中央、中国、交通、农业四银行领用一元券和辅币券,其准备只须缴纳二成法币,其余可依公债,农产品、不动产以及票据和工厂资产、原料,制成品等充任。但公债不得超过三成。各金融机构除原有业务外,得增加对农工商业的贷款。②

1939 年财政部在重庆召开了第二次地方金融会议,从发展地方经济、利用发行省钞抵制日伪纸币的流通及运用金融力量协助地方财政健全发展等方面制订了具体措施,更进一步健全了地方金融机构。这次会议还通过了《完成西南、西北及邻近战区金融网之二年计划》。为执行国民政府战时金融政策,控制内地金融市场,发展后方经济,四联总处制订了《完成西南西北金融网方案》,据统计,抗战期间,在西南、西北十省一市增设的各银行分支行处达1138 个,相对于战前之比较增加了 4 倍,当然尽管总数量呈明显增加情形,但是也存在地区分布不均衡的问题。③ 同年 9 月颁行的《巩固金融办法纲要》规定集中金融力量争取抗日战争的胜利,扩充西南、西北金融网,期于每县区设

---

① 中国第二历史档案馆编:《财政部颁布之统一发行实施办法》,见《中华民国史档案资料汇编:第 5 辑第 2 编,财政经济(三)》,南京:江苏古籍出版社 1997 年版,第 19—21 页。

② 张宪文、方庆秋等主编:《中华民国史大辞典》,南京:江苏古籍出版社 2001 年版,第1022 页。

③ 史继刚:《县(市)银行与抗战时期的西南、西北金融网建设》,《四川金融》1999 年第 2 期。

一银行,以活跃地方金融,发展生产事业。1940年1月颁布了《县银行法》,规定县银行为股份有限公司组织,以调剂地方金融、扶助经济建设、发展合作事业为宗旨,为建设基层的自治金融组织系统提供了法律依据。①

二、建立防范日伪金融侵略的措施

1940年3月30日制订《金融三年计划》规定今后金融计划,应以稳定法币为中心,尤以调节法币之流通额,防止通货膨胀为首要。而维持外汇,节省消耗,紧缩开支与严防敌伪破坏金融,亦宜加紧努力。② 颁布的《政府对日宣战后处理金融办法》规定:"上海及其他沦陷区各地四行一律停业,后方行处对停业行处应即停止一切收解。……再通令全国在沦陷区内之金融机关不得接受敌伪命令,人民不得使用敌伪钞券。凡以敌伪钞券为交易之一切契约行为,一律无效,法律不予保障。"③

随着战事日益扩大,许多省份沦为日占区,因此,国民政府制订《关于分区金融处理办法》对不同区域的具体情形采取相应的处理措施。对外办法,采取"凡在陷敌区域内中、中、交、农四行之任何一行或全体,毋论敌人威胁利诱,均不得与各该区域内伪组织、伪银行合作及参加伪银行之股本";对于附近陷敌区域之金融则区分视之,各银行对于存款之期限、利息,应视当地情形为改订。各银行对于各该行不含战时重要之放款,除政府命令放款者外,应先行报请各该总行核准办理。各银行应依照本部所定金类兑换法币办法及兑换杂币杂银铜则努力收集金银及硬币④。

对防止敌伪破坏金融,国民政府采取一些措施,在防止敌伪套换法币及外

① 中国第二历史档案馆编:《国民政府颁布之县银行法》,见《中华民国史档案资料汇编:第5辑第2编,财政经济(三)》,南京:江苏古籍出版社1997年版,第10页。
② 重庆市人民银行金融研究所合编:《四联总处史料(上)》,北京:档案出版社1993年版,第158—164页。
③ 中国第二历史档案馆编:《政府对日宣战后处理金融办法》,见《中华民国史档案资料汇编:第5辑第2编,财政经济(四)》,南京:江苏古籍出版社1997年版,第16页。
④ 中国第二历史档案馆、中国人民银行江苏省分行、江苏省金融志编委会合编:《中华民国金融法规选编(上册)》,北京:档案出版社1989年版,第631—633页。

汇方面,应严密应付防范敌伪钞券之流通和银行之阴谋,利用平衡基金之运用切实防止敌伪套取。华南方面,由中间银行、广东省银行及邮政汇业局等,积极防止敌伪利用侨批业吸收华侨存款,华北方面应继续严守立场,保持平津现银;特别关注上海、天津、汉口,各地之四行加强联络商业银行的金融安全,为四行对敌伪斗争之辅翼,特别指定专门人员负暗中督促指导之责,并加强渝港沪津之联络,达到巩固金融阵线;在外交上应特别注意联络英美法诸友邦,使其于一方面切实协助我国金融之稳定,维护我在租界之金融机构。他方面以种种办法,制止敌伪金融经济之阴谋。对外商银行应谋更密切之联络。中央海外部及驻外使领馆应切实协助防范敌伪破坏金融及劝募债捐等工作。①

1939 年财政部公布《取缔敌伪钞票办法》,规定凡敌伪钞票,无论在任何地方,一律禁止收受行使。凡各战区之军队或其他机关,如查有为敌方收藏、转运或行使敌伪钞票者,及其意在图利,以法币及金银或汇兑方式换取敌伪钞票者,除将钞票全部没收外,并应将人犯送由当地或就近军法机关依惩治汉奸条例第二条帮助敌国扰乱金融论罪②。

另外,为防止日伪利用法币吸收物资,财政部颁行了《限制携带钞票办法》,采取两种方式,一种是日伪及沦陷区商民利用法币到后方购买物资再运回沦陷区,另一种是沦陷区庶民百姓回到后方所携带的仅供自己使用的法币。因此,应区别对待。对于前者,由于数量的累增,冲击后方市场,加剧法币膨胀,吸纳后方原本不充足的物资,为防止此种情况出现,四联总处认为进行限制携带之应对策略。对于后者,则无须严加限制。当然此办法在具体操作中存在践行矛盾。

三、加强金融法制建设

(一)完善金融法制建设

1935 年币制改革,国民政府为了维护法币的权威,确保法币信用基础,巩

---

① 重庆市人民银行金融研究所合编:《四联总处史料(上)》,北京:档案出版社 1993 年版,第 158—164 页。

② 中国第二历史档案馆编:《财政部公布之取缔敌伪钞票办法》,见《中华民国史档案资料汇编:第 5 辑第 2 编,财政经济(三)》,南京:江苏古籍出版社 1997 年版,第 151—152 页。

固法币制度,制订了相关保护法令。如1935年《中华民国刑法》的第十二章"伪造货币罪"中从195条至200条就对伪造变造法币及收集与行使伪造法币的惩罚做了非常明确的规定;国民政府于1935年7月15日,国民政府公布《妨害国币惩治暂行条例》,同时说明展期两年施行,俾将其"酌加修正";①1938年7月15日国民政府公布修正后的《妨害国币惩治暂行条例》,但同时又令展期实施,后于1943年又进行了修正。这些法律法规是为保护法币的权威的最后屏障,具有相对的稳定性和普适性。此外,也有因为战时特殊时域与场域公布的保护货币的法令。如1943年9月9日国民政府公布了《战时伪造法币治罪暂行条例》。另外,除这种面向全国范围内保护法币、惩治伪造货币的法律外,还有部分地方政府亦制订了相关保护地方法币,如广东省政府于1936年颁布的《惩治伪造广东省法币匪犯暂行条例》,其中对惩治伪造广东省法币匪犯等处治进行了非常严厉的明文规定②。

特别是在抗战非常期间,为了保护法币体系,打击伪造货币必然还将针对日方的伪造法币纳入打击范围,为此国民政府颁布了一系列的法律法规反制敌伪的破坏以维护法币信用,其主要措施有限制法币、金银外币等流向敌占区,抵制敌伪的假币流入。国民政府为了反击敌方通过货币进攻方式的金融阴谋,颁布了一系列金融法律法令惩治伪造货币,以便保护货币安全,以利战事与国民经济。如《限制携运钞票办法》、《私运法币及其他禁运物品出口检查办法》、《取缔收售金类办法》、《日人伪造法币对付办法》、《关于分区金融处理办法》等等法律。

抗战时期流通市面的四行法币,种类繁多,人民识辨较难,容易导致伪券

---

① 按此"条例"公布实施日期为1935年7月15日(参见《中华民国国民政府公报》第1794号),但一个月后,国民政府军事委员会复发布训令,称该条例仍需"酌加修正",故"应再通饬施行"的时间。参见中国第二历史档案馆编:《国民政府财政部档案》,见《中华民国史档案资料汇编:第5辑第2编,财政经济(三)》,南京:江苏古籍出版社1994年版,第2—3页。受抗日战争影响,加之国民政府内迁重庆,1938年7月15日国民政府公布修正后的《妨害国币惩治暂行条例》,但同时又令延期实施;故直到1943年10月18日,国民政府又才公布《妨害国币惩治条例》(但未实施)。

② 《广西省政府公报》1936年第121期,第3页。

混用。这为日本人伪造货币流入市场提供便利,对此,1939 年国民政府颁行了《日人伪造法币对付办法》①这部法令对敌人伪造法币的对付办法十分严密。一是阻止新版法币流入沦陷区,并阻止伪造法币流入未沦陷区,尽量使伪造法币和真法币流通的区域易于界分,以便利对伪造法币的清理;二是针对乡民辨识力差的现状,发送各种样本券张贴示众以便教育人民辨别真伪法币;三是加强宣传机关功能发挥外交舆论功能,在国际社会揭露敌人伪造法币的真相;四是严加防范并加大惩罚力度,凡有伪造法币行为参以汉奸罪论处,从重处断。对于严厉惩治敌伪伪造法币,遏制了敌方对我金融体系的蓄意破坏起到很重要的作用。第二年,四行又将现有各种版式中,择其最精良之一种,作为一种券类,并将其他杂版陆续收回,以后规定每一种券,每行不得并用二种版式,庶可统一钞币,抵制伪造。②《敌人伪造法币对付办法》这部法令分别转咨后方各省相继遵照。云南省政府训令秘财字第一二五号开,财政部渝字第五〇三一号"查敌伪造我法币扰乱金融应谋有效抵制办法,兹由中中交农四行联合办事处拟具《敌人伪造法币对付办法》"……拜可互相参照各就应办之事项努力迈进,除函复迅行四行照办并分行外,相应录送原办法一份,咨请贵省政府查照转饬 所属遵照,并希见复为荷。③

　　另外,特别注重颁行治理伪造货币的法令规程,上文已有专门章节予以论述,此处不详论。但这些法律的制订为惩治伪造货币的不法行为提供了有章可循的制度保障,在一定程度上有效地维护了法币信用体系,有利于恢复国民政府统治区域的金融与经济秩序。

　　(二)加强治理伪造货币

　　不仅法律条例体现战时特质,在具体针对伪造货币的司法实践中也取向从重之情。蒋介石曾认为伪造法币处罚过轻导致伪造成风。1937 年 7 月 4 日蒋介石致徐永昌电中:"闽省伪造钞币一事关系法币信用及地方金融至巨,拟请钧座俯念闽省情形特殊准予变通办理,嗣后破获伪币案件罪犯暂归军法

---

① 中央训练团编印《中华民国法规辑要》(第 3 册)第 9 编·金融,1941 年,第 83—84 页。
② 《银行周报》1940 年第 24 卷第 4 期,第 3—4 页。
③ 《云南省政府公报》1940 年第 12 卷第 17 期,第 24—25 页。

办理",尤其强调对该案应加重惩罚。① 与此同时蒋认为伪造之风盛行的原因:一是因为刑法所定伪造货币量刑本轻,二是法院手续繁重,一个案件数年累月尚未结案,导致奸民玩视警惕。可见,从重处断是这一期间惩治伪造货币的基本取向,也是治理伪造货币从制度层面下沉到实践层面的具体表征。

1935 年 5 月 20 日,重庆市面发现中央、中国、交通三家银行的五元、十元伪钞②甚多,大都由军人行使。蒋介石的参谋团政训处,要川当局禁用并追查来源。6 月 14 日永川发现着军装者四人,持伪钞 4000 元在市面行使,追至荣昌挡获,将其中一人处死,另三人收禁。③ 该案的处罚较为严重,其中一人处以死罪。从中可见国民政府伪造货币一类案件司法审断从重之态度,同样也在一定程度引领当时伪造货币的司法实践的风向。特别是对于团体伪造机关及日方为主体的案件更加呈从重之态。以下案为例加以分析。

1936 年,长沙县因县长出巡发现各银行伪币(伪造的假币),旋即面饬公安局长彭瑞初,勒限侦缉队长何正隧附黄德生等将伪造机关破获究办。具体案情为:"在长沙市下东长街破获伪造机关一处,当场取出伪造中央银行角票一箱,中国农民银行,中国银行、江西建设银行萍乡分行等五元、一元、五角,伪钞共数百张,真法币九十五元。现洋十七元,印刷机两部,各银行票币模型印刷版六块,簿记二本,拿获人犯杨泽泉等七名。"④查悉近来湘境发现,敝行等各类伪券,为数极多,使得法币信用蒙其损害,破坏地方金融币制,因处于军事特别时期,湖南省警备司令部对此案验收讯办,严加究办。以防奸人作有组织之阴谋,以图破坏金融,自非从严法办,不足以惩奸,而安人心,严予讯办,以申法纪,而维币制。长沙《晚晚报》对此案也进行了报道,公安局长亲自令饬所属侦缉队,严密侦查,限令破案。奉令后,该队队长亲自带队分批出发,连夜侦

---

① 《蒋中正电徐永昌,请与陈仪洽办加重闽省伪造钞币刑责俾免破坏法币信用》(1937 年 7 月 4 日),见《领袖指示补编(十二)》,《蒋中正总统文物》,002—090106—00012—081。
② 注:此处伪钞指的伪造的法币,非伪币。
③ 田茂德、吴瑞雨:《辛亥革命至抗战前夕四川金融大事记》(五),《四川金融研究》1984 年第 10 期。
④ 《长沙周报》1936 年第 196 期,第 10 页。

查,经精心之侦查,终侦破此案。① 说明该案情节严重,影响甚大,引起新闻媒体的关注;当然从另一角度来思考,也说明新闻宣传机关对伪造货币行为进行打击的重视程度。

又如司法实践审判具体情况见其惩治力度加重的程度。如下案②:

苏元洪,男,四十二岁,开饭馆,住安化县蓝田永兴路,梁汉明(梁汉云),男,四十四岁,小贸,住安化蓝田雷总,梁笃全,男,十六岁,务农,住安化蓝田荷叶塘,廖谭氏,女,四十二岁,住安化蓝田市。1940 年 1 月间,梁汉明收集伪造之中国农民银行纸币 10 张(5 角一张),放在身边,图供使用。苏元洪向邹益立、梁连生收集伪造之中国、中央、农民、湖南省各银行币券,并转卖他人行使,梁模儒于去年 2 月买其伪币 40 元,与梁笃全共同行使,12 月廖谭氏亦买其中国农民银行伪币 4 张(5 元一张),中央银行伪造币 5 张,湖南省银行伪券 1 张(5 角一张),置诸身旁图供使用。苏元洪家中尚储伪造之中国农民银行纸币 12 张(5 元一张),1 元纸币 57 张,5 角纸币 156 张,中央银行纸币 5 元一张,1 元纸币 52 张,中国银行 5 元纸币 5 张,1 元纸币 23 张。经安化蓝田警察分驻所派警长于本年一月中旬至苏元洪家侦察,苏元洪请求该警长为之掩饰,并交付贿赂款 50 元,23、24 日,该警长前往苏元洪店及廖谭氏、梁汉明家中检查,将前项伪币券搜出,并先后拿获该犯,2 月 3 日警士张光吴等奉令缉捕梁笃全,在途中拿获,梁笃全向该警士行贿,要求释放,该警士等未同意,后由蓝田警察分驻所一并安化县政府,经县政府连同中央银行 5 元伪币 1 张,1 元伪币 2 张等其他伪币,一同呈交县司法处侦查起诉。

安化县司法处侦悉,在苏元洪店内抓苏任氏,并搜出数张伪币,而苏逃走并带走一些伪币。又去谢仁绪店抓获,谢亦逃走,问谢妻,搜出几张伪币。在永兴路刘喜元店内的廖迪藩身上查出伪币,并发现店徒亦有携带伪币外出。

---

① 《晚晚报》1936 年 6 月 15 日。
② 湖南省档案馆藏:《湖南省高等法院检察处档案》,全宗号 28,目录号 6,案卷号 808,案卷名《安化县苏元洪等妨害国币案》(上)(1940 年),第 1—178 页;湖南省档案馆藏:《湖南省高等法院检察处档案》,全宗号 28,目录号 6,案卷号 809,案卷名《安化县苏元洪等妨害国币案》(下)(1940 年),第 1—211 页。

查明苏元洪、廖迪藩、谢仁绪、梁纶就等处查所得均确系行使惯犯,该梁纶就业犯伪票案正在拘传,县司法处有案未便忽视除在逃各犯仍在贩卖与行使或伪造伪币,梁汉明自承卖过几次伪票子给杨理辉。苏元洪又供称梁汉明是一个惯卖伪票子的。从他们相互指认的口供中可以互推,可见他们善于狡辩与推诿,其伪造行为具有连续性与有计划性,且大多为惯犯。笔录中记载着,苏元洪家建了两座房子,有人说是卖假票子赚的,尽管苏任氏(苏之妻)否认,但据其他讯供所认可苏元洪为贩卖伪币之惯犯,且苏元洪曾两次贿赂警察;苏元洪在上诉后高院进行笔录时,苏元洪对其前供述皆进行翻供,称其伪币多少与谁送来的也不晓得了。又承认此前说过 20 元真币买 100 元假币。对此前承认给过廖谭氏假票子的事都不承认了。这一系列行为都足证苏元洪确实是货真价实的伪币之惯犯,且非常狡黠。梁笃全也对此前承认与梁樸儒到常德用过假票子翻供,可见该案犯非常狡猾并具备高级犯罪之心理素质,系非一般伪造案犯之所能,并且设立独立的伪币运转公司,此案显系重大,危害深远。

安化县司法处调查认定,苏元洪述称"所没收之伪币是邹益三梁连生送起来的,要我帮他卖,邹益三送的中央银行一块的五块的中国农民银行五块的一元的四种,梁连生送的中国银行五块的一元的农民银行五角的三种,邹益三说的二十块钱买一石,我用完了再把钱他们,梁连生的也差不多的价钱。廖谭氏是很苦的人,他拿了我二十二元五角假票子去,先说定价,没交钱把我,他用完了,归我二元买十元,他是假票子,据被告廖谭氏述称其所获伪币,由苏元洪交给属实,又据梁笃全在县政府称,我今年二月(二十八年旧历二月)同梁樸儒到常德做生意,他身上带了四十元假票子,买了洋火肥皂粗布等,他就回到家里了,后来他给我五元真票子,那假票子是苏元洪给他的,因我同他在苏元洪家吃面时,我看见苏元洪给他的,我和梁樸儒使用过一次,是被告苏元洪收集伪币券转卖他人使用,廖谭氏向苏元洪收集伪币券,图供使用,已无疑义。均应负伪造币券罪责,梁笃全系于梁樸儒行使收集伪币后与之共同行使,负行使伪币罪责,由本处变更起诉法条,被告梁汉明,对于身上所藏之伪币时而称系新化李蒙仁还债来的,时而称系伊母卖纱接的,不吐实情,显系信口掩饰,即是项伪币为该被告图供行使所收集,以上断定,其于收集伪币罪责亦无可逃卸"。

被警察发觉没收之中国农民银行五元纸币 12 张,一元纸币 57 张,五角纸币 156 张,中央银行五元纸币 1 张,一元纸币 52 张,中国银行五元纸币 5 张,一元纸币 23 张,合度面额 300 元,次日在被告廖谭氏身旁搜出伪造之中国农民银行五元纸币 4 张,中央银行一元纸币 2 张,湖南省银行五角券 1 张,2 月 3日在被告梁汉明身旁搜出伪造之中国农民银行五角纸币 16 张,有该分驻所之叙明在卷。亦为各该被告所自承,而缴案之伪币券花纹字迹,均模糊粗劣,其为伪造,又至显明。

苏元洪本年 1 月 22 日在家中支付警长贿赂洋 50 元,被告梁笃全于 2 月被抓时向警士行贿,亦经蓝田警察分驻所称后呈报在卷。去年农历十二月初,奉令至苏元洪家,苏曾向其行贿 100 元,要其不要多心,不要作声,14 日又要其妻行贿 50 元,其行为被告亦自承不讳。梁笃全尽管不承认,但其警士所称,在途中被捕,梁笃全要他放了他,给他钱,称其日后如果到案,说其不认识就是。是故全应自负交付贿赂,应负其行贿之罪责。查梁笃全仅 17 岁,廖谭氏女流无识,梁汉明收集假币仅 8 元,且尚未用出,其罪情状,显堪悯恕,均予减轻其刑。

1940 年 7 月 15 日安化县司法处一审判决:按《刑事诉讼法》第二百九十一条前段,第二百九十二条《妨害国币惩治条例》第四条第二项、第五条,《刑法》第二十八条,第一百九十六条,第五十九条,第六十五条第二项,第六十六条前段,第六十七条,第五十一条,第五款,第三十八条第一项第二款,苏元洪意图供行使之用,而收集伪造币券,处有期徒刑七年,又对于公务员违背职务之行为,交付贿赂,处有期徒刑一年,执行有期徒刑七年二月。梁汉明意图供行使之用而收集伪造纸币,处有期徒刑三年,梁笃全共同行使伪造纸币,处有期徒刑二年四月,又对于公务员关于违背职务之行为,行求贿赂,处有期徒刑六月,执行有期徒刑二年六月。廖谭氏意图供行使之用,而收集伪造币券,处有期徒刑二年六月,伪造之中兴银行伍元纸币 1 张,一元纸币 54 张,中国银行五元纸币 5 张,一元纸币 23 张,中国农民银行五元纸币 16 张,一元纸币 57张,五角纸币 172 张,湖南省银行五角券 1 张,及贿赂国币 50 元均没收。

苏元洪等不服原判提起上诉,1940 年 8 月 31 日湖南省高院二审判决如下:原审其余尚无不合,唯梁笃全犯罪时年龄据其在县政府迭次讯问时,自述为 20 岁,但移送原处以后,忽改称 17 岁,将出生年份一时称"民国十二年,时称乙丑年,即民国十四年正月所生的",支离矛盾,显属有意短报年龄希图减轻,原审认梁笃全应负共同行使伪币及行求贿赂罪责,固属无误,但其援用刑法第十八条第二项予以判刑究欠妥洽,本件苏元洪、梁汉明、廖谭氏上诉为无理由。是故,判决:原判决关于梁笃全部分撤销,梁笃全共同行使伪造纸币处有期徒刑三年,对于公务员关于违背职务之行行求贿赂处有期徒刑六月,执行有期徒刑三年。其他上诉驳回。

本案审断呈现两个非常显明的特征:第一,在其审断中亦体现出对于案犯主观与客观之犯意影响判决之轻重。苏元洪梁笃曾多次行贿,一面反映案犯之狡猾,另一面亦反映民国时期司法与行政存在行贿受贿之事端,一审判处苏元洪"苏元洪意图供行使之用,而收集伪造币券,处有期徒刑七年,又对于公务员违背职务之行为,交付贿赂,处有期徒刑一年,执行有期徒刑七年二月"。其从重惩罚态势显露无遗。且高院二审判决对于苏元洪之判决并无改判,维持其从重处罚原状。第二,本案审断中查"梁笃全仅 17 岁,廖谭氏女流无识,梁汉明收集假币仅 8 元,且尚未用出,其罪情状,显堪悯恕,均予减轻其刑"。涉及妇女与贫弱怜恤之态尤为明显,处罚从轻取向显而易见。第三,本案被告梁笃全在一审中原声称"20 岁",后又改报为"17 岁",显系有意短报年龄希图减轻处罚,此行为在一审判决确考虑其因素予以轻判,仅处有期徒刑二年四月。然高院二审判决中仔细调查认定,梁笃全在声报年龄时前后自相矛盾,原本既有弄虚作假之嫌,是故,将"原判决关于梁笃全部分撤销,梁笃全共同行使伪造纸币处有期徒刑三年"。足见,高级法院在审理案件时非常认真求真求实,即使这细微之情节也不轻意放过,说明当时司法机关判案存在差距,初级法院与高等法院在审理与审断案件,履行司法职责之时存在态度与水平的偏差。第四,此案侦查与审理过程当中,均出现保甲长的偏袒行为,这一现象几乎在当时案件审讯中非常普遍,这与保甲制度本身职责与民国时期社会概貌不无千丝万缕的联系。当然,此类审断包含之景况亦体现民国时期呈现出司法的前瞻性与行政上的滞后性的同一性。

国民政府对于日方采取伪造法币得以套取我后方物资等行为及其奸商帮助敌方完成此等行为皆为严加处罚,财政部于 1939 年 7 月渝钱密电,据报敌现将仇货、及伪造中、中、交三行纸币源源运汕,潜运内地,企图破坏我经济金融等情,电令总税务司转饬所属一体严禁贩卖仇货、即行使伪造法币,一经查获应以汉奸处治,"以昭炯戒,仍希将办理情形见复为荷"①。"查仇货伪币,亟应严禁贩卖行使",除分令外,"合行令仰遵照,并转饬切实遵照,仍钭办理情形随时报查为要"。字里行间无不反映对敌方伪造货币行为的重罚之情事。

一方面,正如上案一样,一边立案侦查惩治案犯,从重处断,以起警示效用;另一方面,利用宣传机关多方宣传案情,多方报导伪造货币行为以唤醒商民意识,进而防范伪造之事。

据报有无业游民林福田(年 50 岁,闽候人)在京伪造辅币案,1936 年 8 月9 日捕获,在该犯身上搜得二十分伪辅币 69 枚,十分伪辅币 21 枚,此人十余年前曾以石膏模型伪造银角犯案,此次因贫私造锡质辅币等,语其意图供行使之用,而伪造通用辅币,经供证互为明确,当将该犯连同证物移送首都地方法院检察官核办在案②。

令饬该犯购买石膏锡等物,当场试验制造假币,该案伪造辅币方法极为简易,却能以伪乱真,导致鉴别困难,若不加以防范,势必影响国币,紊乱金融,为害至大至烈。查中央造币厂所铸之纯辅币,系用高压机器印成,花纹精细,有特殊光泽,永不变暗,质地坚硬,无痕,其镕铸甚难,非极高热度不能镕化,与以给锡等杂质铸成之伪币,花纹模糊,颜色灰暗,质地柔软,可用小刀削去或齿啮成痕易于镕化者,显有不同。之所以造成此等境况之缘由,因为新辅币流通尚未普遍之际,倘有该项伪造辅币,在偏远内地蒙受损失,自应通饬注意,以杜奸欺,并应于查获该项伪辅币时,根究来源,依法重惩,除咨复并办行外,相应咨

①　《广东政府公报》1939 年第 445 期。
②　《江西省伪造辅币》,《江西省政府公报》1936 年第 634 期。

请贵省政府查照通饬所属一体注意,严密查缉,以重币政。

随后,1936 年 10 月 20 日,主席熊式辉对前训令发指令:自应照办,除分行并布告外,合亟令仰遵照,一体注意严密查缉,并布告周知(市委、市政府、市公安局)以重币政!与此同时,该案在广东省政府公报、广西省政府公报、察哈尔省政府公报①等多处政府公报及其他报刊杂志上将该案详细刊登,至少可以归为二点动机:一是告诫人们对伪造辅币所要承受的法律处罚,以示警戒作用;二是提高人们对伪造货币的识别力,提高民众对于假币的防范能力。

此外,国民政府在惩治伪造货币的处罚力度时还特别注重奖罚结合。如查衡阳县政府破获汪紫卿罗谢氏等伪造中国农工银行角票一案,"查缉获伪造钞币案件,须俟法院判决确定后,方为终结,该关系发行银行给与原破获机关之奖金,亦须罪案判决后,始可酌定,该汪紫卿罗谢氏等伪造中国农工银行角票一案,既经移送法院讯办,所有酌给左墨香等奖金,应俟该案判决确定后,连同法院判决书,咨由本部审核转饬该发行银行酌办,准咨前由,相应复请查照转饬为荷。"②

对于检举告发者查明属实明文规定有奖,国民政府在 1943 年 9 月 9 日公布的《战时伪造法币治罪暂行条例》有特别明确的规定:"关于伪造法币各项犯罪事实之告发者酌给奖金其给奖办法由中央储备银行另订之。"③这为提高民众检举揭发伪造案犯提供了法律保证,也在很大程度激发了人们投入打击伪造货币的这场维护法币信用体系的斗争中来,在实践中确实也收到成效。诸多案例正是因为群众或线人告发而促进收案。

此外,采取"以假制假"还治其人的方法,大量印制日军伪币在沦陷区投放使用,用以抢购物资。如蒋介石曾令军统局与英美两国造币公司合作,在重庆秘密筹建一所印制日伪钞票的造币厂,制造沦陷区伪银行纸币,用于抢购物资。仅印制日伪"中央储备银行"钞票成品总数超过 15000 箱,投放市场后既

---

① 《市政公报》1936 年第 373 期;《广东省政府公报》1936 年第 345 期;《察哈尔省政府公报》1936 年 1033 期;《广西省政府公报》1936 年第 146 期。
② 《湖南省政府公报》1936 年第 313 号。
③ 《中央经济月刊》1943 年第 3 卷第 10 期。

使国民政府套购到大量的紧俏物资,又有力地打击了日伪政权的财政信用体系。

南京国民政府从制度到法律,从法理到司法实践构建了相对有效的伪造货币的治理对策,客观上起到打击货币伪造行为、保护了法币、维护货币稳定的重要作用;在很大程度上,可以说使得国民政府提升了对法币发行权、货币控制权的掌控,并且,通过这个过程,推进了国民政府形成民族国家的政治经济共同体的进程,亦为抗战取得最后的胜利与国民经济正常运行提供了物质保障。在一定程度上有效维护了战时金融秩序,并有利于提升战时国家对政治、经济的控制力,在激荡的战时社会中获得暂时的国家稳定与社会活力。①

当然,从另一个角度来说,这一场打击伪造货币、保护法币的保卫战取得的有利结果,主要是通过独占货币发行权,强化中央银行职能,甚至最高领袖个人渗透等形成战时高度集中的金融统制,但与此同时也形成了高度集中的政治集权,蒋介石兼任四联总处理事会主席便是例证。同时,造成中央银行成为财政银行,使得法币赋予财政性格,但也正是这种专制政治的权力渗透使得其治理效果大打折扣,法币内生机制的缺陷和国民政府统治时期一直缺乏一个统一的政权与相应的市场配套系统是法币面临信用危机的基本成因。

从历史的延续性来看,战争后期及战后呈现严重的通货膨胀亦有伪造货币的流弊带来的影响,其根本原因即是源于法币被赋予财政性格。说明阶段性反击伪造货币固然有一定成效,但建构长效防范机制才是关键,建立独立自主的货币体系、货币制度的信任基础更是根本。

---

① 刘达禹《优化国家控制:在秩序与活力的平衡中寻求稳定》,《东疆学刊》2013 年第 3 期。

第四章　实践:民国时期伪造
文书案及其审断

对伪造文书罪概念的界定是开展本章研究的前提,文书是伪造文书罪的客体,通常认为,广义上的文书是指使用文字或代替文字的可读性符号,在某种程度上能够处于持续的状态中,记载于物体上的意思或观念的表示,该被表示的内容,能够成为法律上或社会生活上的重要事项的证据。本书所研究的文书含义指"在纸上或物品上之文字、符号,依习惯或特约,足以为表示其用意之证明者。法律详解:本条为解释本章中文书二字之界说者,不问在纸上,在物品上,其所用者不问为文字,为符号,苟依习惯或依特约足以表示其为权利义务或事实之证明者,概以文书论"。[①] 文书又分为私文书与公文书,作为伪造、变造犯罪行为客体的文书,是指用文字或可替代它的符号持续记载于物体上的意思或观念的表示。而官文书亦称公文书,是指国家机关或公务员以其名义在权限内依一定形式所作的文书,其与私文书相对。[②] 而伪造与行使之概念的准确理解又是把握伪造文书案的关键,最高法院的判例对此进行过界定,如《伪造与行使》(二十二年二月九日刑事上字第五六四号)。最高法院判例解释为:伪造收据原意在于行使,则低度之伪造行为应为高度之行使行为所吸收,只应成立行使伪造文书之罪,不能于行使伪造文书罪外又论以伪造文书罪。[③] 又《伪造与行使罪重轻之比较》(二十一年一月十四日刑事上字第四

---

① 《中华民国刑法详解》,上海:上海法政学社 1940 年版,第 122 页。
② 黄明儒:《伪造、变造犯罪的定罪与量刑》,北京:人民法院出版社 2002 年版。
③ 郭卫:《最高法院刑事判例汇编》(第 12 期),上海:上海法学书社 1934 年版,第 6—9 页。

六号)伪造私文书罪与行使伪造私文书罪有牵连关系,以情节而论,当以行使为重。① 本书所指伪造是系伪造、变造文书、制作虚假文书以及行使伪造、变造文书、制作的虚假文书的一切行为,是最广义的伪造之行为。

　　本章通过对民国时期的报纸及地方法院档案的诸多伪造文书案卷进行系统考察,分析档案中的所反映的诉讼内容,主要反映国家兵役制度与政权统治秩序、粮食和盐等战时专卖制度生活及军需品、土地买卖与租佃关系等社会关系,揭示特定历史场域下民国的政治、经济、军事与文化等多维社会实态。

第一节　伪造私文书案及其审断②

　　《中华民国刑法》第二一○条规定了对伪造私文书罪的判决:"伪造变造私文书,足以生损害于公众或他人者,处五年以下有期徒刑。"并对私文书作了解释:私文书指一切私人文书,包括契约、笔据、信函、账册以及图表等。同时指明,不问公众或他人是否受到损害,只要其目的不在损害公众或他人,即属例外;并且该文书仅限于证明他人权利、义务和事实者,否则不构成本罪。如伪造或变造他人书画,以高价出售,虽有损于公众或他人,但应归于第三三九条所定之诈欺罪;凡伪造或变造此种文书,而为关系他人刑事被告案件之证据,或意图他人受刑事或惩戒处分者,应归第一六五条或第一六九条及第一七一条等之罪;至于伪造或变造是否意图供行使之用,或已否行,均不过问。因此,本书将伪造私文书罪与伪证罪及诈欺罪区分开来,虽然互相混淆的情况十分常见。③

一、租佃关系之讼

　　国民政府制订了诸多关于租佃关系的法律法规。《土地法》第 171 条明

---

　　① 郭卫:《最高法院刑事判例汇编》(第 6 期),上海:上海法学书社 1934 年版,第 83 页。
　　② 所指伪造私文书与公文书案件之分类也只是一个就其定义的一个简单的分类以示方便考察,当然案件本身也就包含既有伪造之公文书也有其私文书的,就其情节轻重为之分类,或当时的归类而然。
　　③ 《中华民国刑法详解》,上海:上海法政社 1940 年版,第 117—118 页。

确规定承租人纵经出租人承诺,仍不得将耕地全部或一部转租于他人;①第177 条第 2 项明确规定出租人不得预收地租并不得收取押租。《佃农保护法》规定:"凡押金及先墩租顶全部或一部等恶例一概禁止";《租佃暂行条例》规定:"押租金及类似押租之抵押品应严行禁止"。尽管法律、法规明文规定不允许押租、转租,但民间转佃仍然十分盛行。② 在民间紧张的租佃关系中,由"租佃契约"所产生的诸多产业纠纷乃至诉讼之争,反映出民国时期的诸多社会问题。

案一:周福生等"伪造文书案"③

周福生(周庆生),男,28 岁,长沙人,务农、经商。1914 年旧历十月,周父周勉吾从李干华之父李寿其手中承佃姜园坡田庄,同时李父经李明楷、周堂喜之手向周勉吾借银 400 两,但此时已如数偿还。周勉吾、李寿其、李明楷已故。1930 年,李干华欲迁居姜园坡田庄居住,向周福生商腾房屋数间,并于旧历九月二十七日雇工前往砌灶。二十九日周福生将李已砌成之灶拆毁。李干华与之"理论",周则称其所以要拆毁李已砌成之灶,理由是其父李寿其借款未还清,并拿出"李寿其借约一纸",要求还债。李干华认定周福生所出具在借据系伪造,遂投诉周福生毁灶、伪造证据等情事。

长沙地方法院调查认定,周福生所持"李寿其借约"属伪造,"确鉴可信";周福生又自认罪赔偿拆灶损失,即承认原告投诉属实。因此,法院对周福生伪造借约,根据"刑法"第二百二十四条、第二百三十条第一项,以及第七十四条,予以量罪;并根据"刑法"第三百八十七条、第三百八十二条,裁量其毁灶行为。二罪合并,根据"刑法"第六十九条、第七十条,对周福生提出公诉。并

① 见 1930 年 6 月 30 日国民政府公布《土地法》第三章《农地》中关于农地耕种的相关规定,见《中华民国史档案资料汇编》第 5 辑第 1 编,财政经济农业(三)》,南京:江苏古籍出版社 2000 年版,第 152—154 页。

② 谢放:《农村商品经济的发展与经济结构的变动》,见彭朝贵、王炎主编:《清代四川农村社会经济史》,香港:天地出版社 2001 年版。

③ 湖南省档案馆藏:《高等法院检察处档案》,全宗号 28,目录号 6,案卷号 255,案卷名《长沙地院检察处周福生等伪造文书案》(1931 年),第 1—257 页;湖南省档案馆藏:《高等法院检察处档案》,全宗号 28,目录号 6,案卷号 256,案卷名《长沙地院检察处周福生等伪造文书案》(1931 年),第 1—193 页。

于 1931 年 4 月 18 日作出一审判决:周福生行使伪造文书,处有期徒刑二月;毁损他人所有物,处罚金二元,并执行之;罚金如易科监禁以一日折算一元,裁定确定前,羁押日数,以二日抵徒刑一日,伪借约一纸没收。

一审判决后,按当时法律规定,周福生向湖南高等法院提出申请,要求停止羁押。高院照准其申请,准周福生缴纳保证金 50 元解除羁押。解除羁押之后,周福生不服一审判决,于 1931 年 6 月 25 日向湖南高等法院提出上诉,高等法院二审驳回了周福生的上诉。

周福生对二审判决仍然不服,故向最高法院提起上诉。1933 年 2 月 28 日,最高法院审理此案。判决如下:

本案上诉人提交李干华之父李寿其名义借约一纸,计纹银四百两,系 1914 年 11 月所立。经历十余年未曾追偿本息,其承佃李寿其田亩,仍按年缴纳租谷,并不扣抵借款。在李寿其故后,其子李干华向商户出让住屋一部分,已经得到周福生认可,周嗣后翻悔,将李干华建设之砖灶折毁,借口为李氏借款未归还,并出示借据以为凭证。原审认定此借据是伪造,即属行使伪造文书。因之认定第一审论罪科刑之判决,为允当自非无当。但是李干华呈案之帐簿,与上诉人提作佐证之两张批字,究竟与 1914 年借约上笔迹是否一致,实为解决本案之重要关键。按照法定程序,应该马上遴选具有此项专门学识之人鉴定具结,以资判断原审。据称,上诉人提出之李寿其四百两纹银借约,与李寿其故笔帐簿,及姜园坡存批字与分关内批字,均不相符。至于不相符的理由,又未作出详细解释,竟以此断定借据出于伪造行使,因此而伪造之人依据刑法第二百三十三条,维持第一审判决,很不足以令被告折服。经审查案卷,证人周堂喜多次陈述,李寿其生前向周勉吾借转田价银四百两字据,是他本人与李明楷两人作证,签字写的都是各人在的号而不是各自的名,与佃字文契一样。而上诉人呈出的借据,证人只有李明楷一人,并且,借据上写的是他(李明楷)本人的名而不是他的号,与原借据不符。那么,田契上所列在证人——李明楷是否就是李昌祺?为核实本案的证据,饬令李干华将该项田契呈案核阅十分必要。本案借据经鉴定,如果是李寿其生前之笔迹,并非伪造。但是否存在如下可能:李寿其生前偿清债款,已将借据收回,但上诉人周福生因李寿其死亡,无从举证,于是周福生提出在借据可能是伪造,亦值得加以注意。关于周福生的上诉,也不是没有一点事实上,因此,此案应发回重新审理。至于周福生毁坏李干华的灶台的行为,则已触犯刑法第三百八十二条。该条最重主刑为一年以下有期徒刑,而事犯又在 1932 年 3 月 5 日以前,依大赦条例第一条应在赦免之列。但经审核,其审级为初级管辖。依《刑事诉讼法》第三百八十七条之规定,不得上诉于管辖第三审之法院。上诉人向本院提起上诉,自属违背程序应予驳回。据上所述,应依《刑事诉讼法》第四百零九条第一项、第四百十三条、第四百零七条判决:原判决关于行使伪造文书部分因有疑点,发回湖南高等法院重新审判;其余上诉驳回。

本件伪造案例名为伪造借据,因租佃关系之纠纷而引发。1914 年,周福生之父承佃李干华之父李寿其姜园坡田庄。事隔十七年后,前二位当事人及其证人皆先后故去。周福生因李干华欲迁居姜园坡田庄屋,故拿出李寿其借据,以借款未还为借口阻止李干华迁居。案中的根本矛盾显然是租佃矛盾。在此案中,被告周福生对于伪造文书的行为有过如下辩解:一是说他收到的纹银一百两,是还利息,且是以流通票(纸质银票,而非真银)支付,因流通票价极贱,抵息犹未足额,因此,所借本银并未偿还。周还称,民国七年李家虽还了三百两,仍然是以流通票支付的,抵息还不够。可见当时纸票已开始贬值,钱(纸票)贱物贵的现象比较突出。由此矛盾引起在租佃诉讼之争非常多。"旧刑法"第二百二十四条规定伪造变造文书足以生损害于公众或他人者处五年以下有期徒刑,而本案一审判决被告周福生行使伪造文书只判处有期徒刑二月。被告不服,上诉省高院,经过二审,仍维持原判,判决保持其从轻处罚之态势非常显明。被告周福生对二审仍然不服,上诉最高法院,最高法院的判决有三点值得一书:第一,指出伪造案情存在两处疑点,发回省高院重审。说明当时初审法院和省高等法院审案水平有限,看不出案件的可疑之点。第二,对于被告毁坏原告灶台一事,认定事实确凿,维持省高院的二审判决。第三,指出被告的申述不合司法程序,但仍然做出了相关判决。周李纠纷一案,显然不属于重大案件,而是社会底层且仅涉及 400 两纹银及一个灶台的小案件,最高法院在程序不合的前提下,仍然作出了极其周密的判决。说明当时的司法机关对于民间一切案件皆十分重视,对于平常百姓之诉求是否得到公正的处理有着高度的法律意识,也表明当时的司法机关既有依法行事的准则,同时又有某些灵活变通的处置。当然,作为国家最高法院能顾到民间百姓之间涉及细微琐事的小案件,似表明当时全国发案率相对较低,否则其尽管有关心一切小案件的主观愿望,客观上也不可能做到。

下案东佃之讼也同样反映此例之情状。

案二①:

王瑞乔,男,50 岁,务农,湘乡人;罗胡氏,女,46 岁,务农,湘乡人。王瑞乔是罗胡氏的佃农,他做的是罗胡氏的田,并且欠她的租谷(欠租谷二十三石六斗五升)。罗胡氏要王瑞乔清偿租谷,王瑞乔不还,并伪造罗胡氏之故夫罗咏沂借谷单据一纸,称其夫曾借王瑞乔计谷十二石。并在 1948 年春耕时毁损罗胡氏之田埂,改在向上离原址七八尺处另作田埂,减少罗胡氏田之面积,增加下丘,曾鸿先田(亦系王瑞乔佃耕)之面积,以图报复。

1948 年 7 月,湘乡检察处检察官傅霖对此案进行侦查。上述犯罪事实经再审法院核对罗咏沂故笔私章,认定王瑞乔提出之借据为伪造,其所毁移之田埂,经本处两度派法警长傅健文履勘,发回报旧田埂遗有痕迹,曾姓田禾色两样泥脚深浅判然,核其行为实犯《刑法》第二百一十条、第二百一十六条、第三百三十九条第三项及第三百五十四条、第三百四十二条之数罪,依《刑法》第五十五条第五十条处断,据上记载合依《刑事诉讼法》第二百三十条第一项,1948 年 7 月 16 日湘乡检察处对此案提起公诉。

湘乡地方法院调查认定,尽管王瑞乔对于伪造借谷单据事实坚不承认,然经法院核对罗咏沂故笔私章,认定被告提出之"借谷单据"为伪造,未便任其狡辩,至挖损罗胡氏之田埂经本院检察处派法警长傅健文履勘,发回报旧田埂遗有痕迹,被告称其为过冬土将其田埂压坏,他修整一下并未挖坏田埂为抗辩,难解免刑责。

---

① 湖南省档案馆藏:《高等法院检察处档案》,全宗号 28,目录号 6,案卷号 621,案卷名《湘乡县王瑞乔等伪造文书案》(1938 年),第 1—215 页。

审讯中,法警多次传讯王瑞乔,王瑞乔竟逃匿不见。当法警王集贤前往票拘,谁知王瑞乔用计哄骗王集贤,假言外出,一面款洽法警一面托该地甲长证明完成避拘。罗胡氏多次声请王瑞乔到庭,并称,"王瑞乔竟逃匿抗拒,至使民刑两度同时执行均无效,被告竟规避票拘,藐视法律,法警执行不力所致。"

致使法庭威信而弱小,女流更显然被其欺害不已具状。罗胡氏提出声请恳请再次拘提王瑞乔:王瑞乔竟逃匿抗拒,至使民刑两度同时执行均无效,被告竟规避票拘,藐视法律,法警执行不力所致,罗胡氏多次催请票拘执行不下十余次,而竟积握公文置若罔闻,故意玩怠,钧庭至昨始敷衍前去企图回复,钧令假言票拘执行,此因法警归谓被告以上诉为词朦瞒女流无识,足见扫行之不力,乃民无重金未遂欲心之故也,尤其是民案费若力始护执行地位而执行不欲,被告具限空回销差更足嫌疑,使法律威信扫地,被告既如此之奸狡而拘之与执行无力,若不再肯依法实行强制执行票拘,任其逍遥法外,则法律丧失定义权利,毫无保障,人民无须诉讼,国家无须设立法院。

经湘乡地方法院检察处训令本院警长戴健文查罗胡氏诉王瑞乔毁损大育乡十保流砂坪水田田埂一案,前往饬核员实地查勘在案,并唯该员报告尚欠明确合行令仰,该员再行前往,令同保甲切实地点查勘罗胡氏指定所控田埂禾苗色彩及其他足资认定形迹,评细具报所凭核办,并拘提被告王瑞乔到案为要。

法警邓远贵几度拘捕,终将被告王瑞乔拘提到案。庭讯中,王瑞乔依《刑事诉讼法》第二十七条选任其胞弟王恒俊为辩护人。其中,邻居周冬生、周清风、冯复聚等为王瑞乔作证,都说"王瑞乔没毁损田埂,是过冬天固土将田埂压坏的"。王瑞乔又呈送重要证据,呈缴"罗胡氏之夫弟罗振华手书字条证件连状请求"。王之邻居刘星述作证,说"罗咏沂借谷单据的事是在1944年,他见过罗咏沂挑过一担谷子"。然这些证据本身也无从验证,不能确定是否有无包庇与帮助被告狡辩之情事。

尽管王瑞乔狡辩所犯之事,但经法院调查认定,其伪造"单据"与挖损罗胡氏之田埂之事属实。因此,湘乡地方法院作出如下判决:王瑞乔伪造私文书而诈欺其行为有方法结果关系,依《刑法》第五十五条从伪造私文书之重罪处断,伪造之借谷单据一纸应予以没收,又罗胡氏附带民事诉讼请求,被告将毁损之田埂恢复原状认为有理由。据上论结应依《刑事诉讼法》第二百九十一条前段,第二百一十条,第二百一十六条,第三百三十九条第三项,第三百五十四条,第三百四十六条,第五十五条,第三十八条,《刑事诉讼法》第五百○六条第二项。判决:王瑞乔伪造私文书处有期徒刑三月,又毁损他人之物处拘役五十日为晚科,罚金准明一万元折算一日并执行之,伪造之借谷单据一纸没收之。

王瑞乔抵押期间申请停止羁押保外就医。他认为"依《刑事诉讼法》第一○一条规定必须认为有同法第七十六条情形:以务农为业,租居大育乡第十保一甲流砂坪屋场已历四十余年,现有户籍在册,并非无一定之住所;申请人耕作流砂坪曹家冲田亩二十余亩,并还有押信银洋 200 元,全家以此为生,根本无逃亡之意;本案所须研究之重要证据一为单据现存高院,田量单现存于罗胡氏手,而又根本无共犯,是固无理由毁灭伪造、变造证据或勾串共犯之意;钧院早已认定申请人无勾串证人之虞;本案所诉为伪造毁损等罪嫌依刑法处罚规定,最重本刑亦不过五年以下有期徒刑,依据上项事实,声请人不符合刑法七十六条之规定情形。国家保护自由之立法规定精神尤以声请人家有弱妻幼子全赖民一人耕作以维生,加上民在监染有疾病,近日益发严重,申请保外就医"。

对王瑞乔要求停止羁押保外就医之声请,罗胡氏亦同时提出声请。此案之被告王瑞乔一再避拘三度,始与二件民案之七次执行,合力拘捕才得以收押,要求法院对王瑞乔连续犯数罪行为请并合判以重刑;判令对造恢复田埂原位原状;如停止王瑞乔羁押请缄知民庭就押执行以免逃匿执行困难。

本案被告王瑞乔所持之理由,即认为上述所认定之伪造借据与挖损田埂等未经选任专家鉴定,仅凭罗胡氏与法警傅健文一面之词,不足言信。是故,王瑞乔不服一审判决,于是在法定期间内提起上诉。可见,伪造借据与挖损田埂等是否为真实之事实,实为解决本案之重要关键。按照法定程序,应该马上遴选具有此项专门学识之人鉴定具结,以资判断原审。

王瑞乔提交上诉状,详细陈述上诉理由:一、被诬伪造部分:1.关于伪造单据部分之唯一证据谓有再审法院民事判决为凭,上诉人提起抗告,并已于三十七年度抗事 26 号裁定缴纳抗告费 7500 元在案,在未经最高法院裁定之前,绝不能视为案已确定,依最高法院二十九年上字第一〇九号判例"刑事法院审理犯罪事实,并不受民事判决之拘束,如当事断不得以民事确足判决所为之证据判断,迳援为刑事判决之基础",此原审根本违反直接审理原则。2. 罗胡氏故夫于当年倭寇沦陷时、生活艰难时所借之单据,并无可资查询确证,罗胡氏挟二五减租之隙伙奸主使,因其夫已故,死无对证,而行极力否认,极为捏造。而本案未行专家专门鉴定行之。并不传讯上诉人所提供之证人刘述星,违反刑事诉讼法第二百六十八条"犯罪事实应以证据认定之"之规定,依最高法院十七年上字第五六号判例,上关于核对笔迹难足供为自由证据之资料,究不足以为犯罪之唯证据,又二十九年上字第三九五号判例,该项文书从未经本人签名盖章,而有其他证据足以证明其为真正者,自不能以文书之形式条件有所欠缺即为其出伪造之断定,又二十九年三一〇五号判例,刑事诉讼法上诉谓认定犯罪事实之证据,系指定以认定被告确有犯罪行为之积极证据,而言该项证据自须适合于被告犯罪事实之规定。

二、被诬毁损部分:1. 傅健文呈送之被毁损之田的勘验报告,请求查八月二十一日当庭呈缴状,内载原系长直田埂,瑞毁改为梳背弯曲,上下移动一尺五,完全可以核准,与罗胡氏等呈报毁损七八尺不符。2. 且上诉人与地主罗胡氏并没有解除佃约,这样减少所耕田之面积,增加曾鸿先所管之田面积,此乃损人利己之下策,于上诉人本身也无益处。并声请罗胡氏拿出丈量本到实地丈量以资证明。可见原审判决违反刑事诉讼法第二百四十条与第二百九十条及同法第二条。3. 法警傅健文所呈报勘验结果,不予以第一次之勘验结果,而给予第一次结果,显系有贿与彼此勾结之嫌。另依刑法第一百五十四条勘验之立法则必限于审判长推事或检察官,而法警长有何二次勘验之权,依大理院四的止字第二八号判例"巡警调查报告不得为证据",更依大理院民国三年上字第四四一号判例"现行法例系据直接审理主义,审判官审理案件固应调查证据,无论当日承管吏曾否亲往勘验,审判官不自调查罪证,已与直接审理主义不合",此原判根本违反法绝无成立之余地,再退一万步言,从即认定傅健文受贿捏报之言,果无瑕疵,亦应令具到庭质问,出具结证方足使具负责,以昭真实,及原审以捕风捉影之事实武断判处。

1949 年 3 月 14 日,湖南省高院审理该案。但因罗胡氏声请有胃病故推迟到庭,王瑞乔也声请有病不能到庭,原被告皆未到庭之情况下裁定:查有《刑事诉讼法》第二百九十条所列情形,①,由此,做出如此之裁定,应命于被告另行向最高法院上诉之要素,判决确定前,停止审判。

之后,周乔松、曹德顺等做为具保人交保,帮王瑞乔交保金圆券三十元保证书准予停止羁押。

据调查,出租户除有些大户为大地主大富农外,个别中农和贫农也有出租土地的,这种情况多是由于自家缺乏劳动力并无力雇工经营,以鳏寡孤独户居多,此案王瑞乔佃耕罗胡氏之田即是此例,罗胡氏之夫罗咏沂是医生,是日本人杀死的,她只有三十六七亩田,有二十亩是王瑞乔种,可见佃东罗胡氏拥田产并不多,只因其夫已死,劳力不足,尚须出租。

本案王瑞乔毁损田埂试图减少罗胡氏田之面积,以期报复罗胡氏收回佃权的行为。从中看出农地分割得非常细化,由于毗连地亩之间分数不同的地主,中间仅仅依靠人为制定的经界划分产权,随时间变更容易发生经界不清的现象,从而引发争执,导致地权纠纷。因此,土地太细化分割在土地纠纷中也扮演了重要角色。此案又发生在 1948 年,正值抗战胜利之后,国民政府为了恢复农村经济,减轻农民负担,决定实行与民休息的政策,规定凡曾经沦陷各省 1945 年度的田赋一律豁免一年,后方各省 1948 年度豁免田赋一年,同时要求土地所有者对租佃者实行减租,参照地方实际情况,制定减租办法。减租额度为原租额的四分之一(25%),故称为"二五减租",但"二五减租"运动并没有收到预期的效果,反而使主佃关系走向更为恶化的困境,此案即是例证。

被告王瑞乔曾一再拖欠不交租谷,并款洽法警与托该地甲长证明完成避拘,再三拒捕,又伪造罗胡氏之故夫罗咏沂借谷单据,自承不讳,可谓情节恶劣,但仍只判处有期徒刑三月。这种从轻处罚是从一般法理判处特点,审判中

---

① 《刑事诉讼法》第二百九十条:犯罪是否成立或刑罚应否免除以民事法律关系为断,而民事已经起诉者,得于其程序终结前停止审判。引自上海法学编译社编:《中华民国刑事诉讼法》。

不予实际的处罚,则不过是从轻处罚之较为极端表现而已,但至少从另一角度反证租佃关系之严重。

前述各种案例充分展现了主佃纠纷的过程,以及双方的观点和诉求,不管最后这个案子如何解决,但都不同程度地反映了主佃矛盾严重,并折射出种种社会问题。

租佃矛盾尖锐有其深刻的社会背景,内战外战及严重的政治、经济危机都会加剧这一矛盾。国民政府曾以服从"抗战需要"、"充实军粮"为名实行的田赋征实、征购、征借,更加重了对农民的盘剥。国民党此举使中小地主、贫农、自耕农蒙受沉重打击。所谓征购,是以低价向农民强行索购,概为各地平均价格的1/3左右。抗战开始后不久即已实施。

湖南在全国政治、经济、军事皆处于重要地位,因此,各种矛盾也更加突显。各种赋税、征购不断盘剥不堪重负的农民。如1927年《东方杂志》这样记载着,[1]上等农民需七十五元的最低生活费,中等五十五元,下等三十五元。如果以每家六口人计算,最低的生活费要二百一十五;以五口计算,要一百七十五元。这与 Buck 的估计六口之家一百二十八元和 Mallory 的估计五口之家要一百五十元大至相合。[2] 1930年2月12日湖南《民国日报》东堡君《田赋附加中的话》说:"湖南各县田赋附加,超过正税三十倍者有之,二十倍者有之,十倍则普通皆是。"[3]因此所有的半自耕农、佃农都要欠债,即便是小地主和自耕农也有负债的危险。有资料显示,20世纪30年代前期,即1931—1936年间,佃户占总农户的比率平均为30.33%左[4]。可见租佃关系是当时乡村的主要社会经济关系。

就地租来说,湖南农村地租虽基本维持在东六佃四,或东七佃三水平之上,但各地却不尽相同。如岳阳、临湘等地是四六租,长沙、湘乡荒年是东七佃三,丰年是东九佃一,永明佃户只能得2/10,邵阳更是"铁租",规定丰歉不得

① 《东方杂志》第二十四卷第十六期。

② W.H.Mallory,China,Land of Famine,N.Y.,1926,pp.9—10.

③ 李作周:《中国底田赋与农民》,《新创造》1932年第2卷第1—2期,第114—115页。

④ 国民政府主计处统计局:《中国租佃制度之统计分析》,重庆:正中书局1942年版,第6页。

加减。由于单产没有增加及其他原因,此阶段的实际地租较清末已加重一半以上。农民因为歉收或是穷困交不起租,高利贷却成为他们缓解的最后救命草。当时农村的借贷率,一般为月利6%—8%。但南县、华容、安化等县现金借贷月息为20%,慈利、永明、城步等县月息30%,桃源有"孤老钱",借洋1元,过月还2元,临湘则是每元每日利息1角,1个月归还本利共4元。① 但高利贷只是一种饮鸩止渴的救急办法,只会是这一时期广大农民贫困的一个重要根源。沉重的租赋、高额的利息、严重的自然灾害使得广大佃农生活非常困难。如吴文晖描绘说,"我国佃农占全体农民一半以上,其经济的社会地位却是很低的,他们是最贫苦的农民,他们的工资太低,地租过重,借贷利息高昂,苛捐杂税繁重,商人层层剥削,天灾频仍严重等原因,他们的所得,仅堪糊口度日,多半入不敷出,负债者较多,生活程度较低,住屋较劣,受教育较少等等。可见中国佃农社会地位极为低下,生活水平非常之差。"②

佃农不堪重负的生存样态,租佃关系势必紧张,其租佃矛盾、租佃纠纷、租佃之讼必为普遍。这样严峻的社会背景也在一定程度影响此类案件的审判情势。对于此种案件的处理则呈宽容趋势,即便法律规定伪造文书处五年以下有期徒刑,在此类案件审理中,从本书所较为全面考察的三十多个案件中发现审断较轻,一审判决大多为二个月、三个月等有期徒刑,最多也只是六个月,上半年或一年的有期徒刑还附加以缓刑处之,只要没有带来明显劣迹,则一般予以不起诉处分或无罪之处罚。还有一个明显特点,即便经二、三审仍然维持原判,这种维持原判实际上保持其较轻处罚。租佃纠纷之司法裁判趋向宽宥,由此种审断趋向反证租佃矛盾严重,东佃关系紧张。在各种矛盾均相当尖锐的现时境况中,国民政府只能选择从轻之处罚避免激化与加剧矛盾,以便和缓社会困局,然其结果则必将适得其反。

二、宗族纠纷之案

中国是一个宗族传统浓厚的国家,宗族是以父系血缘关系为纽带而构成

---

① 《湖南人民革命史》(新民主主义革命时期),长沙:湖南出版社1991年版,第111页。

② 吴文晖:《中国佃农的地位》,《中农月刊》1942年第1期。

的传统社会家族组织的基本形式。在中国古代社会中,每个社会成员通过宗亲关系聚合成族,通过同居共财的家庭被纳入宗族之中,宗族在血缘的基础上建立起广泛的社会联系。由于宗族在保证宗亲联系上与血缘家庭相似,并在适应多变的社会经济环境中具有更大的优势,故而在中国长期的社会发展中能历久不衰。宗族产业与其宗族相随积累与扩大,乡村社会普遍出现大规模宗族公产诸如祠堂、族田、宗族坟山等,既是维系宗族正常运作的重要经济保障,也是宗族的物质基础,进一步强化了宗族关系。宗族财产的数量、经营状况也直接影响到宗族的盛衰及其变迁。

近代以来,乡村社会产生了社会变迁。一方面是商品经济的发展使族众不再固守于土地,他们将土地或坟地卖给别人,部分宗族已无力维持,各自为营。① 另一方面是部分新地主的兴起(以钱换兵与枪,直接转化为军阀、团阀等),他们与原来的文人地主靠积累发家之路截然不同,他们不再是乡村社会精英的代表,因此他们与农民关系也不一样,他们直接把公田、庙田、祠田也占为私田。其蜕变的原因与科举制度的废除有部分关系,科举制的废除使得传统文人士绅不断衰亡,宗族制度与学田、义田、族学、义学也逐渐走向衰落,由此,族田的衰落直接钳制了宗族的经济命脉,动摇了宗族的物质基础。但随着民国司法体系的逐步确立与深入,族长权威日渐下降,族众纠纷不再单纯地依赖于宗族,而是开始转向地方司法机构,这从大量民国时期关于宗族诸如宗祠、族田与坟茔的诉讼案中可窥见一斑。

一案:②

段刘氏等祖父段子葱,因为曾祖母店氏青春守节,于是为祖母建坊于茶陵县城七总街,以旌表其节孝,段子葱备价买置坊后园土一大块,建修节孝祠一

---

① 黄宗智在调查河北省沙井村时发现,民国以前沙井村也恪守着同族和同村人有优先买地的特权,但到了近几十年,旧日的传统逐渐被土地为商品的现实所取代。经济压力迫使贫苦的族人不顾宗族内部成员的反对,将土地典卖给外人,在沙井村七个较大的族中,只有三个宗族在调查时仍然把祖坟地租给贫困的族人。参见黄宗智:《华北小农经济与社会变迁》,北京:中华书局2000年版。

② 湖南省档案馆藏:《高等法院检察处档案》,全宗号29,目录号2,案卷号1204,案卷名《茶陵县司法处段刘氏等伪造文书案》(1936—1943年),第1—53页。

座,多余的园土作为菜园,数十年来,从来无异言。至 1935 年 6 月,段宗岳称该节孝祠系为公,有讼争连年,段刘氏等始得照旧管业,1936 年 9 月曾东尧等又据段宗岳等所通告以段刘氏等伪造契约而上诉。

茶陵县司法处遂行调查之事,查上述宗祠产业于自 1935 年 6 月始,段宗岳称该节孝祠系为公有,是故讼争连年,但段刘氏等始得照旧管业,1936 年 9 月曾东尧等又据段宗岳等所通告以段刘氏等伪造契约而上诉,曾东尧等并无新事实发现以为证据,据段宗岳称该祠节妇人数共有二百余名,其所呈牌位第六、第七两块牌位有 190 余名,则其第一二三四五等块之妇人数至少亦当在七八百名之间,是段宗岳等宗祠之诉。可见,曾东尧等复根据段宗岳等不实之言,以为争取段刘氏等祖母之孝祠尤为不合,此可证明段刘氏等所持之契非伪造者。

于 1937 年 1 月 27 日茶陵县司法处一审判决:依法谕知段刘氏、段绩珠无罪,至段宗岳虽经曾东尧等诉其与段刘氏等有伙同伪造情事,段刘氏等既非伪造,段宗岳亦应谕知无罪。据上论结,合依《刑事诉讼法》第二百九十三条第一项处段刘氏,段绩珠,段宗岳等无罪。

曾东尧不服一审判决,是故率曾姓联众诉段刘氏伪造文书侵占公祠,并提出声请。并述其详细理由:

(1)查段刘氏族谱内载富母五旬,男子葱合四乡倡建总坊于城西,是刘氏丈夫段子葱于清李已酉年协修者也此为合邑,即孝共有不打自招而其接卖契中,亦载有首士谭瑞卿段子葱等数人承名接为业字样,是该祠坊确为合邑共有,段刘氏等伪造侵占不言可喻,而判词谓唐氏青春守节冰心柏操合邑同钦,段刘氏等祖父段子葱即奏请建坊于茶城七总街,以旌表其节,即孝云云,如是定判匪第祠寝莫保,而段刘氏自认各节孝共有之节、孝坊,亦因此次司法处之判决,不争而获也,此其抹杀事实,应请侦查提起公诉,另行判处者一。

(2)判词即开牌坊倾颓复,经段子葱备价买置坊后园土一大块建修节孝祠一座,余园土作为菜园管业数十年,并无异言等语。(一)查建祠收捐簿据内载节孝芳名子孙地址及案捐钱若干,正何得谓子葱备价买置。(二)木质神主真伪立办神主伪段刘氏契乃真也,神主真契自假也,主牌尚在呈卷可调退一步,论果系段刘氏私有,何得与士等祖母同列一主,同时业捐岂有神主同列业捐同簿而祠异者乎。(三)1915 年首士谭瑞卿等布于周细朱之招佃约刘氏亲叔段滋林笔立有呈卷会册,笔迹可对我明公有无异,尚有逊表禀庠招佃原中唐松清周虞丞等可质。(四)1934 年 12 月段刘氏亲具子摹段滋林段宗岳等订立公共合约,私相变卖若非公业,昌须伙同而出卖耶况残余石碑镌冢,即孝姓民子孙地址节妇某氏夫君某某子孙甚详,又有萧倬云 1933 年 9 月之租赁财政局之批令可调,祠坊属公属私尤难逃秦镜也,而判词谓士等并无新事并无新事发现以为证据,殊为不实,此其抹杀事实应请侦查提起公诉者之二。

(3)契之成立以坐落地点出业,谁人中证署名契税为先决,查段刘氏之伪载坐落腊芜右侧等共有之节孝祠坊园土正在七总街有门牌可启,坐落既不相符,此足证实段刘氏之伪造者一出业人彭菩吉查俣县并无其人,既无遗墨可致,人无子孙证明,此证实段刘氏之伪造者二,中证人既介绍必署名或签押,核其原契竟无人署及一字,且纸墨均新此足证实段刘氏伪造者三,契立光绪中无 1935 年 3 月 30 日始行投税,税后起诉岂有对此重要证据临时始行投税者耶,查审判庭讯段刘氏供称光绪六年接买同年建祠,而段唐氏请旌神主载明光绪七年(1881)汇报世有未经请旌汇报而先行置地建祠者乎,此足证实段刘氏伪造者四,更足证实茶陵司法处抹杀事实应请侦查提起公诉之三。

(4)本案起诉后参加证明者,有二区文江乡呈件,有街邻呈件,有一区首善云阳等乡公民唐松涛、周虞丞、刘步明、吴炳焕等为节孝事迹显著共有,公恳调查转呈会,拳以给节孝共有文件,沐批仰候集讯来庭证明,可也有卷可启批县门外有目共见,而刑事判词内谓合邑人士精习法学,急公好义者定多,岂能甘默不言,既不采纳证件,又不照批集讯,谬然出判此其抹杀事实应请侦查之四。

段刘氏对此极力辩护:为假住图占结伙分讼,申请驳回刑事上诉以维原判,而保私产事原祖公命与曾游泽水不幸早故,祖母段唐氏青春寡守,米清主洁奉始抚孤备极动若,其节孝之芳名扬于城乡内外,由是氏父段子葱假定念母恩,无以为报,于前清光绪庚辰年,禀请知县奏请应坊以表旌节坊,建城外七总街口,嗣因节坊倾颓复经氏父价买彭姓坐落七总街口地基一大块,契载地基争

34 元为独建,祖母段唐氏节孝祠一所,佃于周喜崑住居后换周邦敏佃住,此祠朽坏,自民国戊年曾经氏夫修整,增加节祠租金仍佃于周邦敏之妻曾氏续住,至 1934 年 4 月,有分疬段宗岳因避匪来县,向佃户周邦敏之妻子私相借住,氏之节孝祠房屋,年古八月十七日物故,欺氏寡子孤,突于九月间以借住顿起侵占野心,除本已霸居不出,并擅折房间外,尤敢唆使佃户周邦敏之妻子,抚不缴纳租金,迫氏以民事具诉茶陵县政府,旋经被告段宗岳办诉,本案经茶陵县政府迭次勘讯明确,于 1935 年 12 月 12 日判决,节孝祠背后园土,应为原告即氏所有,其他之诉驳回,诉讼费用各自负担,氏不服茶陵县府判决,提起上诉,经湖南长沙地院民事判决,原判决除主文第一项废弃外,确认系争之节孝祠屋宇地基,为上诉人所有,第一二两审诉讼费用均由被上诉人(段宗岳等),该段宗岳等因长沙地院判决失败,转向茶陵县府朦请再审,茶陵县府未察,经违法批准受理,氏不服提起抗诉告。

1936 年 5 月 29 日,经长沙地院判决,原审 1936 年 4 月 28 日批示废弃,认为本件抗诉告有理,该段宗岳等见长沙地院废弃茶陵县府批示,又诡计百出,迳向长沙地院声请再审,经长沙地院于 1936 年 7 月 7 日判决,再审之诉驳回,再审诉讼费用由再审原告即段宗岳负担,段宗岳等因再审之诉驳回,又提起上诉,经湖南高院于 1936 年 9 月 30 日民事裁定,上诉驳回。第三审诉讼费用由上诉人即段宗岳等负担,族谱内段宗岳等因茶陵县府请求执行,出祠完租及赔偿,三审诉讼费用无可逃避,又计摆脱民事执行之方法,遂伙商同类,掇其曾东尧等假冒乡妇之后裔,始以非法假讼妨害公有等情向茶陵县府提起行政诉讼,经政府指令未购用司法状纸,未便核办,此批,曾东尧等又以伪造侵占转向司法起诉,复经茶陵县府批示状悉节孝祠系经长沙地院第三审及再审判决,均根据段刘氏等所提出契据二纸,为判决基础,认该节孝祠为段刘氏等私有,是该段刘氏等,显无伪造之犯罪嫌疑,所请拘案讯办,应毋庸议,此批,曾东尧等见此批示,又以奉批驳异,恳依法彻究等情,诉县府又经茶陵县府批示,查此案业已明白,批示在卷,所请应勿庸议,此批,该曾东尧等不服批示声明抗告,据料茶陵县府始明终暗,兼之因循大劣绅包围,说项由是违法批准抗告,比经氏具状向湖南高院声请驳回抗告,经高院批示,查此案业经本处命令茶陵县府续行侦查仰向该县政府呈诉可也,此批,氏遵批即向茶陵县府声请驳回原告曾东尧等案,外异议之刑诉,维持本案民事迭经各级法院确定判决裁定等情在案,经茶陵县府示期讯明,于 1937 年 1 月 27 日,刑事判决段刘氏即氏段绩珠即氏子段宗岳无罪。

查县府判决有五点,谓氏所持有之契据非伪造抄录原判词粘状呈电,该曾东尧等见刑事失败,业已提起上诉,狂言聘请长沙大律师洒金运动,非达到胜诉不休,幸出任茶陵陈县长及现任茶陵司法处吴审判官清正无私,切实侦查,氏之契据有无伪造情事,查明并无伪造,所以依法判决,今曾东尧等既已提起上诉,自必捏造种种事实,并造各项伪证,再强辩种种理由。

该案系二族争夺宗祠之情事,曾东尧不服,是故率曾姓联众诉段刘氏伪造文书侵占公祠提出声请,其中合县节孝后裔参加刑事诉讼者 154 人,此类宗族之讼牵涉二个宗族的利益,涉及人员颇多。此案不仅反映异姓二族之争,还体现宗族内部为争夺族产产生矛盾,如所载段宗岳因避匪来县向佃户周邦敏之妻子私相借住,氏之节孝祠房屋年古八月十七日物故,欺氏寡子孤,突于九月间以借住顿起侵占野心,除本已霸居不出,并擅折房间外,尤敢唆使佃户周邦敏之妻子,抚不缴纳租金,迫氏以民事具诉茶陵县政府,旋经被告段宗岳办诉,本案经茶陵县政府迭次勘讯明确,于 1935 年 12 月 12 日判决,节孝祠背后园土,应为原告即氏所有。段宗岳与段刘氏之争情系族内之争,可见,族产之争在乡村社会非常普遍,既有族内矛盾也有族外矛盾。

上述宗族产业之争讼无不体现着族群间资源的争夺,不同村垸宗族群之间争夺农业资源的矛盾是推动村垸宗族组织发展的一个重要因素,这种村垸族群之间的争夺应是产生强大村垸宗族的主要原因,它形成了庞大的宗族统一公产,促进了村垸的凝聚。在黄州沿江丘陵湖区,由于争夺湖场等农业资源,出现了许多强大的村垸宗族,这些村垸宗族拥有雄厚的闲堂公产,宗族拥有强大的组织管理能力。① 可见,宗族矛盾与宗族组织化是一种辩证关系,宗族的组织化实质上是对村垸宗族社会内部的管理,但也在村垸宗族社会内部

---

① 林济:《长沙流域的宗教与宗族生活》,武汉:湖北教育出版社 2003 年版,第 394 页。

矛盾推动下得到不断发展。宗族以乡村祠堂为中心。在乡村社会,祠堂为宗族社会的信仰中心,又是实施宗族管理的场所,成为祖先崇拜中心,成为宗族的中心组织设施。因此,祠堂是重要的族产之一,既是宗族权力的象征,也是宗族实力的体现。它不仅成为与异姓宗族争夺的目标,也是宗族内部权力争夺的焦点,宗族产业之争因而成为乡村社会诉讼的重要部分。

宗族之间与宗族内部的矛盾,皆为各自扩大生活空间,占有生产资料,利用生产资源,不可避免地要发生联系和冲突。常以诉讼、械斗等形式表现出来,造成族姓间的不和,地方上的不安宁。他们可能地界相连,坟山相近,使用同一河水,在一个集市上贸易,公用一个渡口,而大家都想占有某一块田、某一个墟市,早用水灌田。孩子们在一起玩耍,会你推我一下,我碰你一下,诸如此类,大大小小的事,若不能及时化解,日积月累,会结成世仇,打官司,打群架,以至于械斗。清朝浙江建德县有甲乙两姓,甲姓有祖坟田,族谱记载有埋葬人姓名和生卒年月日,但没有地契,而乙姓有这块坟山的田契。两姓打起官司,一个凭地契,一个据族谱。①

涉及宗族产业的争讼,无不体现着族群间资源的争夺。不同村垸宗族群之间争夺农业资源的矛盾,是推动村垸宗族组织发展的一个重要因素。这种村垸族群之间的争夺应是产生强大村垸宗族的主要原因,它形成了庞大的宗族统一公产,促进了村垸的凝聚。在黄州沿江丘陵湖区,由于争夺湖场等农业资源,出现了许多强大的村垸宗族,这些村垸宗族拥有雄厚的闲堂公产,宗族拥有强大的组织管理能力。② 可见,宗族矛盾与宗族组织化有比较密切的关系,宗族的组织化实质上是对村垸宗族社会内部的管理,但也在村垸宗族社会内部矛盾推动下得到不断发展。宗族以乡村祠堂为中心。在乡村社会,祠堂为宗族社会的信仰中心,又是实施宗族管理的场所,成为祖先崇拜中心,成为宗族的中心组织设施。因此,祠堂是重要的族产之一,既是宗族权力的象征,也是宗族实力的体现。它不仅成为与异姓宗族争夺的目标,也是宗族内部权

---

① 冯尔康:《中国宗族》,广州:广东人民出版社、北京:华夏出版社 1996 年版,第 125—126 页。

② 林济:《长沙流域的宗教与宗族生活》,武汉:湖北教育出版社 2003 年版,第 394 页。

力争夺的焦点,宗族产业之争因而成为乡村社会诉讼的重要部分。

另一种比较常见的是宗族坟茔山界的争讼。自古中国人非常重视"祖宗藏魄之所"即坟茔,其原因大概有二,一是认为"大抵万物本乎天,人本乎祖,重坟墓所以重本也,重本义也,忘本不义也。薄于义者,祖先不享,天道不容,天道与之,鬼神不佑;厚与义者,祖先享之,天道与之,鬼神助之"。① 人们对于坟茔重视不仅仅是出于礼的考虑;还认为坟茔与子孙后代的福祸兴衰有关。② 另外,坟茔周围的山林与墓田等也是一种重要的生产资料,茔山系属扩大再生产的潜在场所。坟茔的争夺关乎祖先魂魄的安灵与后代的生存与发展,是故坟茔的纷争汹汹未绝。当然,对于各个具体的宗族来说,能否世守先人茔墓,既取决于主观愿望,还取决于客观可能。坟茔争讼的胜败反映后人兴衰,与实力的对比。

各地不同的坟墓、进葬等风俗,也可能引起诉讼。如湖南省湘西沅陵各县,"买卖山地,契中须载明立契出卖阴阳,山地自卖之后,任凭买主照契管业及开挖进葬字样,如未载明,买主若视为阴地进葬坟茔,则卖主必藉'买阳不卖阴'之说出头抗争,非由买主再出重价另立卖契,不能安然取得所有权。故凡买卖山地者,苟未载阴阳一并在内,买主如欲进葬,卖主必生争执,相沿日久,遂成此种恶习。"③ 这种风俗致使湘西因坟山纠纷兴讼之事颇多,只要在购买坟茔时稍微不注意标明,则极易为诉讼埋下缘由。下面略举数案,以资了解。

一案:④

何峻湘之父于1925年将祖上遗产克存之水田六十亩,将此田平分给我兄弟,对于山地仍属克存未出售,并收有田据。但何峻湘误信中证人吴安全等伪

---

① 婺源《武口王氏统宗世谱》卷首《炎公祖墓经界公据簿序》,安徽省图书馆收藏,清雍正刻本,编号为2—21526。

② (明)谢肇制撰,郭熙途校点:《五杂俎》,沈阳:辽宁教育出版社2001年版,第120—121页。

③ 《民商事习惯调查报告录》,台北:进学书局1969年版,第599页。

④ 湖南省档案馆藏:《湖南省高等法院档案》,全宗号29,目录号2,案卷号1051,案卷名《湘潭地院检察处李人春等伪造文书案》(1939—1943年),第18—35页。

抄之田据,将所据义字号出售给唐高俊,误载各关于未分克存之山地混载契内盗卖,虽契内何峻湘载石塘冲新造壕基文姓坟上公山字,但田据内并未载分山地,并其原本被涂加为盗买人之不法利益,经本检察官侦查上诉。

湘潭地方法院调查认定,何树楼等以被告何峻湘石塘冲新造壕基至文姓坟上公山,盗卖给被告唐高俊管业,诉请究办到院,经一再侦讯,据被告唐高俊供述,并未接买该项山地,当提出何峻湘卖契为证,核阅该卖契内所载地段,确无新造壕基至文姓坟上字样,是告诉人所诉情节,显属误会,从令山界有所争执,亦属民事问题,至被告吴安全、李正光,仅居于中证地位,尤无犯罪之可言,再查被告何峻湘交付唐高俊之分开,即后写明照抄,即非伪造他人文书,无论内容如何,因此,不负刑事责任。

湘潭地方法院一审判决:依《刑事诉讼法》第二百三十一条第十款,予以不起诉处分。

何峻湘不服原判随即提出声请,认为检察官误认该项添加抄开为真实,即予处分不起诉,实因添加涂改均属伪造文书罪之一种意应追究刑责。湖南省高院第 344 号指令:令湘潭地院检察官何奇伟吴送何树楼等一案,应详予质证,方足以为被告等有此窃占罪嫌之认定。又被告何峻湘函状称唐高俊等以其不识文字,将其父克存山地盗载出售契内,希图盗爱及关尾怕批之山地,确以民关所有等语,是否属实,以及唐高俊呈之照抄续关是否为何俊湘当日抄之原件等,都宜详加侦讯。对于新造壕基至文姓坟山字样即抄付分开与照抄二字即认定被告等犯罪嫌疑,而对于上述此种重要关键,并未调阅原续分关传集各该被告证人质讯明确显于不合,调查无尚有未划,何树楼等声请不能谓无理由。合依刑事诉讼法第二百三十七条第一款规定应续行侦查。本案名为伪造文书案件,实乃争执坟上公山田地,实为坟山周围山地等生产资料的争夺,在一定程度上反映民国时期人口与土地之间的矛盾。

第二节　伪造公文书案及其审断

《刑法》第二百一十一条:"伪造变造公文书足以生损害于公众或他人者

处一年以上七年以下有期徒刑。"此处公文书概念相对于私文书,凡此公文书而为证明中华民国对于外国所享受权利者,则应构成第一一五条之外患罪,不在本条之范围。① 从法令条文中看,与伪造私文书相比,对伪造公文书罪的惩罚比伪造私文书要重,实际司法实践中的轻与重试看下列具体案断再做判断。

一、伪造军政系统文书案及其审断②

在笔者所考察的约 3000 件伪造公文书案中,与"军人"关联的就有 800 多件,其比例之大不待赘言。从前面选取的典型案例中可以看到,其中有一个重要的特殊表征即为逃离部队或避免从军而从事各类伪造情事,其所选择的伪造对象也就有相应的特殊性,如部队关防印章、公印文纸、军用差假证和军事委员会任官令或是修改年龄等等。对于这种现象的深入分析,可以说是对民国时期的兵役制度作为分析的起点,或为集中于抗战时期兵役制度的重点分析。

1. 逃避兵役伪造文书案

抗战期间,国民政府深刻意识到抗战的艰巨性,不断加强政治、经济、文化与军事等各个方面动员与准备工作,并注重民众思想动员,从精神上宣传与激励全国抗战。其中四川省曾开展了轰轰烈烈的战时民众动员工作,通过街头讲演、壁报漫画、文艺演出来宣传,积极开展壮丁调查,组织军事训练来协助政府推行役政与宣传兵役,促进军事动员工作的顺利推进,以及进行农业生产的组织,开展献金拥军、劳军等活动来从精神上提升人们对于兵役的支持度。为保障兵源从奖惩两个方面做了一系列法令、制度。国民政府为了安抚军心民心也颁布了一些有关于军人及其军属安抚政策,1936 年 7 月军政部颁布的《陆军士兵退伍归休实施规则》和《陆军征募及退伍归休费给与规则》,1939年 9 月 28 日,军政部颁布《国民兵组织管理教育实施办法大纲》,1943 年 1 月30 日,农林部、军政部及地政署三机关联合草拟《复员军士授田计划纲要草

---

① 《中华民国刑法详解》,上海:上海法政学社 1940 年版,第 118 页。
② 伪造军政系统文书既指伪造军队与政治系统文书案件,此处也将关系军人及解散军人行伪造之情归为一类进行研究,也有其类属性质。

案》。1945 年年初兵役部另颁《紧急征兵奖惩办法》,同时也制订了非常系统的征兵制度,例如《户籍法》、《兵役法》、《兵役法施行暂行条例修正草案》、《非常时期征集国民兵及抽签实施办法》、《战时征补兵员实施办法》、《兵役奖惩条例》等。

1940 年 6 月颁布的《妨害兵役治罪条例》中对于征壮丁做了非常详尽的规定:"应服兵役壮丁隐匿不报者,处 3 年以下徒刑或拘役;对编选现役壮丁名簿有不实之记载者,处 7 年以下徒刑;对缓、免、停、禁、除役出具虚假证明者,处 5 年以下徒刑;对兵役人员放纵壮丁潜逃者,处 5 年至 12 年徒刑。为防止新兵逃亡,各级管区和部队加强联络,规定新兵以籍贯住址相近者编组,取本县五人联保连坐,互相牵制。各连队组织侦探网,派可靠士兵或便衣侦探,随时随地密查,如有逃兵嫌疑,随时公报。"可见,对于逃避兵役惩治力度不断加大,并从全国开展征兵工作。

重庆方面关于抄发妨害兵役治罪条例的代电、训令,见 1940 年 7 月 23 日渝孝役务字第 4968 号中的第 12 条:"意图避免兵役而有左列行为之一者处 3 年以下有期徒刑:一收集后入营之前逃亡者;二战时受召集无故不到逾期在 1 日以上 3 日未满者;前项第二款情形逾期在 3 日以上处 2 年以上 7 年以下有期徒刑。"[1]1942 年军政部更规定"壮丁调查,由乡(镇)保甲长负专责,如经发现漏丁,或不当免缓禁停役,或年龄不确,在每甲一人以上每保三人以上,每乡镇十人以上者,各该乡镇保甲长,不予缓征,并应提前征送入营,以示惩处"。发现漏丁时,其办理人员,应同受户籍法及陆军兵役惩罚条例之处分"[2]。1943 年 5 月 27 日对《妨害兵役治罪条例规定》进行了修改,其中第 15 条条文规定"使人顶替兵役者处死刑无期或七年以上有期徒刑顶替或介入顶替者亦同"。将征兵和保甲制度、户籍制度紧密结合,其宗旨是为有效扼制相关舞弊现象的产生。法令条文中益显对于妨害兵役的处罚显重,反向体现了逃兵避役现象益趋增多,揭示征兵体制存在的不足所暴露的各种问题。尽管国民政

---

① 重庆市档案馆藏:《关于抄发妨害兵役治罪条例的代电、训令》,档案号:53—1—18。
② 兵役部役政月刊社编印:《抗战八年来兵役行政工作总报告》,重庆:时代印刷出版社1945 年版,第 70—71 页。

府作了诸多法令条例及相关措施保障兵役制度,但是现实却存在为逃避兵役而采取种种手段情事发生,以下述案件分析之。

候建林、李荣国伪造关防以制造假差证等公文书案①:

候建林、李荣国及随行李秋保、李学林、李荣国、尹关生、姚立华等六名曾在南寻师区补充团当兵,及县政府当书记,解职后回原籍,因路费不足合伙做生意,由于买猪在浏阳售出,因猪死一双其余在途中杀了,被巡警查诘,因无正式符号臂章,并查出箱内有伪造南寻师区关防二颗。法院问讯笔录,问讯得知,李荣国为铜鼓县政府书记,1943年3月请假时,因伙食费与县府庶务员争执被押释放后欲返家,而无证件为避免沿途军警检查,恐通行不便利,计乃伪造关防加盖于伪造之路单,其他人员也皆为曾系军人或因解散或因请长假回家而伪造关防以图行使之便利。

笔录:

问:你叫什么名字? 答:李荣国。

问:你做什么的?

答:在铜鼓县政府当书记(原在南寻师区第十一区任中尉书记,因待遇不好请长假走的)。

问:你的年龄? 答:年龄27岁。

问:你在县政府作事批准长假怎么会没有县政府证明书通行啊,还要造假关防究竟用意何在?

答:1943年3月离职,因老接家信知家母病危,请长假回家但未获得通行证,只有刻一个假关防证之用。

问:你身上的钱哪来的?

答:身上一千多元钱是工资积下来并做生意得的。

问:你叫什么名字? 答:候建林。

问:你多大了? 答:年21岁。

问:你是做什么的?

---

① 湖南省档案馆藏:《浏阳县罗方等伪造文书案》,档案号:28—6—415,第14—119页。

答:当书记,安仁南寻师区(江西武宁)第十六招募所准少尉,于1943年2月遣散的,第九战区的假关防是因为原服务机关没做后就做差假证。

问:刻这个关防是不是替敌人侦探军情?

答:不是的,因为路途不便利,刻假证并无别的用途。

问:你是募所遣散人员有证明书并不影响通行,何以要造司令长官关防有何企图?

答:我的钱是做生意来的。知道造假证是犯国法,只因急着回家一时糊涂,时间不允许没有领请差假证。

问:你叫什么名字?　答:李学林。

问:你多大了?　答:年29岁。

问:你是做什么的?　答:1941年与候主任一起进部队的(第六招募所),候主任在南寻师第四补充团当营长,后来补充团被遣散后他便当募所主任,我在那时当传令兵。

并分明讯问几个被告,其基本情况如右:李秋保:年27岁,安仁人,传令兵(第六招募所),1943年8月遣散的。姚立华:年49岁,耒阳人,在南寻师补充团一营一连(第六招募所),部队遣散后在瑞昌募所看守新兵,去卖猪四个,死了一个。尹关生:年25岁,安仁人,与候营长一起进部队,都于同年八月遣散,现在南寻师区司令部当附员,这次要回家去。邓明发:年27岁,江西宜丰人,是给南寻师区司令部一个管粮食的刘股长当勤务兵,这次也是他要我来的,身上带了999元钱,与候营长在上洪会伴,去卖猪。

笔录问讯并经法院侦查调悉,南寻师管区司令部本部受理候建陵等伪造文书一案,讯据该犯供称原系贵部第六招募所准尉司,于1943年2月底该所命令遣散,4月间才离开,驻地武宁,同时因四个补充团先后被遣散三个团,不能安插预备回原籍,遣散时所有官兵一律无证件发给。可见解散之官兵因无关防证而确影响其行使之便利也实为其伪造关防原因之一,当然其中也有因经商而图收益之利而为之。

该案系关候建陵部分查候建陵又名候建华原系南寻师管区第六招募所文书上士,1943年2月未遣散前充准尉司书,旋该所奉令裁撤所有员兵一律遣散,该被告以编遣证尚未奉到,因家事请假回家,恐沿途不便通行即伪造关防,意在伪造军用差假证便利行路之用,因伪证防刻不佳,尚未使用,被告供认不讳,并与李荣国共营小本商业,此行为应依刑法第二百十八条第一项问拟(最高刑期五年),唯查该被告伪造关防系在编遣以后之行为,已无军人身份,有南寻师管区复又查其情虽无可恕,但依法不属军法管辖,应由职部判决抑或移送司法机关审判。其余几名皆为候建陵、李荣国同乡一路随同返家,对于二人所犯之事不知情,尚无犯罪事实,谕知无罪,一并送长沙县政府服充兵役。另由第九战区执行监处令姚立华、李秋保、李学林、尹关生等四名人犯发充兵役交由独立分监部接收。南寻师区司令部战友(喻兆元、宋绍员、刘俊硕)具保候建陵(因公奉派来浏阳因嫌疑被押查该兵并无非法行为);并同时具领邓明发:确系南寻师区模范队士兵派来浏有文件是资证明批准交保,并将所搜获之法币979元毕业证书等具领。

该案主要伪造之情事即是为做差假证而伪造假关防证,从本案口录中,不管他们说是"只因急着回家一时糊涂,时间不允许没有领请差假证,"还是"老接家信知家母病危,请长假回家但未获得通行证,只有刻一个假关防证之用"。从字里行间无不反映出,请长假未能通过正常途径得以批准,而此类"军人"为何请假之理由并非为他们冠名所编各类原因,各类请假理由的实质则是为了逃避兵役回家。据此可见,农民不管是当兵还是逃役最本真的出发点是为了生存,是为了维持最直面最直接的个体的物质生命意义。

当然安土重迁等心理因素亦在此起着作用,大多数士兵原本从军的根本目的就是出于吃饭等最基本生存问题,现因军队连吃败仗,家园不断沦陷,部队供给也非常困难,那么,显然这一切都远离他们原本从军的初衷,而这些却改变了他们原本的生活现状,因此,此处太高远的国家利益显得非常无力,他们唯一的愿望就是回家!安土重迁的心理因素在此显得力量无穷,此刻,脑海里那幅"老婆孩子热炕头"的家园图片已经成了他们一切行动的巨大动机,以至于不惜行伪造犯罪情事。

上案略见犯罪的内驱力来自犯罪人的需求。这种需求决定了犯罪人的行动目的。从基本的法理可得出,本案被告从事伪造军关章的行事目的就是制造伪造的差假证,而行假差假证的意图就是逃避兵役,这正是被告犯罪的最原始的原动力。而犯罪是个人行为的社会活动,在个人动机背后隐藏着"在行动者的头脑中以这些动机的形式出现的历史原因"。如吴得胜伪造关防以制造假差证等公文书案:1939 年 6 月 22 日,吴得胜(男,30 岁,湘乡人,退伍军人,原系军界服务),近因退伍回原籍,冒充陆军新编第三十八师上尉副官,伪造师部大印一颗、官章一颗、私章两颗,差假证三十纸,寄本城北门谭生盛店,被本邑前公安科警缉获,并由县长兼检察官提起公诉,此案判处吴得胜伪造公文书及公印文冒充公务员处有期徒刑一年,大印一颗、官章一颗、私章两颗、差假证三十纸,均没收之。说明案犯犯罪动机非常直接与显明,就是要逃避兵役,伪造假章假证应当是当时逃避兵役的一种较为文明的方式,但就此即体现逃役的普遍性与严重性。

涂改壮丁年龄伪造印章之案①:

张惠迪,男,27 岁,湘潭人,连南乡保长。张惠迪伪造其四字私章加盖原二十七保户籍所涂改为壮丁年龄,伪造吴保和私章。但张惠迪称"当日因清查保内户口,在叶润坤屋,拘保内居民请求将壮丁年龄更正,保干事吴保和亲自盖了'吴保和章'四字私章,在涂改字和举出荣润坤等并呈缴林德润等代领字为立证"。遂经起诉侦查。

湘潭地院查悉,本件告诉人吴保和说张惠迪伪造其四字私章涂改壮丁年龄并意图嫁祸于已,经传叶润坤等到案结证,目见吴保和盖了四字私章在册上,细核林德润等代领字上吴保和所盖字私章与册上私章时类似,是被告张惠迪显无伪造告诉人四字私章情事,而吴保和在外便用两颗私章亦无疑义,且湘潭县政府已派员查明张惠迪伪造私章未获确切证据,不能凭告诉人空言主张而处入被告以罪刑。1939 年 2 月 4 日湘潭地院一审判决:依《刑诉法》第二百三十一条第十款,处以不起诉处分。

吴保和不服一审判决向湖南省高院检察处声请再议,高院认为本案申请

———————
① 湖南省档案馆藏:《湘潭地院检察处李人春等伪造文书案(1939—1942 年)》,档案号:29—2—1051。

已逾法定期间,此项声请已非适法。经原检察官读据声请人已自承"对外曾用过四个字的章",而被告搜查林此笔代领字二纸,林德润代领字或纸林文化点单一纸均于声请人作证,其在上述字约上所名单,又核与在户籍册上涂改所加盖之四字名章无异。复据证人叶润坤张美成赵述等,所结证,曾目击声请人在户籍册上自行加盖名章属实。则被告伪造声请人印章情事自无认定,原检察官予以不起诉处分,当无不合,本件声请为无理由。合依《刑事诉讼法》第二百三十七条对声请再议予以驳回。

该案情系被告连南乡保长张惠迪因保内居民请求更正其壮丁年龄而伪造吴保和私章,后经法院查明张惠迪确无伪造之事实,是故处以不起诉处分。不管该案判决何如,但亦反映民国基层保甲制度与抽抓壮丁现象有紧密之联系及其中产生相关之流弊。

当然,其他规避兵役并非仅发生湖南境内,其他地方同样极为严重,在抗战大后方呈现出更为严重的情势,甚至出现直接暴力抗征现象亦不在少数。1941 年 9 月 13 日,四川三台县中兴乡十六保农民梁尚志、梁光文"为拒服兵役",持刀将上门征兵之壮丁队队丁苏延奎砍伤。事发后,乡长呈报县长处置。梁尚志等表示认错,称"民等疾愚,一时畏服心切,遂至发生误会,事后自知非是于法,于情实有未合,拟请安心服役,并祈转恳钧府(县政府——引者)免予究办念"。县长随即批复,念其"自觉悔过,姑予免究","送交师管区暂编团第二营验收,列抵该乡征额"。① 从中可见,县长以二人认错,随即批复"姑予免究"之情,即反映此类事件非常普遍,已成为县政视域里常犯之事,因此,县长认为不足以重罚,随即处置,十分轻巧与随意。另外,该案二梁犯案之动机并非其他,仅因"一时畏服心切",当然此类从轻淡描述之词说明该文出自乡绅之手笔,并非一般农家之口,也为其从轻处罚之意图,但却反映出对于从征的心理害怕占其首位是真实所在。其他规征的方式诸如转移避征、自毁自残避役、冒充单丁规避、买丁顶替等等方式逃避兵役的案例不一一在此列举,

---

① 四川大学中国西南文献研究中心藏:档案号:10—2—536,第 47 页。(注:凡川大中心藏民国档案,四川三台县档案馆)。

皆体现乡民心理的因素占有重要原因。

当然,造成上述案发原因是多方面的,除了前述国民政府层面的因素,日伪政权加大抓拉士兵,造成兵源极为紧张的局面,是为客观之成因。为此,日军在军事实行"以华制华",在中国收编伪军,加大在中国征集兵源,充实伪军力量等也是重要关联成因。

日军松冈部队召集东、南面郊督察署长会议,当即前往该队参加,经松冈部队长提议,拟在北京临时政府之下,由日军援助成立中国新军队一集,经议决,依案进行,并经纪录,及规定临时政府治安军队新兵招募决定。①

附松冈部队长会议事项:"一、拟在北京临时政府指挥之下,由友军接助成立中国之新军队,此军队系为保护本地治安,不向外地作战。二、务选良民子弟素质优良的青年编成之,其以前之军人或不良份子及意有嗜好者,概不挑取。三、宣传法,各郊集合各段巡官、村长,说明成立军队之意义,使其努力宣传。"

临时政府治安军队新兵招募要项:"一、此次依日本军援助格拟新设临时政府所属治安军队,而招募素质优良的青年,那目的就在编成未前例之纯洁,并能谅解时局,确实为东亚新秩序之础石的新军队。二、本军队非如早先在中国军阀的私兵,而在临时政府指挥下协力和日本军当自卫的军队,所以不招以前在皇协军、剿共军、游击队里者,只招良民子弟,以编成军队。"

从上述松冈部队长招募新兵会议要项从招兵数量,招兵要求也较高,要求身强力壮,无不良习惯者,如"整军后之兵力约为现有兵力十分之六(约 70000名),概于一年内整理完竣"。此后汪伪军委会还制订具体的系统的新军招募计划②:"一、为建立适合时代之新军,除各级干部严格选任外,其所需士兵,以招募民间适龄之良民编成之。二、设立一'建立新军招募处',隶属于陆军部,

---

①　中国第二历史档案馆编:《余晋禾为松冈部队长提议由日军援助成立新军队检抄治安军新兵招募要项呈(1939 年 9 月 12 日)》,见《中华民国史档案资料汇编:第 5 辑第 2 编,附录(上册)》,南京:江苏古籍出版社 1997 年版,第 251—255 页。

②　中国第二历史档案馆编:《汪伪军委会抄送新军招募计划草案咨(1943 年 7 月 9 日)》,见《中华民国史档案资料汇编:第 5 辑第 2 编,附录日伪在沦陷区的统治(上册)》,南京:江苏古籍出版社 1997 年版,第 275—279 页。

办理招募士兵之计划、指导、检验等事宜。三、按照和平区域内各省及各特别市（特别区）人民素质及风土习俗，将所需士兵额数适宜分配于各省、市（区），责成省、市长（特别区长官）负招募之士兵输送到京，点交于招募处。四、为期招募迅速确实，由招募处选派曾经带兵之高级将校为招募委员，报请委员长核定，令派于各省、市协助省、市长办理招募事宜。五、为求士兵素质良好，由招募处会商教导总队筹备处，选派确有带兵经验之青年军官，分遣各省、市为验选委员，按士兵三百名检验委员一人之标准选派之。六、招募期限，自开始日起至本年十二月末，各省、市（特别区）均须按照分配名额办理完竣。"

2. 伪造委任状之案

案一①：

梁建勋，男，35岁，公务员，住邵阳敦安乡。梁建勋与颜岳嵩素相交好，1946年被告当选为该乡乡民代表，欲荐颜岳嵩为乡队附，乘邵阳县长周远鹤交卸时，私刻邵阳县政府印及邵阳敦安乡乡公所戳记，即县长周远鹤名章并伪造邵阳县政府派颜岳嵩为郭安乡国民兵队附兼乡队附委任令一纸后，伪造郭安乡乡公所对套一纸，将该委任令置于郭安乡乡公所封套内，称县府府委令发由乡公所转送至被告家于本年7月20日。由被告亲自送交颜岳嵩收受，约其于同月28日接事旋后改定8月1日，约其前往到差，届期颜岳嵩赵郭安乡乡公所任事，经该乡乡长发觉报由邵阳县政府，将被告解送原审检察官侦查起诉。

1946年11月2日邵阳地院一审判决（此处无案卷记录）。

梁建勋不服邵阳地院一审判决，向湖南省第四分院（设在邵阳）提起上诉。

湖南省第四分院调查认定，查梁建勋伪造邵阳县政府委任令及郭安乡乡公所封套，将伪造委令置于该乡乡公所封套内，称该委令由县府收交乡乡公所转由被告，于本年7月20送至颜岳嵩住所安化蓝田，当经颜岳嵩鸣爆竹志庆

---

① 湖南省邵阳市档案馆藏：《湖南省高等法院第四分院档案》，全宗号1，目录号6，案卷号554，案卷名《郭柏堂等十三人之伪造公文书案》（1944—1947年），第25—37页。

后,邀请谢若寰梁焕文等多人陪被告晚餐,不仅颜岳嵩指陈历历,并经朱求义周元建等到案结证属实,被告虽不承认有送给该委任令情事,称郭安乡乡公所已早日着周必胜将该伪造之委任令送交颜岳嵩,渠阅抗特前往致贺以为辩解,唯是日被告曾至颜岳嵩家,经其请客相陪。又查被告将该委任令送交颜岳嵩,复翌日即由颜岳嵩致函郭安乡乡公所及乡队部称:于 7 月 20 日收到县府委令前往接收移交事项,该函件须托由被告转交该乡乡公所,被告自知事必虚伪,不敢转交,将该函藏匿,后于 7 月 27 日致函颜岳嵩称"贵公缄业经尚当日面呈处罗乡长(即郭安乡长)处云,已有口缄答复定八月一日交卸。"如该伪令系郭安乡公所交与颜岳嵩,则颜岳嵩与郭安乡乡公所函件往来定期接事,何劳被告至函转告,且查其函件所载时日既其词意与颜岳嵩所称,均极符合,又据颜岳嵩提出被告另函各称"岳嵩队附吾兄勋席,本日下午由乡转到县府命令,因县长移交命弟克日晋县弟已县对兄委须俟,弟十九日来送横签到我家慢二三天玄关系矣"又本年 6 月 28 日函称"兄之任命准定农历六月初八日送来并筹备欢迎,请事先绸缪是荷"等语。

关于 6 月 28 日之函,被告自认系其他亲书其称委任俟 19 日送采一函,经本院核阅与被告之字迹相合,依上开函载情形,则被告于该委令未送达于颜岳嵩时,被告已一再函告约期送交该伪造委令,实系被告亲自送与颜岳嵩收受,证据极为确鉴,查该委令上所盖邵阳县政府印信与县长周远鹤私章及其转送委令之封套上所盖郭安乡乡公所所长戳,均非真实,经郭安乡乡公所译为核对,而邵阳县政府并未委任颜岳嵩为队附,复经该乡公所报告邵阳县政府,查明在案该任令确系被告交与颜岳嵩,已如前述,而被告于颜岳嵩未接受伪造委令前,即以委任令已到该被告家中等情函知颜岳嵩,该委令既县印私章等均系被告伪造尤玄疑义。

被告于本年 7 月 27 日至颜岳嵩函借国币 5 万元,虽以索取推荐其为队附之报酬,唯详核函载"弟此次因管闲事受累务请借洋 5 万着来人周央生送,力行日报馆收其款限 7 月 2 日奉还,天算天息,此事务请办到"。被告与颜岳嵩素有交好,向其借款限期本利奉还,并非以送给颜岳嵩队附委任令为要求交付5 万元之要件,则其向颜岳嵩借款系借贷关系,难认为其伪造委令,即为意图诈索国币 5 万元,原审论被告以诈欺罪,亦有未合,更查被告所伪造之县印县长私章即乡公所长戳,虽未交案,无从没收,但其伪造之委令及郭安乡乡公所封套均尚附卷,自系供犯罪所用之物,"原审未依刑法第三十八条第一项第二款及第二项规定,予以没收,尤属违误,应即由本院将原判决撤销",酌被告犯罪之动机及其所生损害处以有期徒刑 2 年,并剥夺公权 6 年,伪造委令及封套各一纸一并没收,至上诉人称该委令系郭安乡乡长罗纯臣伪造设计陷害,并称县印系罗纯臣以 2 万元请蒋华安刊制,现蒋华安已死,尚有蒋华安之妻蒋谢氏可证等情。经本院审讯,蒋谢氏语焉不详,显系被告饰词诿卸不足置信。

1946 年 12 月 28 日湘第四分院二审判决如下:原审认为被告触犯《刑法》第二百十一条伪造公文书及《刑法》第二百十八条第一项伪造公印之罪,其认定事实固无玄见,唯被告并伪造县长印章及郭安乡乡公所之戳记,又同时触犯《刑法》第二百一十七条第一项规定,再被告将伪造之委令交与颜岳嵩持往到差,并犯刑法第二百十六条之罪,且其伪造委令意思即在于行使,依最高法院二十二年上字第五六四号判例伪造公文书之行使应为行使所吸收,"原审乃判处被告伪造公文书罪,置其行使伪造公文书,乃而不论自有未合"。据上论结,应依刑事诉讼法第三百六十一条第一项前段第三百五十六条第二百十一条前段刑法第二百十一条第二百十七条第一项第二百十八条第二百十六条第五十五条第三十七条第二项第三十八条第一项第二款第三项前段判决:原判决撤销,梁建勋行使伪造公文书足以生损害于他人,处有期徒刑二年,剥夺公权六年,伪造邵阳县政府委任命令一纸及敦安乡乡公所封套各一纸没收。

案二①:

王开百,男,22 岁,城步县人,前东安县政府科员。东安县中西乡第十三、十四、十五各保共设联保小学校一所,系秦宝光为校长,以原有第十四保之校为校址,另在第十三保龙头观地方设一分校,系秦雄主持其事,兼充中西乡乡公所乡队附之职,因第十三保之民黄色燦、蒋开骅等生意见,欲回复第十三保

---

① 湖南省邵阳市档案馆藏:《湖南省高等法院第四分院档案》,全宗号 1,目录号 6,案卷号 554,案卷名《郭柏堂等十三人之伪造公文书案》(1944—1946 年),第 37—42 页。

之保校,未得县政府批准,适于 1946 年 5 月间东安县政府县长钟晓屯交替之际,黄色燦与县政府监印萧明诚相识,萧明诚与人事科科员王开百(互相勾结,先由保民蒋开骅等呈请增设保校等情,王开百萧明诚遂根据呈交伪造委任令两件,委黄色燦为第十三保之学校校长,发黄桂为该乡乡队附,又伪造命令训令各一件,令该乡乡长监视秦宝光、秦雄移交校长及其队附职务,嗣因该乡乡长呈请秦雄补乡队附,未经核准,忽奉训令免职,不免怀疑,当即呈请县政府查询,并无底卷,遂被觉查系属伪造,旋由兼理检察职务之县长传唤被告提起公诉,经原审判决后呈送院覆判到院。

东安县司法处调查认定,本件被告王开百与萧明诚共同伪造委任令二件及训令命令各一件,除黄色燦为第十三保保学校长及黄桂委为该乡乡队附之委任令二件,均为黄色燦、黄桂持出在逃,未予缴案外,至于东安县政府所载该乡乡队附秦友免职,派黄桂为该乡乡队附之县岚军字第一〇六七号命令一件,及据士绅蒋开骅等以黄色燦久历教界,除发给委令外,令仰知照县岚教字第一二七一号训令一件,均由中西乡乡公所所缴,呈东安县政府存在卷,不得谓非确证,兹据王开百供述,这两个命令训令是监印,萧明诚来要我写的,两个委任令已散出了,因钟县长预备移交,是预印的纸写的等语不讳。是王开百与萧明诚共同连续行使伪造公文书之事实,已臻明确。

1946 年 11 月 16 日,东安县司法处一审判决:处有期徒刑一年六个月以上,又查被告年轻识浅一进错误,致罹法纲尚可悯恕,依刑法第五十九条酌减其刑于二分之一,又依刑法第七十一条第一项先加后减,处有期徒刑一年二月,伪造东安县政府委任令二件,又命令训令各一件,依刑法第二百十九条均没收论罪量刑。

王开百不服原判,向湘第四分院提起上诉,湘第四分院于 1946 年 12 月 31 日覆判如下:惟查盗用公印及署名与伪造公文书有相连之关系,应从一重处断,又系以概括之意思,连续而为之,应依连续犯论罪,又查被告系公务员利用职务上之机会而犯罪,应加重本刑二分之一,原审依刑法第二十八条第二百十一条第二百十六条第二百十七条第二项第一项第二百十八条第二项第一项第五十五条第五十六条第一百三十四条应于第二百十一条之本刑上加重其刑至二分之一,处有期徒刑一年六个月以上,又查被告年轻识浅一进错误,致罹法纲尚可悯恕,依刑法第五十九条酌减其刑于二分之一,又依刑法第七十一条第一项先加后减,处有期徒刑一年二月,伪造东安县政府委任令二件,又命令训令各一件,依《刑法》第二百十九条均没收。"原审论罪量刑,尚属允当",本件应为核准之判决。据上论结,应依县司法处刑事案件覆判暂行条例第四条第一项第一款判决:初判核准。

本案系伪造委任令等公文书案,其案件性质尚属严峻之态势,且能危及国家政令之畅通与政府之威信,本应从重从严处理以儆效尤,以便严肃党纪国法。然该案业经二审判决无不显示其从轻之取向,一审处以"又查被告年轻识浅一进错误,致罹法纲尚可悯恕,依刑法第五十九条酌减其刑于二分之一,又依刑法第七十一条第一项先加后减,处有期徒刑一年二月,"据"新刑法"第二百十一条规定伪造变造公文书,足以生损害于公众或他人者,处一年以上七年以下有期徒刑。可见即使严重之犯意案件仍然取其法律之下限。二审称"盗用公印及署名与伪造公文书有相连之关系,应从一重处断,又系以概括之意思,连续而为之,应依连续犯论罪,又查被告系公务员利用职务上之机会而犯罪,应加重本刑二分之一",以及据"第二百十一条之本刑上加重其刑至二分之一",然二审也一再声称"查被告年轻识浅一进错误,致罹法纲尚可悯恕,依刑法第五十九条酌减其刑于二分之一",二审判决仍然维持原判从轻之处罚,可见,民国时期对于此类案件的审断从轻之判处意在表里。

抗战胜利后,湖南进一步卷入内战。国共双方在湖南的武装力量都不断增加,许多地方生产遭受破坏,人民生活困苦。国民政府通过《厉行全国总动员方案》,随后又颁布《中国国民党戡乱建国总动员方案》,搜括人力、物力、财力,使得人们生活更加困难。① 也使国民政府陷入政治腐败,呈现"多年来官僚主义早已构成政治上的最大弊害,而以敷衍塞责假公济私为尤甚。其结果,官吏不知责任为何物……陷政府于无能"。② 在"二五减租"过程中,就出现

---

① 《湖南通史》(现代卷),第491—493页。
② 罗家伦:《革命文献》(第八十辑),台北:中国国民党中央委员会党史委员会,第402—403页。

天台县地主与区长、警察串通起来,"伪造省府训令,谓实行即以共党治罪"。[①]老百姓求活的呼声远远超过对于任何战事与国事的关心,而政府尚处在内战的旋涡中,又急于应付飞涨的物价,对于司法的治理无力顾及,也是上述案件发案率高且判决从轻的一个原因。

二、伪造经济系统文书案及其审断

1. 伪造粮食文书案

抗战进入相持阶段,战事屡屡失利,暴露出国民政府和军队的虚弱,战争加剧通货膨胀,贬值的通货使得军队、政府、经济等整个社会机体趋向羸弱。1940 年食品价格开始暴涨,造成价格上涨与通货膨胀恶性循环,这是整个社会对于政府缺乏公信力的结果。国民政府为解决社会危机,采取扩大税源,实行田赋征实和发行粮食券等措施,时人张嘉璈评价"(田赋征实的)长期的政治和社会影响,在很大程度上超出了为军队获取低价食品的眼前利益"。[②] 发行粮食证券办法是避免战时增发货币影响物价破坏金融政策,是故为不影响币制问题,以解决军粮民食而为之办法。[③] 物价粮价相继上涨,粮食关系军粮民食,影响重大。

抗战期间,有的因为军队无法及时发饷粮而自动遣散部队,也有因为吃了败仗而四处流窜军人散落于社会,造成社会不安与社会动荡。尽管国民政府亦制订了相关政策来解决军人安抚问题。如 1936 年 7 月军政部颁布的《陆军士兵退伍归休实施规则》和《陆军征募及退伍归休费给与规则》;1943 年 1 月 30 日,农林部、军政部及地政署三机关联合草拟《复员军士授田计划纲要草案》等,这些文件都对复员退伍军人、伤残官兵及其家属的安置工作做了详细

---

① 益圃:《新土地政策的实施问题》,《中国农村》1937 年第 3 卷第 7 期。

② 张嘉璈:《恶性通货膨胀》,第 144 页,又见杨格:《中国战时的财政与通货膨胀》,第 25—26 页,转引自[美]费正清:《剑桥中华民国史》(下卷),北京:中国社会科学出版社 2007 年版,第 585 页。

③ 《第二历史档案馆编:四联总处关于筹集抗战军粮计划意见(1940 年 11 月 11 日)》,见《中华民国史档案资料汇编:第 5 辑第 2 编,财政经济(九)》,南京:江苏古籍出版社 1994 年版,第 316 页。

的规定,由于战争及政府政治经济运行力使得政策与实践呈现分离,诸多军人安抚措施成为无法兑现的一纸空文。

尽管民国政府采取一些政策保障军粮公糈,使得军人与官员享受一些廉价食物的补偿,但通货膨胀还是损害官员、士兵的生活水平,进而影响政府的活力。1938 年武汉失陷后,大量国民党军队云集湖南,仅在岳阳一地就集中了 9 个师的军队,每天所需要军米 880 石,不到两月,该县"搜刮已罄","军民粮食均感恐慌"。① 部队官兵为求一饱,乃"入市抢购",甚至"自由毁仓封谷"。② 也有流离于社会的退役或解散等军人有为谋利也有为解决生活问题,利用熟悉军粮供应与运输渠道走向犯罪之事。如下案。

李铁华,湘潭人,时为解散之军人,他自脱离军籍后一度无业,四处漂荡生活无所依,后来与友人赖智基(广西榴江县人,居住在衡阳中南公寓,他是一个很大的米商)经营米业,李铁华因曾在军队服役,熟谙军粮供应与运输之事,是故,两人商议试图行伪造情事以图偷运免税。遂于 1943 年 9 月 4 日伪造军用关防以图偷运军米,到柳州贩卖以获得不当之利,在绿口刻字店里刻三十一军关防、四十六军总师部新编十九师五团指导员关防,以便利用伪造离职文件,到四战区长官去谋事以便偷运军米。同时还伪造了国民政府军事委员会任官令三纸,陆军第三十一军司令部军用差假证七纸,军政部荣誉军人第五休养院军用差假证二纸,陆军第三十一军司令部,陆军第十四师司令部,陆军第十九师司令部,陆军第四十六军政治部新编第十九师第五团政治室公文纸各一束,陆军第三十一军第一野战医院送院证三纸,军服领章二枚,第五休养院宣传队及全国慰劳总会证章各一枚。后携至上述各件到湘潭十三总怡和旅社住宿,恰遇该县警察局侦缉队搜捕检出伪造之各公文书。③

根据 1935 年《刑法》第二百一十一条规定:伪造变造公文书,足以生损害于公众或他人者,处一年以上七年以下有期徒刑;第 218 条规定:伪造公印和

---

① 湖南省档案馆档案藏:《张治中致第九战区粮管处》,档案号:0—15—101,1939—1—29。

② 湖南省档案馆档案藏:《岳阳县长黎自格给湖南省政府的报告》,档案号:0—15—101,1939—1—6。

③ 湖南省档案馆档案藏:《湘潭地院罗敬堂等伪造文书案》,档案号:29—2—1055。

公印文者,处五年以下有期徒刑。该案于1944年2月26日湖南省高院判决,查被告所携带之伪造公文书有空白者,盖有公印、官章者系触犯上述法律,判处李铁华伪造公文书处有期徒刑四年,并没收上述伪造物品。据案卷显示"解散军人行伪造之事,其态尤为严重,影响极为恶劣,势应从重处之"之字样,可见,政府基于解散军人之特殊性,他们熟悉部队管理程序,以利用特殊之人脉资源,与军队在职人员里外通容,里外勾结以行伪造公用关章,诈取军粮以倒卖于地方粮店以获取利润,其危害之深,其犯意之劣,其意显明,因此,此类案件趋于从重之取向。

从此类案件审判来看,隐隐可见司法实践之复杂性与多样性。被告身份确认之变化导致案件审理之变化略可推知诈领军粮伪造文书案情呈现背景的复杂性,不仅只是案卷显示解散军人因生活困顿而犯,亦有军队官兵上下勾结利用军队特权,诈取粮食等军用溃乏物资以牟取暴利于私囊,在一定程度上也反映国民政府政治的腐败,揭示国民党统治危机,亦体现司法实践中存在诸多影响因素。此类似案件不胜枚举①,又见大公报上一王姓退伍军人因寻事无着而骗了一件毛线衣。被移送法院在庭审中竟要求加刑,为避饿死而愿呆在牢里度年关。②

此时抗战成为关系民族命运大事的关键,触犯军粮公糇案审判情形,已超出普通刑事案件之意蕴,几乎被定性为违背全民族的命运、前途的犯罪符号,至此颇能成为此类案情审判不断趋重的注解,为此,关于军人及解散军人利用职权或其相关便利而从事粮食伪造案件的审断从重、从速已经成为当时案件审理的典型特质。同时,也反映在这个时刻,政府缺乏足够的能力妥善处理外部环境造成的压力与一个不断变革的经济、社会、生态、政治环境之间的复杂关系。

---

① 同类案例可见《湖南省高等法院档案》29—2—2065,1938年;29—2—2066,1938年,29—2—2066,1937年;29—2—2067,1939年;29—2—2026,1937年;29—2—2027,1938年;29—2—2068,1939年;29—2—983,1937年;29—2—984,1940年;29—2—985,1942年;29—2—986,1940年;29—2—1536,1941年,29—2—987,1940年。

② 《新闻拾零:为免冻饿死,要求增徒刑》,天津:《大公报》1947年12月24日。

　　抗战时期军用粮食与军用器械同等重要,粮政显属重大的要务,因为粮食问题在征收、仓储、运输、配分、调拨等各阶段都特别容易滋生舞弊。为此,民国政府颁布许多条例以保障粮政之通畅,尽量避免不法行为之发生,行政院为此颁行《田赋征收实物考成办法》以便奖励优者,惩处劣者;财政部制定了《田赋征实及征购粮食工作竞赛通则》以激发各级办理田赋人员的竞赛精神,以促使粮政工作的有效推行;民国政府还相应制定了一些奖励各级地方政府之政策,诸如《粮政奖章规则》、《县长办理考绩条例》,粮食部针对粮政人员的奖惩制订了《非常时期违反粮食管理治罪暂行条例》和《惩治贪污条例》。严厉的奖惩对粮政的顺利推行、保障抗战的胜利无疑是有益的,然而制度本身的不完善、政府自身的腐败都难以从根本上阻止军粮相关案件的发生,加上不容易兑现的奖励抵不上贪污与高价的倒卖所带来的暴利来得实惠。据统计,所有的违反粮食管理法令及营私舞弊案件,从粮食部自成立之日起至1943年3月底止,粮政违法舞弊案件,经审讯属实,依法判处死刑者10人,无期徒刑者25人,15年以上有期徒刑者28人,10年以上徒刑者47人,5年以上徒刑者112人,1年以上徒刑者91人。其余记过撤职等行政处分者325人。[①]

　　随着战事吃紧,军粮供应日显维艰与重要,遂国民政府军事委员一再下令强调"正值抗战建国之际,公务员应廉白自守,对于办理粮政人员尤当慎重"。三十年九月颁布明令,列举六项弊端予以严办,……(五)对缴纳粮食,人民需贿赂者;(六)经办储运人员监守自盗,掺假作伪或浮报储运数量或虚报损失或克扣运费者。[②] 然贪污与受贿等舞弊情事迭现,兹查重庆市仓库督导员刘陶因恃与仓库主任叶新民关系密切,以致贪污无忌,常与唐家沱分仓主任陈济光等勾结舞弊,该分粮仓主任等出入粮食大斗进小斗出,或发水分盗卖军粮,

---

　　① 第二历史档案馆编:《国民政府行政院检发粮食部1943年工作成绩考察报告(1943年7月1日)》,见《中华民国史档案资料汇编·第5辑第2编,财政经济(九)》,南京:江苏古籍出版社1994年版,第380—381页。
　　② 第二历史档案馆编:《国民政府粮食部关于检送有关粮政工作报告的公函》(1940年),见《中华民国史档案资料汇编·第5辑第2编,财政经济(九)》,南京:江苏古籍出版社1994年版,第380页。

或伪造领粮单冒领军粮到市场私下交易走私军粮等情,且查核有受贿与分脏之确有情事,刘陶被呈报每月受贿分仓一万元,刘陶又奉查包运商,谎报沉没军米船只两次,受贿 27 万元,1943 年 5 月库派员往查包运商朱和清,谎报于铜铁船只沉没,损失军粮 320 余石一案,继于该年 7 月份库派员往查包运商李春台,谎报船只沉没,损失军米 500 余石,其中实情其船只毫未沉没,竟为故意欺骗结果,刘陶贪污 30 多万元。此案由重庆市民郑虞呈控,也可能因投机米商相互检举揭发所为,①尽管国民政府军事委员会特对此下令来深究严查,大加责问导致公家损失巨大,影响军食何堪设想? 责令一定要彻查并迅速回复,但粮政腐败案件不断涌现。

　　湖南省粮食储运局仓储员李自华于 1943 年 6 月 23 日因伪造陆军新编第三十八师上尉副官,伪造师部大印一颗、官章一颗、私章两颗、粮食库券数张,并在自己所属粮食管理处保管的粮食仓库里诈领取军粮 134 石 6 斗 1 升,后盗卖至长沙米店李春生处,经该长沙县警察局侦缉队检查拘获,解由长沙地院检察官侦查起诉。②

　　经李自华供称,供认其伪造印章、文书属事实,是通过伪造印章之粮券向粮储换取粮食据为已有之犯意明确。据 1935 年刑法规定:第二百一十条规定伪造变造私文书足以损害于公众或他人者处五年以下有期徒刑;第二百一十一条规定伪造变造公文书足以损害于公众或他人者处一年以上七年以下有期徒刑;第二百一十七条第一项规定伪造印章印文或署押足以损害于公众或他人者处三年以下有期徒刑;依刑事诉讼法第二百三十条第一项规定检察官依侦查所得的证据,足以认定被告有犯罪嫌疑者应提起公诉。被告之所在不明者亦应提起公诉;第二百四十三条规定提起公诉应由检察官向管辖法院提出起诉书为之。第二百一十三条规定:公务员明知为不实之事项而登载于职务上所掌之公文书足以损害于公众或他人者处一年以上七年以下有期徒刑。据上述法律,此案于 1943 年 8 月 9 日长沙地院一审判决被告李自华七年有期徒

----

　　①　重庆市档案馆藏:《关于核查伪造米据冒领食米等舞弊事宜致重庆市政府的公函》,档案号:70—2—282。

　　②　湖南省档案馆藏:《长沙地院李自华等伪造公文书案》,档案号:29—2—145。

刑,并没收上述伪造公文书及伪造印章等。

关于军粮与民食问题,自应念及战争胜利、国家安定之大局,因此,抗日战争后期,事关粮食案件审判机构一律由军法处置。1944 年 10 月,徐堪在给蒋介石的电文中明确表示军粮之重要性,凡系属军粮事宜所犯案件一律交由军法管理,如有舞弊或贻误交由军法审判机构审理。

随着抗战进入相持阶段,国民政府更加明确粮食问题影响并决定着抗战胜利、国家存亡,为此,非常注重粮食宏观政策的制订,同时也很关注粮政业务的分配。因粮政业务艰巨,实物征集数量甚大,动员人力自必众多。而征课收纳仓库运输加工分配拨发手续纷繁。均易发生弊端,故财政部对于田赋征收设置高级督导人员六十人,派至各省巡回督察。粮食部于成立之初亦即设置督导室,由军事委员会办公厅经济会议秘书处、中央组织部、宣传部、中央调查统计局、三民主义青年团宪兵司令部等机关分别派员参加粮政督导,推选廉明干练之高级人员充当督粮员。分驻各省督率工作、纠察弊端,其特别重要省区由军事委员与行政院督粮派特派员,督促地方政府切实执行粮政法令。协助粮政机关达成任务。唯粮食业务普遍及于乡镇保甲。①

但即便管理如此之精细,却也无法阻止粮政犯罪现象的屡发,据粮食部统计,各省督粮特派员分别督导各地粮政。陪都粮政密查队分赴大小两河流域及重庆附近各码头,破获要案甚多。违反粮管政令及贪污案件视其隶属系统及情节轻重,或由部给予行政处分,或送由军法执行总监部讯办,或送该管省政府专员公署县政府处理。总计三十二年度内处理大小案件 1394 件,业经办结者 71 案,其由部进行处理者每较省县为迅速而彻底。② 1944 年 1—8 月份,粮食部办结的粮政贪污及违反粮管政令案件中,判处死刑者 4 人,无期徒刑者 7 人,十年以上有期徒刑者 24 人,五年以上有期徒刑者 36 人,一年以上者 14

---

① 第二历史档案馆编:《国民政府粮食部关于检送有关粮政工作报告的公函》(1940 年),见《中华民国史档案资料汇编:第 5 辑第 2 编,财政经济(九)》,南京:江苏古籍出版社 1994 年版,第 380 页。

② 第二历史档案馆编:《国民政府行政院检发粮食部 1943 年工作成绩考察报告(1943 年 7 月 1 日)》,见《中华民国史档案资料汇编:第 5 辑第 2 编,财政经济(九)》,南京:江苏古籍出版社 1994 年版,第 356—357 页。

人,此外予以撤职或记过等行政处分者 82 人,其中有关押运与船户的案件最多,约 43 起,有关仓储者次多,约在 14 起以上。① 即便是如此之重的惩治力度也并未能在全国粮政系统起到以儆效尤的功效,只能说明当时的时代既不能消除犯罪的道路,也尚未有改过的有效途径。

抗战时期,国民政府颁布的诸多粮食政策、措施为保障抗战的军粮民食起了一定作用,但是粮食犯罪现象仍然屡判屡犯、屡禁不止。国民政府从粮食部到基层各级设有专门粮食征购人员,各级设置相对完备的督导人员,粮食业务普遍及于乡镇保甲,但是诸多粮政人员,特别是乡村保甲有着"无利不起早"之秉性,利用催征钱粮之便利,行各类贪图粮食之犯事。国民政府大量人力物力,意旨是为保障军粮公粮以促抗战胜利,粮政人员无视国纲国法而犯事,本来是为解决粮食而设立从上至下层次密集粮政体制却招来更加严峻的粮食危机,粮食犯案迭出不已,实际上,这种二元对立之意象正是国家权力"内卷化"的明显表征。

1938 年 10 月下旬,中国抗日战争中的国民党正面战场节节失利,广州、武汉相继失守,湖南便从抗战后方变为抗战前线,形势十分紧张。旱灾洪灾导致农业歉收,人们不储存货币,加紧储存粮食。由于歉收、增税和加租以及兵役的负担,大多数农民生活非常贫困。② 1938 年衡山区的农民米价为 244.2 元每石,到 12 月底就涨到了 346.1 元每石了,到 1939 年就上涨为 364.0 元了。物价上涨,而其中农民的主要生活——基本消费也快速上涨,农民的生存都存在着很大的问题,这些数字反映的是湖南农民的艰难生活。③ 粮食的缺乏,导致了粮食价格的急剧上涨。自 1940 年 2 月以后,粮价上涨幅度"越出常理常轨以外"。④ 对军需民食和整个抗战进程产生了重大影响,"吃饭问题……非常严重,由春天起直到今天,还没有把这个问题解决,而且是一天一

---

① 《粮政贪污从严惩处,本年判死刑者 4 人》,《大公报》1944 年 9 月 4 日。
② 易劳逸:《失败的根源》,转引自[美]费正清:《剑桥中华民国史》(下卷),北京:中国社会科学出版社 2007 年版,第 66—70 页。
③ 《衡阳县志·粮油贸易分志资料长编(1840—1989)》(下),1998 年,第 4 页。
④ 蒋介石:《为实施粮食管理告川省同胞书》,见《革命文献》(第 113 辑),台北:"中央"文物供应社 1987 年版,第 116 页。

天的加重,在最近已可谓到极度的严重了"。① 成都附近本为产米地区,在1940年5、6月间,由于粮价日益上涨,"竟酿成抢米风潮"。②

乃征实以来,不仅粮户欠粮,即经征机关、加工包商亦各有拖欠,且必须派员大举实施清查,而四川一省则清出欠粮已达七百万石,为数之巨,至甚惊人。③ 为此,国民政府规定各县粮户或囤户应出售之粮食,应由限令各县及各乡镇,于每月一日列榜公布之。如有漏列应由乡镇保甲长负责检举,由县派人密查,并准人民密报。④ 各县市镇居住人民需要用食粮数额由当地保甲长查报,经主管机关核定公布之,并按户给食粮准购证。需购食粮人民,须持证向食粮公卖处或委托经售,食粮之店铺按照政府规定价额购买食粮。逃避征购毁损食粮及冒领准购证治罪。⑤

国民政府对粮政工作有非常明细规定:"三十年九月颁布明令,列举六项弊端予以严办,(一)征收征购数额载明于各县市印发之五联粮票,如有大头小尾或于粮票所载数额以外浮派浮收者;(二)征收征购粮食均以市斗为标准,如有以老斗浮收者;(三)斗手使用技巧,援斗不公,营私害公者;……。以上六项一经发觉无论犯者之地位如何,均应立即送由当地有军法审判权之机关就地审讯,明确以军法从事。⑥ 但是严法酷令亦未能阻止粮食案件发生,有平民为解决吃米食而行伪造情事,重庆市利兴秤店贪图私利,以满足奸商之请

① 孙科:《粮食问题与抗战建国》,见《革命文献》(第113辑),台北:"中央"文物供应社1987年版,第34页。
② 徐堪:《粮食部成立后之施政方针》,见《革命文献第》(113辑),台北:"中央"文物供应社1987年版,第214页。
③ 第二历史档案馆编:《国民政府党政工作考核委员会粮食部1944年度工作考察报告(1945年12月)》,见《中华民国史档案资料汇编:第5辑第2编,财政经济(九)》,南京:江苏古籍出版社1994年版,第385页。
④ 第二历史档案馆编:《国民政府管理粮食治本治标办法(1941年7月)》,见《中华民国史档案资料汇编:第5辑第2编:财政经济(九)》,南京:江苏古籍出版社1994年版,第333页。
⑤ 第二历史档案馆编:《四联总处关于非常时期粮食管理法则审查意见(1941年4月7日)》,见《中华民国史档案资料汇编:第5辑第2编,财政经济(九)》,南京:江苏古籍出版社1994年版,第326—327页。
⑥ 第二历史档案馆编:《国民政府粮食部关于检送有关粮政工作报告的公函》(1940年),见《中华民国史档案资料汇编:第5辑第2编,财政经济(九)》,南京:江苏古籍出版社1994年版,第380—381页。

求而制造违背定程之量器,并通过伪造检定图印而将该量器推于市场交易,致使正规之量器送检数量减少,从而影响市场秩序。"①

浏阳县田赋粮食管理处征收田赋,1944 年 11 月 15、16、17 日粮户甘大庆、李裕祥、季袁长等先后来县纳所征实物经向征收机关得毛票,向保管员缴纳折征实物时,为被告高义纯(男,30 岁,业农,住浏阳),林庆潘(男,22 岁,业农,住浏阳)所探悉,先后向该粮户诡称可代为其折算实物,即以事前伪造保管员五济民的私章加盖,于各该粮户所得毛票上藉以证明各该粮户并兑实物业已缴,分别持向经征机关换取正票给各该粮户所有,各该粮户缴纳折算实物计报 23 石 8 斗 9 升 2 合正即据为所有,分别出卖与不知情事之福原长米店店主徐文地、徐光茨、称米店店主易章生及柳仁和米店店主柳正春。后被浏阳县田赋粮食办理处城厢办事处查悉拿获。②

后经法院查悉,被告高义纯林庆潘供认其伪造印章、文书属事实,是通过伪造印章之粮券向粮食户换取粮食据为已有之犯意明确。只因伪造印章为伪造文书之方法以伪造印章而伪造印文为伪造文书之一部,伪造文书之行为为吸收于行使伪造文书行为之中并与行使诈欺而使他人将本人之物交付之行为具有方法结果关系,又根据刑法第 28 条规定 2 人以上共同实施犯罪之行为者皆为正犯;第 210 条规定伪造变造私文书足以损害于公众或他人者处五年以下有期徒刑;第 211 条规定伪造变造公文书足以生损害于公众或他人者处一年以上七年以下有期徒刑;第 217 条第一项规定伪造印章印文或署押足以损害于公众或他人者处三年以下有期徒刑;第 55 条后段规定:犯一罪而其方法或结果之和为犯他罪名者从一重处断;第 56 条规定连续数行为而犯同一之罪名者,以一罪论,但得加重其刑至一分之一;依《刑事诉讼法》第 230 条第一项规定检察官依侦查所得证据足以认定被告有犯罪嫌疑者应提起公诉。被告之所在不明者亦应提起公诉;第 243 条规定提起公诉应由检察官向管辖法院提出起诉书为之。据上述法条此案 1945 年 5 月 4 日湖南省浏阳地院刑事判决:

---

① 重庆市档案馆藏:《关于重庆市利兴称店行使伪造检定图印案件的呈涵、批、指令》,卷宗号:72—1—82。

② 湖南省档案馆藏:《浏阳地院高义纯等伪造文书案》,档案号:28—6—416,第 1—138 页。

高义纯共同连续伪造公文书足以损害于他人处有期徒刑一年二月;林庆潘共同连续伪造公文书足以损害他人处有期徒刑一年,缓刑四年。

本案案卷显示,林庆潘素性愚昧守分安贫,向无不法行为,民等或为亲族或为乡邻知之最熟悉,可能是盲从他人冒犯,林平生不作此行为,可能是思想薄弱,受人愚弄或因现在上有寡母下有妻子,全家生活只有由林一人承担。是故在审判中考虑案犯之犯意确属因贫而犯,是故以缓刑处之,以示轻判之。在审判中基于案犯生活状况的考虑而定罪量刑之情事,并非本案所为之,1935年新刑法第57条规定科刑时应审酌之一切情状,尤应注意左列事项为科刑轻重之标准,其中第7项即指犯人之生活状况,可见对于贫弱的怜惜而轻判之法令中即有基本考量。

贫困和不平等最容易导致犯罪的发生,贫穷并不必然导致犯罪,但贫穷是导致犯罪的重要因素之一。对于此类案件审断的详细考察发现,正是出于对"怜惜贫弱"的基本考量,使得此类案件的审断呈现非常明显的特点,即:审断普遍趋于宽容与松弛。又如李佑元伪造粮食库券一案①,案犯迫于家贫所致被认为情状可悯恕之原由,酌减本刑二分之一,足见定罪量刑时借以种种情事而趋轻之判。

普通老百姓伪造米食单据的根本动因是缘于生存,即求生之本能,当许多地方呈现"饥民载道,饿尸盈野"之悲惨景况时,活着变得现实直观不容思考,乃至走向犯罪与违背理性,因而呈现伪造米食单据冒领食米之情形。这里,伪造粮食文书是一种逐利行为,在很大程度上反映生产方式决定思维方式,长期处于自给自足的小农经济生产状况下的自然农民其思维呈现于天然之利已倾向性行为,当然,作为自然状态存在的个体形式的民众会首先看到与自身直接有关的利益,维护长远和整体利益则只可能是几经理性权衡之结果。时值抗日战争之紧要关头,全国上下理应以抗战胜利为重要之大事,然作为长期处于自给自足的小农经济生产状态下的自然形态农民,最先感受到的是与自己直

---

① 湖南省档案馆藏:《沅江县司法处李佑元伪造文书案》,档案号:28—6—324,第36—59页。

接利益相关的利益,在自身生活面临维艰,自己活着及家人活着是头等之大事,至于抗战胜利与建国之大事自然退后,是故,当面对战乱长年,家园被毁,河山光复,家贫依旧,上有老下有小,嗷嗷待哺之情,"忽大家,保小家"之择则为自然之取向。

抗战时期民国政府的粮食政策有一定成效,但并没有成为真正解决粮食问题的有效途径,说明制度仍只体现在纸面上,并没有成活的现实土壤。民国政府为解决当前严重的粮食危机,实行"田赋征实"、"发行粮食券"等政策在极短时期能解决一定问题,但政府强制力调配粮食等社会资源并不能根本上解决问题,揭示出粮食问题的出现与货币等经济因素之间的关系受其基本的经济规律决定的,说明粮食和货币信用体制仍然受"看不见的手"的支配,反映政府宏观政策不能违背社会生产规律,否则会呈现更为严重的社会问题,正如本书所述的粮食伪造案件所带来的影响民心国安之弊端。粮食犯罪现象的层出不穷,反映民国政府的政治、经济及社会环境无法正常应对战争及其相关带来的外部压力,正揭示国民党统治势力日趋式微。

2. 事关包税之案

周祖赐伪造税票收据之案①:

周祖赐,男,70 岁,新化梅城镇人。1946 年 5 月间,周祖赐先后在新化县琅塘地方伪造税票收据及新化县税务局戳记,向烟酒商诈收税款,经财政部湖南货物税局邵阳分局新化办公处琅塘税务员报,系因与陈子奇争包收税遂伪造税票收据构成诉讼。

新化司法处查悉,周祖赐有伪造税票收据及新化县税务局戳记诈收税款情事,经琅塘税务员密报,该管新化办公处派员查明属实,并搜得其伪造之税票收据七纸,均加盖有伪造之新化税务局之戳记,分别填载上年春季及冬季既本年春间先后向琅塘烟酒商黄季山等收取税款数千不等。该税票收据系周祖赐填发并由上诉人加盖名章各节,均为上诉人所自认,而上诉人未经税务机关

————————
① 湖南省邵阳市档案馆藏:《湖南省高等法院第四分院档案》,全宗号 1,目录号 6,案卷号 554,案卷名《郭柏堂等十三人之伪造公文书案》(1944—1947 年),第 70—122 页。

派充征收税款,该税票收据又作大非现时有权征收烟酒税之财政部湖南区货物税局邵阳分局新化办公处所颁发,其为周祖赐偷借名义伪造税票及戳记诈取税款罪证甚为确鉴。

1947年6月25日,新化司法处一审判决:依《刑法》二百一十条,判处有期徒刑一年,剥夺公权一年,伪票没收。

周祖赐不报一审判决向高等法院第四分院提起上诉,1947年9月13日,第四分院二审判决如下:认为本件被告原审依刑法第二百十一条,二百十七条第一项(原判误为第二百十八条第一项),二百十六条第一百五十八条第一项,第五十五条从一重论处,上诉人以行使伪造公文书之罪,"固无不合,查上诉人该取税款同时并触犯刑法第三百三十九条第一项之罪,原判决未予援引已嫌疏漏",且其先后行使伪造税票诈取税款,自系概括之犯意,"原判未引用刑法第五十六条前段论处,尤有未合",虽上诉人谓其税票收据及新化税务局戳记并非伪造,系其于1943年曾包征税款所遗留,兹因与陈子奇争包收税构讼,故将该税票黄换陈子奇收税所用之临时收条,作为呈诉证据等情,唯上诉人所填发之税票载明所收税款数额,具如前述,自不容其空言饰卸。但原判引用结果既有未当,上诉论旨,即非无理由,应将原判撤销,查上诉人年老家贫,在乡间所收税款甚微,应由本院审约从轻处以有期徒刑一年,并剥夺公权一年,又查上诉未曾受有期徒刑以上刑之宣告,为予以自新起见以暂不执行为适当,应缓刑二年。其伪造税票收据七纸没收之。据上论结,应依刑事诉讼法第三百六十一条第一项前段第三百五十六条二百九十一条前段刑法第五十六条前段第二百十一条第二百一十条第一项第二百十六条第一百五十八条第一项第三百三十九条第一项第五十五条第三十七条第二款第七十四条第一款第三十八条第一项第二款。判决:原判决撤销,周祖赐连续行使伪造公文书处有期徒刑一年,剥夺公权一年,缓刑二年,伪造税票收据七纸没收。

判决后几个乡镇之人为实行具保,附上具保上诉状:具呈人:时雍乡:段福华,段鲁生,罗顺生,罗大锡,段思来,龙尧钦,龙季山,龙纪国罗大友,罗合圭;城湘镇:杨发荣,周培常,段迪成;杜溪乡:袁盛福,吴名位押,易光佑押,龙德广,龙德星,金涤凡,杨德益押,易光佑押,陈嗣乾押,龙先和押,杨德明押。均为新化人呈具状:(呈具理由:为违滥苛瞒殃民害国非问恩依法撤办万难保全税规商愚由。)窃国家征收货税定有规条,违者依法撤办,断难宽贷以故征与依规无敢作奸犯法者,不谓罗连生自揽属县货物税权在握,恣肆违法苛征图私害国罪责,莫可言宣,兹特摘略切陈:一是查国家规定三联单税票以防瞒征弊端而庆罗连生对于属乡烟酒税收概用草纸苛征,其颁下三联单税票抹杀一切;二是国家税收加减亦有明令毋容擅自施行,而今罗连生对于民等境内各酒店每店每月苛征一万余元;三查罗连生伙通烟痞陈铁山等陷害前征收员周祖赐者,赐不服在民等手拿换该等草条,控诉货税分局(证明瞒征图已并未冒取分文),冀伸冤恨否不惟不伸反冤上加冤,民等旁观实属不平,故附带鸣之;四用草纸苛征图已前经民等呈请该局核办在案,且当蒙批令必县货物税办公处查追核办等批,而今赐所呈诉无异,然该所分所年不同,其中傀偏不察自知,基上各点,不过摘略陈之其他种种不合,不胜屈指,是此违法,滥征殃民害国,不问恩依法撤职,按办情何以堪法又奚忍为此问恩,作主赏准令饬该分局将罗连生从严撤处外,并恳伸雪被害之周祖赐者是为至祷毋任问感之至谨呈第四分院。

从九月八日笔录中可知:周祖赐的税票是他三十二年的老草票,将他们的(陈子奇)票据拿去做凭证,他是包税的具有保证书,并交有保证金十万元,只是每月一交的,并没有收条。他三十五年收税是下了委任的,而三十六年没有下委,同时他说他没有收到钱,他只是拿他们的(陈子奇)票,他们收了钱拿周的票,且陈子奇他们收税也没有下委的。他原来也没有犯过法。

据此检察官陈述意见:检察官周濂立称今年五月十四日周祖赐伪造湖南财政部新化税务管理办事处之税票,影射货物税局邵阳分局新化办公处向人收税,被告虽否认收税情事,但其行使罪业已成立,原判以年老昏聩,依刑法二百一十条减处有期徒刑一年剥夺公权一年伪票没收,非不当,上诉无理由应驳回。

附上诉状:为据实证明问恩秉公核办以免诬害良懦,事窃新化货物税主任罗连生串通烟痞陈铁山等制驳周祖赐等承包比较壹拾万元确经民等目睹耳是实,其赐诉状所称并未子虚双字片语,且该罗连生发交赐之保证书等件又确经竹林堂利厚祥等铺店盖好戳记,否龙赐领证书不惟不生效力且害又花费数万元,毒犹不包侦赐不服换条控诉追核,反诬赐系伪造文书冒充征收员张本重贿新化县司法处不田分办到押,赐于黑幕狱赐又不服,依法声请上诉。

讯断中,保甲长特联名前来据实证明被告无过错,请切查并释放宽宥。(按:事由为据实证明周祖赐以伪造公文书诬控陈子奇一案恳请裁夺以免无辜受累由。)附上具保状书:

> 为据实证明周祖赐以伪造公文书一案诬陈子奇恳请裁夺以免无辜受累,事缘新化坝上陈子奇素为人忠实,服务军界及保务工作有年,信用卓著,颇得人景仰,客岁七月新化第八区菸酒税稽征员李良毓派其代征收现时雍为半乡七至十月之菸酒税,八至十一月李良毓脱戢归货物税局自办,白溪货物税办公处袁主任定安仍派其续办,本年新化旧第八区之菸酒税系由新化县货物办公处派袁仕卿佃理,袁因查以前各处情形,乃将时雍内半乡之菸酒税派陈子奇代办,实得上下咸宜,否料无法无天之周宜赐前以私切图章一案,诬控李良毓于新化司法处连陈子奇牵累于内,客岁旧历年底得地方证明蒙该处批销在案,本年上期周祖赐野心不死,复又在陈子奇之征地冒收税款,并多方毁谤,真令菸酒商民真伪难辩,陈子奇累加以制止及开导,始终无效,并变本加厉,竟向澧溪方面发展征收八区稽徵员袁仕卿先生。以责所在,不容其假冒,呈请新化货物税办公处转请新化司法处办理,现周祖赐漏纲不久,死灰复燃,反以伪造诬控陈子奇于钧院,今特据实证明,恳请裁夺以免无辜受累,深为德便谨状。(新化坝上证明人 新化时雍乡第二十甲甲长 陈镇英 邵同富 吴成龙 张先长 陈今槐 邵树楠 陈载华 段龙 汪有状)

考察此案系被告周祖赐为新化琅塘镇多年之酒税包征人,后因陈铁山、陈子奇等与其争包酒税,并因新化货物税主任罗连生串通烟痞陈铁山等制驭周祖赐等承包,被告心里不服,遂伪造第八区各烟酒商搜集罗主任之草条伪票作为检呈证件,乃将其以前办税废票向烟酒商斗票七纸,以报私恨。也就是说,此案为争包乡村税征而起之诉讼。可见尽管包税自1928年起开始不断废除,但在实践中却一直沿用,并为民间包税人所热衷与争夺,其中必定可以受渔中饱,获得中间之收入。本案之判决"查上诉人年老家贫,在乡间所收税款甚微,应由本院审约从轻处以有期徒刑一年,并剥夺公权一年,又查上诉未曾受有期徒刑以上刑之宣告,为予以自新起见以暂不执行为适当,应缓刑二年"。其减轻之意非常显明。

民国初期一直沿用清末的包税制①,其赢利型的国家经纪继续存在于税务征收中并对于民国财政税务变革产生很大影响。杜赞奇指出,纳税人偷税漏税与征税人贪污中饱,一直是清末直至民国及新中国初期田赋征收中困扰国家的两个主要问题。他认为,造成此问题的原因,首先是清政府无法掌握乡村田亩的确切数字。其次是官僚体系对下层吏役控制极弱,使他们能轻易地僭取政府权力。② 尽管 1928 年 12 月财政部颁行《整理田赋办法》,废除书手包征制,实行"自封投柜"。③ 但是一项历时已久的制度的废除并不是一纸命令所能解决的,与其经济基础与政治机制及社会种种原因有其紧密联系。1932 年,海陆空军副总司令行营在北平设立财政整理委员会,负责整理行营治下各省财政。该委员会以包税制不符合财政原理为由,下令取消各省之包征制。各县对取消包税制仍多阳奉阴违。据财政厅 1936 年调查,省厅取消包税制命令及变通办法下达之后,各县"牙杂各税因情形复杂,仍多明征暗包,征收既未划一,包商仍旧存在"。④ 后因抗日战争爆发,包征制的取消也就此搁浅。况且经纪制从前清一直延续下来,根深蒂固,已成积重难返之势。在这种背景下,骤然废除经纪制,短时期内势必陷税收于混乱局面,不仅难以实现大幅度增收的目标,控制不当甚至会造成减收。以田赋为例,编造征粮册需要专门的技术手段,催缴田赋更需要长期积累的经验,离开老于此道的书手,这些程序都会立即陷于尴尬局面。尽管法令规则不允许包征与转包,但此类现象屡存不止,因此而引发诉讼,比如上案。

---

① 包税制是指政府将税收承包给个人或组织征收的一种征税方式,从性质上看它是一种典型的经纪制。

② [美]杜赞奇:《文化、权力与国家——1900—1942 年的华北农村》,王福明译,南京:江苏人民出版社,2003 年,第 28—40 页。

③ 关吉玉、刘国明编:《田赋会要第三篇:国民政府田赋实况》,台湾:正中书局 1944 年版,第 11 页。

④ 《提议变更本省征收制度并修订各项章则等件请公决案》,《河北财政公报》1936 年第 80 期。

包税人的工资非常微薄，如史所载，书手①的正当收入相当微薄，比如定县书手的酬金，由一部分串票费②出之，此外县长在上下两忙征起田赋之后，随意酌赏津贴若干。平均计之，每名书手所得，"民国六年为23.70元，每月还不及2.00元；民国八年为40.00元，每月只3.00元；民国十二年为23.50元，每月所得之数，较民国六年更少了。"③按常理推断，如此微薄之收入人们理应唯恐避之不及，但是情事确是自晚清以来书手却成为一种竞相追逐的职业。只因国家对地方财政的过度吸取④，使地方财政资源严重不足，地方政府要正常运转，不得不在合法的税收外，只得另行摊派，而包税经纪的明废暗存也是应时之物，包税人从中谋取利润也不得而知。许多人因承包税收，富甲一方。⑤

政府颁布了捐税承包办法，规定提前将包税之章程、投标日期、最低标额都会张榜公示。然后承包人要么有在县政府标明挂号的铺保，如没能具铺保，就交纳最低标额的十分之一的押标金，以取得承包资格。按照章则规定自行征收，不得转包他人。政府也制定了专门考核经管包税行政人员条例，规范包税行为，防止各种有舞弊行为。"然官民相习，视法令如草芥，以犯法为能事，更以官官相护，尤以犯法而脱于网罗为光荣。于是弊端丛生，营私时闻"。⑥上述案二则为税务官员上下勾结贪赃枉法，行伪造之事谋取自身利益。

类似的情况，可以从当时湖南高等法院第四分院院长兼邵阳地方法院院长朱道融所述《湖南邵阳地方法院司法概况报告》中略见一斑：邵阳地域辽阔，人口达一百六十万之多，诉讼之繁甲于全省，民情好讼，城廂内外设十三保，每保公举保董主其事，居民如有争执，无论事之巨细必先投保董调解，四乡亦如之故对于区乡镇公所不甚重视，而区乡镇自治法令在邵阳地方殊难充分发生效力，且保董如奉有司法或行政公署命令类皆敬谨遵行，无敢稍有违误盖

---

① 此处书手即指社书、里书，也就是承包税制之人。
② 串票是花户缴纳田赋的凭证，由征收机构填发，由县政府或财政厅印制。
③ 冯华德、李陵：《河北省定县之田赋》，南开大学经济研究所1936年4月印，第52—53页。
④ 李铁强：《土地、国家与农民——1927—1949年湖北田赋问题》。
⑤ 秦孝仪：《革命文献》第71辑（下），台北：中央文物出版社，1977年，第264页。
⑥ 王志信：《河北省之包税制度》，《政治经济学报》1935年第3卷第3期。

保董为居民之有声誉而被推举者颇知公署命令之应服从习俗相沿历久不变,至区乡镇公所历区自治施行法第三十九条及乡镇自治施行法第四十一条条规定对于司法机关用函—若区乡镇公所与与法院为同等机关也者,实则区乡镇公所系人民自治团体,除区长间有学识俱优先者充任外,乡镇长多系包揽词讼之徒或无知青年充任较之有资望之保董不啻天渊之别,何能适用公文程式不相棣属机关之公函,惟因用函之故,往往对于法院之嘱托置之不理,有妨案件之进行致滋讼民之拖累。足见邵阳于民国时期在湖南是经济较为发达,民情好讼,政治较为开明,这些既是该案发生的社会背景也是影响判案的重要因素。

第三节　公、私文书案之"轻"与"重"

一、"事系民间纠纷"与从轻

从前文考察的相关案例中可见,对于宗族、邻里、亲属之间的诉讼纠纷,诸如关系宗祠公产、坟茔柴山、房屋买卖契约、家庭财产与遗产等纠纷的案件,法院对伪造案犯的审断普遍从轻。主要表现为,一是判决结果多为"不起诉"、"无罪"等,二是即使判刑,其刑期亦多不超过一年,并且往往以"因贫而犯"、"因无识之辈"、"女流之辈无知无识"、"年事已高"等理由,辅之以缓刑执行。趋轻之势显而易见。

从整体上讲,对于文书类案件特别是私文书案的审断明显趋轻。以下案为例:

谭林孝伪造屋契之案①:

谭林孝,男,54 岁,务农,茶陵人。道光二十年(1840)谭林孝接买谭良才大房屋基,屋基契内伪造谭良才殁于乾隆三十八年(1773),然契内代笔人孝纯为纯孝,显然为伪造之物,而谱载代笔之纯孝有嘉庆二十四年

---

① 湖南省档案馆藏:《高等法院检察处档案》,全宗号 29,目录号 2,案卷号 1204,案卷名《茶陵县司法处段刘氏等伪造文书案》(1936—1943 年),第 120—129 页。

（1819）所生，载足徽代笔之纯孝，谭启文告谭林孝伪造屋契，系讼争厅堂之案。

1941 年 12 月茶陵县司法处审理此案。一审据以《民诉法》之原则比附，援引于《刑事诉讼法》，认为被告于该契与谭普宣等讼争厅堂，经民事法院判归被告所有，并认为非伪造并谕知无罪。

谭启文不服原判向湖南省高等法院提出申请。1942 年 1 月 7 日高院做出裁定如下：按犯罪事实并无有力证据证明被告谭林孝确实有犯罪嫌疑。自应为谕知无罪之判决，本件告诉人谭启文等与被告谭林孝因厅堂事件涉讼经民事法院确定判决，系争厅堂应归被告管业，告诉人谭启文等因民事诉讼即谓被告提出道光二十八年之买契系属伪造具所持理由，无非谓该契出笔之谭良才殁于乾隆三十八年，何能于道光二十八年立契又代笔之谭孝纯或即以纯孝二字颠倒，但纯孝生于道光三十年何能代笔，查被告所提出道光二十八年之买契首载出卖人谭良才房下班瑞良俊出卖，尚难谓不可信，至代笔之纯孝据被告指明系德公长子，是嘉庆二十四年生，已提出绍轩公笔录足证，亦谓立契时尚未出生。高院认为"原审认被告犯罪不能证明依刑事诉讼法第二百九十三条第一项，谕知无罪尚无不合，应予核准"。据上论结，应依《县司法处刑事案件覆判暂行条例》第四条第一项第一款。判决：初判核准。

该案前后的审断过程表明，本件告诉人谭启文等与被告谭林孝因厅堂事件之讼，谓其告诉人谭启文等因民事诉讼，即谓被告提出道光 28 年之买契系属伪造具所持理由不足，因此处被告无罪并无不合，应予核准以为判决。其判决的宽松十分明显。

唐国俊伪造坟茔地契之案①：

案情：唐国俊，男，48 岁，长沙人；邹国武，男，32 岁，长沙人；唐国初，男，50 岁，长沙人。唐国初、唐国俊兄弟 1928 年接管罗塘冲屋地山地，其契字出于邹春熙之手，契末批屋后西处祖文方城公坟一塚，上至下六丈去至右六尺之尺

---

① 湖南省档案馆藏：《湖南省高等法院档案》，全宗号 29，目录号 2，案卷号 899，案卷名《湘乡县司法处诉朱义福等伪造文书案》（1942 年），第 34—45 页。

字,告诉人邹募云以自己所持分开为证,指责被告唐国初七弟有共同涂改,意图窃占。邹云汉、邹募云、邹国武、邹颂年、邹冬吟等告诉唐国俊等涂改地契侵占坟山之地。

长沙地院检察处对上述案情进行调查,本处检察官审究不实,因而认定被告唐国初、唐国俊等犯罪嫌疑不足。1946 年 11 月 8 日长沙地院一审判决:依一事不再理之原则,自应依《刑事诉讼法》第二百三十四条后断为不起诉处分。

邹云汉等不服原判向湖南省高等法院提起上诉,湖南高等法院 1947 年 9 月 1 日做出裁定:高院认为告诉人邹云汉、邹募云、邹国武、邹颂年、邹冬吟等认为原尺字笔画有添改痕迹可疑,也不过为该办推事审理时基于个人臆断的结果,不能借此认为被告唐国初唐国俊确有犯罪嫌疑之新证处。确定是被告等犯罪期间显在 1946 年 12 月 31 日之前,而《刑法》上之伪造文书与窃占罪均系有期徒刑以下之刑,按之国民政府本年 2 月 1 日罪犯赦免判刑令属于甲项赦免范围,原检察官对于声请人以民事法院判决,指明被告等所持契据系争地尺字笔画有添减痕迹作为新证,据再行告诉依一事不再理原则,"原审予以不起诉虽欠允洽,惟案经赦免处分之结果,究非不当",本件再议之声请尚难认为有理由,依《刑事诉讼法》第二百三十七条上段,应予驳回,援为处分如上。

该案之判决以犯罪嫌疑不足,处以不起诉处分,可见法院在此类案件审理时的"和息"、"息讼"考虑亦不少。

二、总体"从轻"下的"轻"、"重"有别

湖南省各级法院对伪造案的审断,有一个总体态势,即二审、三审的判决结果比初审判决轻。但并不是所有类型的伪造案判决都符合这一态势。其中,最突出的是有关伪造公文书案的审断和判决,二审判决往往比初审判决更重(因法条讳误而改判的个别情况除外)[①]。除了前文所作的专门考察以外,下面再举一例以明此点。

---

① 注:前文有专门章节关于公文书伪造案的审断趋于从重之态,故此处不另加阐述。

张笏臣变造公文书之案①：

张笏臣，男，60 岁，务农，住湘潭晓霞乡；张蔚林，男，58 岁，务农，住湘潭晓霞乡。张笏臣与杨碧山因经界涉讼，1940 年 3 月间张笏臣等提出光绪二十六年杨傑生出笔契，该契内文载有湖南财政厅印契税一张，契内载的卖主买主姓氏年份均为伪造，因此，该案以行使伪造文书由湘潭地院检察官提起诉讼。

1940 年 8 月 23 日湘潭地院一审判决：谕知被告无罪。

杨傑生不服一审判决向湖南省高院提起上诉，1940 年 10 月 30 日高院二审判决如下：本件被告与原告诉人因经界涉讼，提出杨傑生出笔契一纸为证，内有杨复初批载四行字迹，侦讯时，据实桂生提出杨河谢遵嘱品分字，供称字内"光绪二十六年十月十六日中语，曹家湾上分水田三十九亩"，经原审将契内"遗嘱品公字"等字鉴定，据其鉴定书内供称，杨傑生契尾杨复初之批字四行，笔画板滞，与杨河谢遵嘱品分字尾杨复初之批字一行笔致流动，难认为杨复初等所书云云，本字复经细核无异，是杨傑生出笔契内批载杨复初之批字四行，显系变造，原审谓杨复初前契两批事关五年，因年事关系，后之笔致与前之笔致板滞，亦属所经有，未免笔迹难测，置鉴定书于不顾，自属错误，至附之湖南财政厅印契一纸，将 1940 年，变造为 1937 年，卖主易傑生变造为杨傑生，买主为丁惠乔变造为张惠乔，以求适合契姓名，其变造笔迹，不独显露纸上，一望即知，且经原审检察官函据湘潭税务局覆和，1940 年 3 月 5 日所税之契，仅有买主查件，卖主易傑生一户，其他无从查考等语，被告虽称持契投税，系实桂生经字，举以为证，然经原审讯据实桂生坚决否认有持契投税之事，又张桂华在原审供证交契与实贵生投税，契未接回，实桂写有回信，然责实桂生均否认其事，且称张桂华因坟山案结有讼仇，他的话不可信云云，是附粘之契印，系磨勘变造，亦极显明，原审仅采取张桂华之供述，并谓实施变造，系属另一问题，又置行使于不顾，尤欠允洽，查被告系共同行使变造公文书（附粘印契），及行使变造私文书（原契内之批载四行），应从一重处断，原审判决遂将被告谕知无

---

① 湖南省档案馆藏：《湖南省高等法院检察处》，全宗号 29，目录号 2，案卷号 1051，案卷名《湘潭地院检察处李人春等伪造文书案》(1939—1942 年)，第 18—35 页。

罪,自属无可维持,本件上诉认为有理由,又契内变造之批载,及附指印契均应予行判决。据上论结,应依刑事诉讼法第三百六十三条第三百六十一条第一项刑法第二十八条第三百一十六条,第五十五条第三十八条第一项第二款。判决:原判决撤销,张笏臣、张蔚林共同行使变造公文书,各处有期徒刑一年,变造杨傑生出笔契内杨复初批载之四行及粘附之湖南财政厅印契一张,均没收。

该案经详细认真侦察,一审认为对契内"遗嘱品公字"鉴定,认为杨复初批载四行,笔迹呆滞,与契内"杨河谢遵嘱品公字"的流畅字迹不符,经再三核实无误,认定原审无视字迹鉴定结果,属认定违误;又对契税一纸将1940年变造为1937年,易傑生变造为杨傑生,买主丁惠乔变造为张惠乔等事实,认定原审判决有失公正,纠判之,认定被告确系共同行使变造公文书及行使变造私文书,应从重处断,为此,高院二审判决之结果显然呈从重之态,所以,说明该类案件总体从轻之势下根据不同案情,特别针对公文书一类亦有从重之态。

第五章　实践:其他伪造案及其审断

　　其他伪造案类型主要是指伪造有价证券与伪造度量衡,就伪造有价证券而言,伪造是指本无其内容,或内容尚未完备,或其内容的效力已失,经无制作权人的制作,使其发生有价证券效力的行为。是否存在此类证券,或是否存在此证券内所载之发行人,或该发行人是否为生存者,并不影响伪造的性质。如果达到以具有有价证券外在的形式使人信以为真的程度,即可构成伪造行为。此外,伪造度量衡是属于标准化工作,是关于生产工具及产品的质量标准、规格和尺度、生产方法规范化的工作,以及包括生活计量方方面面的统一,系关人们生产与生活各个方面。为此,此处分析与考察此类伪造诸案并不只是旨在呈现过去的记忆,因为它还是今人生动的生存背景,历史往往具有再现性,为此,追忆历史、剖析历史,是为吸取历史智慧,为减少或正确处理当前亦存在的伪造诸景提供教训或可取之范式。

第一节　伪造有价证券案及其审断

　　"旧刑法"将伪造有价证券归入伪造文书、印文罪。其后,在修订该法的过程中,众法学专家认为应将其另立一章,以适合法理以及利于实际运用。"新刑法"采纳了是种办法。不仅如此,《中华民国刑法详解》更将有价证券的范围作了扩展解释:有价证券系指票面载有价额之流通证券;除公债票及公司股票外,如汇票、本票、支票以及仓库提单等,也"一体属之";其犯罪要素,"则在意图行使,至已否行使,则在所不问";如果没有行使意图,"其伪造、变造,即不构成犯罪行为"。①

案一②:

刘少卿,男,44岁,务农,住湘乡。刘少卿、刘春芳于1934年4月雇请印刷工人在湘乡刘姓祠堂内伪造该县财政局一元流通券2000余张,并于同年被县义勇队拿获。

1934年6月,湘乡司法处一审判处被告有期徒刑四年。刘少卿不服原判,向湖南省高等法院提起上诉。1936年2月,湖南省高院审理该案,认为刘少卿所供事实与初审时谭少卿、刘春芳的供述完全符合;被告第一次上诉,应在判决书送达后十日内,但其提出时间却超出了该强制规定的期限,违背了法律程序。

根据以上认定,高院依据《刑事诉讼法》第二百五十九条③,驳回刘少卿的上诉。

其后,因为判决所引法律不当④,而对该案进行三审(1937年12月):认为刘少卿等伪造的流通券,系财政局未经政府准许而发行、并可以临时兑取现金的有价证券之一种,但"初判认定为纸币,依当时有效之旧刑法第二百一十一条第一项认罪科刑,显性错误",应予以更正。⑤ 因此依据《县司法处刑事案件覆判暂行条例》第五条第一项第一款、刑法第二条第一项前段、⑥第二十八条、第二百零一条第一项、第二百零五条,并考量刘少卿等从事伪造有价证券,

① 《中华民国刑法详解》,上海:上海法政学社1940年版,第114页。

② 湖南省档案馆藏:《湖南高等法院检察处档案》,全宗号28;目录号6,案卷号546,案卷名《湘乡县刘少卿等妨害国币案》(1936—1937年),第1—5页。

③ 第三百五十九条:第二审法院认为上诉有第三百五十四条之情形者(原审法院认为上诉违背法律上之程式或其上诉权已经丧失者,应以裁定驳回之),应以判决撤回之。引自:上海法学编译社:《中华民国刑事诉讼法》。

④ 第三百六十九条:上诉于第三审法院,非以判决违背法令为理由不得为之。第三百七十条:判决不适用法则或适用不当者,为违背法令。引注同上。

⑤ 旧刑法即指民国十七年颁布之刑法,旧刑法第二百十一条:意图供行使之用而伪造变造通用之货币纸币银行券者处无期徒刑或五年以上有期徒刑得并科三千元以下罚金。引自王宠惠:《中华民国刑法》,中华印书局,民国十七年。此处应施行民国二十四年修订之新刑法,有专门之第十三章伪造有价证券罪之条例。

⑥ 《刑法》第二条:行为后法律有变更者,适用裁判时之法律,但裁判前之法律有利于和为人者,适用最有利于和为人之法律。引自《中华民国刑法详解》,上海:上海法政学社1940年版。

系迫于生活贫困,情状可悯,稍加减免,故对初审判决予以更正,改判:刘少卿等共同意图供行使之用伪造有价证券,处有期徒刑三年,石印机全部没收。

案二①:

刘和生,男,36岁,驾船,衡山县人。1936年12月,刘和生与易政洪、柳福元等伪造在衡山三樟市开设之武祥兴肉店发行布质一角二角有价证券,并在市场上行使,被武贞祥查获,连同伪券一并解由衡山地方法院检察官侦查起诉。

1937年2月24日,衡山县法院审理该案,判处刘和生等有期徒刑三年,并剥夺公权三年,并所获伪券没收。被告不服一审判决,提起上诉。1937年2月28日,湖南省高等法院审断该案,认为刘和生等伪造及行使等属实,因此裁定维持原判,即依据刑法第二十八条、第三十七条第二项、第二百零一条第一项、第二百零五条,判处刘和生等有期徒刑三年,剥夺公权三年,并没收伪券。

案三②:

1937年6月22日,曾锡凤持伪造之余庆祥五分有价证券24元,向阳发弟购买鸡鸭蛋,阳发弟持此券兑换时被人发觉,诉由衡山地方法院检察官侦查起诉。

1937年10月3日,衡山地院一审判决:根据刑法第二百零一条第二项,判处曾锡凤有期徒刑一年零六月。被告不服一审判决,提起上诉。1937年12月30日,湖南省高等法院审理此案,认为曾锡凤行使伪造券的事实成立,故裁定维持原判。

案四③:

刘万全,男,28岁,无业,住湘潭。刘万全原业石印,1936年3月间失业,3

---

① 湖南省档案馆藏:《湖南高等法院检察处档案》,全宗号28,目录号6,案卷号686,案卷名《衡山地院刘福如等伪造货币案》(1936—1938年),第38—45页。

② 湖南省档案馆藏:《湖南高等法院检察处档案》,全宗号28,目录号6,案卷号686,案卷名《衡山地院刘福如等伪造货币案》(1936—1947年),第137—152页。

③ 湖南省档案馆藏:《湖南高等法院检察处档案》,全宗号29,目录号2,案卷号1048,案卷名《湘潭地院检察处彭有生等伪造文书案》(1936—1948年),第6—28页。注:此案本属有价证券归为文书案中,属讳误,也可能因为原来有价证券是归为文书印文类的原因。

月初间起意伪造湘潭第五区区公堰同昌和二角券,并委托彭德纯到大盛石印局湘印4角空白券样,填入湘潭同昌和第五区马公堰各字样。湘石印局代为印刷972张,除废去180张外,业已交付292张与人行使,旋经大盛店主高子衡查悉其属伪造,向被告诘究送将所余500张焚去,称业已无存。复因在外行使各券,为同昌和本店发觉,诉由湘潭县公安局第一分所,转送本院检察官侦查起诉。

湘潭地院调查认定,刘万全对于托彭德纯向大盛翻印二角空白票样,并记方美湘代印同昌和名义二角券1000张,实印出972张,各情均经承认不讳;惟辩称系昭潭石印局店主楚照霞之兄楚春台记其经手代印,不知系属伪券等。本院讯据彭德纯供称,"他接了一笔生意,请我到大盛印一个两角票的";大盛店主高子衡供称,"刘万全当时说姓李的托他印,他没说楚春台请他代印"等语,证人凭供称"他那时没有说交了292张给张楚春台的话,只说票子完全没有了,后来因为同昌和接有假票子,就不追究证人王德义",足知被告对于伪造同昌和二角券之事实,有人同谋,亦非不明知。且据高子衡所供"彭德纯他说是刘明德本铺经要,以后我问明德所局唐福亭,他说明德没有转,就复找彭德纯,他才说刘万全拿去"等语,足证被告托彭德纯取票样时,并曾嘱其勿告知等语,发觉被告有伪造行为后,被追究仍不明白实情,指出托印之人及已交一部分伪券,其诿为不知罪责,被告所印之数共为972张,180张作废,及焚去500张各节,已据该被告供认,并经彭德纯等证明属实;其券292张已交付与人,以供行使,尤无疑问,惟其行使行为已为伪造行为所吸收,应即论以伪造之罪。复查该被告犯罪动机之后,以为生不无可怜,应予从轻处断,伪造之同昌和二角券予以没收。

1936年6月30日,湘潭地院一审判决:依据刑事诉讼法第九十一条前段;刑法第二百零一条第一项、第二百零五条,判决刘万全有期徒刑三年,没收伪造同昌和二角券二百九十二张。

刘万全不服一审判决,向湖南省高等法院提起上诉。1936年9月29日,湖南省高院审理此案,认为原判"依法论处,并无不当",被告上诉"殊难谓为有理由",故驳回上诉。刘万全不服二审判决,复向最高法院提起上诉。1938

年 7 月 30 日,最高法院三审终审判决:上诉驳回。该案历经三审判决,一再维持原判。

关于伪造有价证券的刑法处罚规定:意图供行使之用而伪造变造公债票、公司股票、或其他有价证券者,处三年以上十年以下有期徒刑,得并科三千元以下罚金。但在实际审判过程中,法院往往根据各种理由对罪犯减轻刑罚,或均取其下限,部分体现出从处罚从宽的取向。

第二节　伪造度量衡案及其审断

度量衡关系国计民生。南京国民政府制定了系列相关法律法规,以期统一度量衡。1928 年 6 月,国民政府公布《中华民国权度标准方案》,规定了度量衡的单位制,结束了关于度量衡标准的争议。1929 年 2 月 2 日,国民政府立法院制定《度量衡法》二十一条,16 日国民政府公布,该法于 1930 年 1 月 1 日施行。① 在施行过程中,国民政府对该法做了修正补充,比如公布《度量衡法第十九条及修正度量衡器具检查执行规则第十二十三各条之处理》等。同时,国民政府还颁布了一系列相关法规,对度量衡制度予以完善,如制定公布《工商部全国度量衡局组织条例》、《度量衡法施行细则》、《工商部全国度量衡制造所规程》、《工商部全国度量衡检定人员养成规则》、《度量衡器具营业规程》、《国民政府公布修正度量衡器具营业条例》(1946 年)②等。

对于伪造度量衡,"新""旧"刑法均有相关惩治条款(见第一章)。从前后比较的角度来看,国民政府对伪造度量衡的罪犯处罚不断趋于合理,其可行性也越来越高。但在战争不断和社会经济混乱的背景下,国民政府既无力在全国范围内划一施行相关法律法规,也不能有效解决伪造案件的发生。相反,通过伪造度量衡以盈利或改善某种生活状况,也是当时社会经济生活中的部

---

① 立法院编译处编:《中华民国法规丛编》,北京:中华书局 1934 年版,第 1728—1730 页。
② 《民国档案资料汇编,第 5 辑第 3 编,财政经济(四)》,南京:江苏古籍出版社 1994 年版,第 53—54 页。按,1930 年 9 月 1 日,国民政府制定公布《度量衡器具营业条例》,1933 年 12 月 7 日完全第一次修正,但时至 1946 年 11 月 9 日,始完成第二次修正并公布实施。

分实情。下面仍以案例分析的方式展现此种情况。

案一①:

王桂和,男,63岁,务农,湘乡人。王桂和意图供行使之用而变更度量衡定程之罪系指变更政府制作度量衡。1936年1月24日,湘乡县政府审理该案,根据《刑事诉讼法》第二百九十三条第一项,"谕知被告无罪"。

湘乡县司法处检察官因被告变更度量衡案件不服湘乡县政府一审之判决,提起上诉。1936年3月2日,湖南省高院审理此案,认为控诉人袁连亨等所有公斗,系由私人制造,并非法定之度量衡,即使被告王桂和确有变更情事,亦难成立刑法第二百零六条之罪;况被告于1914年始承佃控告人等公田耕作,该公斗所现锯痕,又经原审验明极为陈旧,其为被告锯毁与否,尚属无从证明,故被告自亦不负其他犯罪之责任,因此裁定原审判决"谕知被告无罪,尚属允当",控告人等不服原判,"殊非有理"。因是根据《刑事诉讼法》第三百六十条之规定,判决驳回上诉。

案二②:

上诉人:艾选廷,吴刘年和,吴刘彩庭,吴刘柏林,吴刘少四,吴刘石林。被上诉人:许玉书,镒记铁厂的经理。许玉书开设镒记铁坊,行使其源吉祥之高秤,较旧秤(十六)需六斤,始能折合一斤,即五斤大一斤是也。艾选廷等自诉谓,许玉书违背定程,行使高秤,确指违背习惯之定程。若比市秤,则更大异。故请求斟换合检老秤之高秤,非最近之市秤。许玉书称每石二五斤可得工资一元三角,现在许玉书行使其源吉祥之高秤,较普通高秤每二五斤大五斤,约剥削选廷等工资二角二分。若调历年条簿总簿清查,选廷等六人被扣血汗工资,为数定巨。

1940年3月间艾选廷状告许玉书伪造度量衡,攸县司法处审理此案,依

①　湖南省档案馆藏:《湖南高等法院检察处档案》,全宗号28,目录号6,案卷号625,案卷名《湘乡县度量衡妨害水利背冤等案》(1936年),第1—6页。

②　湖南省档案馆藏:《湖南高等法院检察处档案》,全宗号28,目录号6,案卷号41,案卷名《湖南高院曾家春等伪造文书案》(1940年),第73—78页。备注:1.本案本为伪造度量衡案,但被归为伪造文书案,不知是今人档案整理归错类还是时人就误归类。2.此案件只有刑事上诉状无判词。

《刑法》第二百零八条第一项，判罚许玉书 300 元罚金。

此案发生在新旧度量衡更新之际，反映度量衡的统一和稳定，对于维护市场秩序与促进经济发展起着至关重要的作用。

此类伪造度量衡案件并非仅湖南所发生之情，笔者在江西省档案馆亦发现相当数量的案卷，在此选取其中有代表性案件加以阐述，以体现其异同之处，更多角度在全国范围呈现伪造度量衡的社会因素及其影响与司法实践之多维面相。

方印生伪造度量衡案①：

事实：被告方印生（男，29 岁，新建人，住水閘桥 33 号）系在南昌市水閘桥 33 号开设合盛源水果店。常使用违背定程之盘秤一把，从事业务。1947 年 4 月 21 日经江西省度量衡检定所派员查获，校对标准每斤须小 2 两，检送侦办到院。据调查获悉，上述事实已据江西省度量衡检定所函述明确，并检同伪造之盘秤一把，证明属实，被告到庭亦供在其家查获不讳。

核此情形，被告显应触犯刑法第 208 条第 2 项之罪嫌，其扣押之盘秤一把，并依刑法第 209 条予以没收，合依刑事诉讼法第 230 条第 1 项提起公诉。

据上论结，应依刑事诉讼法第 291 条上段第 298 条，刑法第 208 条第 2 项，第 209 条、第 42 条第 1 项第 2 项罚金罚（元）提高标准条例第一条第二条判决如主文：方印生关于其业务行使违背定程之度量衡处罚金 2 万元如易服劳役 1 千元折算一日。秤杆一节没收。

理由：查被告以违背定程之盘秤一把从事业务经江西省度量衡检定所派员于 1947 年 6 月 12 日在被告店中查获经核明该项盘秤每斤小 2 两显系违背定程。此已据该所来函，述明无异，讯据被告在侦查中亦承认是在其店中查获。显系于业务上行使违背定程之度量衡自应依法处罚。惟念其犯罪情节尚不重大，兹从轻处以罚金，获案之秤杆一节应予没收。被告经合法传唤无正当理由不到庭爰不待其陈述进行判决。

---

① 南昌档案馆藏：《方印生伪造度量衡案》，档案号：2—3—2068。

　　徐少成伪造度量衡案①:

　　事实:被告徐少成(男,70 岁,南昌人,住第一菜市场),系在南昌市第一菜市场 44 号开设卖鸡店,常使用违背定程之四面星钩秤一把从事业务,1947 年 3 月 26 日经江西省度量衡检定所派员查获校对标准第二钮上面星一斤小 2 两,第二钮外面星十斤小一斤 12 两,连同原秤检送侦办到院。

　　上述事实已据江西省度量衡检定所函述明确,并检同伪造之四面星钩秤一把,证明属实,被告到庭亦供认在其家查获不讳。

　　核此情形,被告显应触犯刑法第 208 条第 2 项之罪嫌,其扣押之四面星钩秤一把,并依刑法第 209 条予以没收,合依刑事诉讼法第 230 条第 1 项提起公诉。

　　被告因伪造度量衡案件经检察官提起公诉,据上论结,应依刑事诉讼法第 291 条上段第 298 条,刑法第 208 条第 2 项,第 209 条、第 42 条第 1 项第 2 项罚金罚(元)提高标准条例第一条第二条判决如主文。

　　主文:徐少成关于其业务行使违背定程之度量衡处罚金 5 万元,如易服劳役以 1 千元折算一日。钩秤一把没收。

　　理由:查被告以违背定程之钩秤,从事业务。经江西省度量衡检定所派员于 1947 年 3 月 26 日在被告店中查获。经核明该项钩秤第二钮上面星一斤小 2 两,第二钮外面星十斤小一斤 12 两,此已据该所来函述明无异,讯据被告亦承认在其店中查获不讳。显系于业务上行使违背定程之度量衡,自应处罚。惟念其犯罪情节尚不重大,兹从轻处以罚金,获案之钩秤应予没收。

　　上述伪造度量衡诸案的呈现,在另一方面客观促进国民政府划一度量衡的步伐,因为整顿度量衡,不仅影响普通大众的生活,而且系关国家政权的稳定。特别是抗战时期,系人力、物力、财力之总动员,消耗量至为重大。我国原以物力之不充实,敌于战事常处于不利地位,今者海口被敌封锁,而工业经济区域又复相继沦陷,影响所及,不特军需异常支绌,即民生日用,亦至感困难,如不急谋救济,则民期抗战又将何以维系,为今之计,只有极度减低全国消费

―――――――――――

　　① 南昌市档案馆藏:《徐少成伪造度量衡案》,档案号:2—3—2070,2—3—2071。

力量,保持残余元气使之相延相续,而以留待新兴开发事业之民成。实行经济统制管理制度后,又因物资总量数少,为保障军糈公粮,导致民食供应严重不足,至而全国呈现诸多奸商之居奇垄断。伪造度量衡案件的呈现不仅仅只是经济情形,而是在与政治不统一,政权不稳固,以特点抗战时域背景等诸多情形,为此,伪造度量衡案的审判理应将抗战背景归为审断之具情之中,因为系关统制经济政策的实施与抗战胜利的局势,所以说,案件的审理与执行无时不体现情与法的异与同。

第三节 "怜恤贫弱"与"法律"之宽容

通过前述诸种案件的考察,可以发现法院审断的结果,有不少与法条本身存在差异。比如在多数伪造有价证券案中,法院的判决往往取其下限,如法律规定处三年以上十年以下有期徒刑,而判决往往为处三年有期徒刑,并且一般也仅判处一年左右有期徒刑,甚至还以各种理由判为缓期执行。

比较而言,"新刑法"规定:"不知法令,不得谓非出于故意,但因其情节得减免其刑";"旧刑法"则规定:"不得因不知法律而免除刑事责任,但因其情节得减轻其刑"。从法理角度说,"法令"的含义比"法律"更为宽泛。因此,"法令错误,不得谓为非出于故意。固然,惟法定犯与自然犯有别。法定犯之所以为犯罪者,以有法律规定故也。无法律,则无所谓犯罪,无法律则不能加人以刑罚。而独不知法令,则不得免除刑事责任,仅规定亦基烦琐,不知其犯罪而为之,未足以表明其有恶性"。因此所谓"减免其刑",即为扩张审判官的权限,俾其在"免除"、"减轻"与"不减免"三者中择一而行。① 也就是说,扩大审判官判案的选择范围,有利于其根据案件及相关实际情况,对案犯作出相应的量刑和判决。正因为如此,法官对相关案件的审判,便有一定的灵活性,也呈现出一定程度上的"怜惜贫弱"。对此,可以再举一个案例予以说明。

---

① 王觐:《我对于刑法修正案初稿几点意见》,《法律评论》第十一卷第十六、十七期合刊,第9—10页。

曾汉卿伪造有价证券案①:

案情:曾汉卿,男,年二十四,业工,住安化县南门。1935 年 12 月间曾汉卿伪造安化县商会城市分事务所发行的临时四角票,伪造事务所图记并加盖在角票上、后在县会各地行使,经事务所查获,并搜出伪造角票一张,呈由安化县政府讯辩。

经安化县政府判决未见记载,呈由湖南省高院检察官申请覆判,1936 年 5 月 20 日高院审理此案。

审讯情况:本件被告伪造安化县商会城市分事务所发行之临时角票,并伪造图记加盖其上在县会各地行使等情,已据该被告历历自承。初审以该被告应构成伪造有价证券罪,并以其犯罪系迫于家贫所致,核其情状尚堪悯恕,酌减本刑二分之一,固非无据,惟行使伪造行为为伪造行为所吸收,又伪造印章为伪造有价证券之一部,只能依伪造有价证券罪论科,初审以数罪具有方法结果关系,依刑法第五十五条从一重处断,自属错误,又关于没收部分刑法第二百零五条有特别规定,初审对于获案之伪造角票一张依刑法第三十八条第一项第二款没收,亦有未合,应予更正。

据上论结,应依《覆判暂行条例》第四条第一项第二款,《刑法》第二百零一条第二项,第五十九条,第六十六条前段,第二百零五条。判决:初判更正,曾汉卿伪造有价证券处有期徒刑一年六月,伪角票一张没收。

本案案犯迫于家贫所致被认为情状可悯恕之原由,酌减本刑二分之一,足见定罪量刑时借以种种情事而趋轻之判。再引下案。

李佑元伪造有价证券案②:

案情:李佑元,男,四十五岁,住沅江。李佑元伪造有价证券五张,意图行使,1947 年被乡义勇队抓获。

审判情况:1947 年 8 月 11 日沅江县司法处审理此案,一审判决:李佑元

---

① 湖南省档案馆藏:《湖南高等法院检察处档案》,全宗号 28,目录号 6,案卷号 803,案卷名《安化县司法处曾汉卿伪造有价证券案》(1935—1936 年),第 23—58 页。

② 湖南省档案馆藏:《湖南高等法院检察处档案》,全宗号 28,目录号 6,案卷号 324,案卷名《沅江县司法处李佑元伪造有价证券案》(1947 年),第 56—79 页。

行使伪造之有价证券处有期徒刑二年,剥夺公权二年,伪造之有价证券没收之。

李佑元不服原判提起上诉。1947 年 10 月 27 日湖南省高等法院审理该案,认为"关于没收部分刑法第二百零五条有特别规定,初审对于获案之伪造角票一张依刑法第三十八条第一项第二款没收亦有未合"。上诉人李佑元系属愚笨,此次因贫而犯,情节尚堪怜悯,原判决有过重之嫌,撤销原判,予以减轻。应予更正,据上论结,应依《覆判暂行条例》第四条第一项第二款,《刑法》第二百零一条第二项,第五十九条,第六十六条前段,第二百零五条,判决:李佑元行使伪造之有价证券处有期徒刑一年,剥夺公权二年,伪造之有价证券没收之。

同样,该案因贫而犯视为怜悯减轻之理由,嫌其原判过重,撤销原判,予以减轻。因此,对于此类案件审断的详细考察发现,正是出于对"怜惜贫弱"的基本考量,使得此类案件的审断呈现非常明显的特点,即:审断普遍趋于宽容与松弛。

第六章　反思:伪造案审断的社会印记

通过前文深入分析伪造货币、伪造文书、伪造有价证券及伪造度量衡案的审断具情,说明影响判决是复合多面的诸多因素所为。极低生产力水平的社会经济状态,战乱不已的分裂政治局势,立法与执法不一的不健全的司法治理样态,使得伪造案件中审断所呈现的一定灵活性往往隐射着"人治"或"权力寻租"的印痕,正是国民党基层政权内卷化在司法实践中的折射。从伪造诸案具体审判具情十分明确地显现国民党内外各方的理念冲突、派系斗争、利益纠葛等现象,说明国民政府建构的政治制度与司法体制改革存在内生缺陷,如司法党化与司法独立的二元对立,县级兼理司法制度本身的矛盾与"法治"的悖离,说明由于国民党利用控制司法审判权来巩固国家的行政管理权的意图,导致司法体制无法成为国家政治体制中的刹车机制,从而使司法实践在回应政治诉求中呈现社会中各种阶层、利益团体博弈的得失。此外,具体时域(如抗战时期)、具体场域(如湖南尚力好讼等文化特质)对于具体审断亦有影响情事,这些亦为伪造案审断呈现灵活的具体实施环境。

第一节　社会与法:司法实践的社会环境

司法的本意是审判,它以一种中立的角色通过必要的程序和事先确立的规则解决个案纠纷,维系民众通过其他手段和渠道无法实现的公平、正义及社会预期,实现国家权力架构之间的平衡,最终维系社会的整体稳定。因而,独立的司法制度如果运转良好,可以大大地淡化国家的政治色彩,换言之,在国家权力的角色定位上司法是一种相对技术性的环节。同时从宪政的层面上讲,司法权又承担着制约立法权和行政权,防止各种政治组织的专制和行政权滥用职能,在一定程度上弥补了执政党可能出现的不理性和政策偏差,是国家政治体制中的刹车机制。由于国民党利用控制司法审判权来巩固国家的行政管理权,国民政府建构的司法体制无法演变为国家政治体制中的刹车机制,不能承担国家政治体制中的制动器功能,因此,司法体制的产生与变革是与社会结构及社会变迁休戚相关的,对司法制度本身的理性考察是恰当把握伪造案审断的运行环境的重要前提,更能科学把握司法审判与政治秩序客观之联系。

一、民国司法制度的理性审视

(一)司法独立与司法党化

如何处理执政党与国家司法的关系,是中国现代司法制度构建过程中所面临的核心问题之一。控制国家司法权,但不干涉具体案件的审理,利用自己的政治资源来推动现代司法制度的建设,同时利用司法审判来完成执政党对社会的改造,南京国民政府就是按照这一思路来处理自己与国家司法的关系的。

司法独立在引进中国本土化的过程中,其原有的价值已经缺失,逐渐只剩下司法独立制度表面上的形式。至于司法党化时期,司法独立更是大打折扣,成为政治革命以及后来专制统治的附属品。

国民党是从1929年前后开始创建被学术界称为"党国"体制的国家制度的。这种体制的核心是通过大规模的立法活动确保"党在国上"和国民党的一党专政,即国民党对国家政权和社会的全方位控制,并将此作为国家政治运行的基本规则。第一,1928年中华民国《训政纲领》明确规定,在训政时期国家政权由中国国民党代表人民行使,"中华民国于训政时期开始,由中国国民党全国代表大会代表国民大会领导国民行使政权","中国国民党全国代表大会闭会时,以政权托付中国国民党中央执行委员会执行之";第二,1929年《确定训政时期党、政府、人民行使政权治权之分际及方略案》明确规定,在训政时期政府由国民党产生,并对国民党负责,即"国民政府在实施训政计划与方案上,对中国国民党中央执行委员会政治会议负责";第三,明确规定训政时期实行约法之治,《中华民国训政时期约法》是训政时期国家的根本法,法由国民党制定；第四，在意识形态上强调以三民主义统一全民思想，把服从国民党的统治、信仰三民主义确定为中华民国公民的基本义务，强迫人民必须遵守。而该体制的最大特点则是采取对国家政治控制与管理的党政双轨制模式：一方面建立和完善自下而上的国民党组织系统，由国民党垄断国家最高权力，构成国家的决策系统，只要是事关国家的一切大政方针均由国民党决定，实行国民党对国家的政治控制；另一方面在国民党的组织系统之外，着手创建立法、行政、司法、考试、监察的五院政府，依据国民党的政策实行对国家的管理，两者在关系上明确规定党权高于政权。

司法当然也是必须要彻底的党化。五权分立实质上是"五职分工"而已，训政的思想基础是建立在人民因无知而不会行使自己权利的前提下，于是训政纲领中将"政治保姆"国民党的权力法律化，三民主义成为南京国民政府的最高信仰并可以弥补立法与司法上的缺陷，把袁世凯下令禁止司法官参加政党的规定又复归从前，①司法党化是国民党"以党治国"理论在司法领域的必然反映和具体化，其基本含义是指通过国民党对司法权的控制，使国家的司法变成国民党落实自己意志，推行自己的政策，实现自己对社会管理、控制的一种工具和手段。至于具体做法又大致可以分为两个方面：一是司法人员的党化，藉此把司法权牢牢地控制在执政党的手中；二是在司法审判环节中注意党义之运用，即利用审判活动落实国民党的党义和党纲。

总之，训政时期国民党尽管已从整体上控制了司法权，但在法院拥有终审权，法官拥有独立审判权，立法工作基本完成，社会规章制度已经建立的情况下，却没能在执政党与司法行业、司法机关、司法从业人员之间建立起一种长效的互动关系；它可以通过宣誓，通过培训，通过总理纪念周等方式对法官进行宣传教育，②但却没能改变从业人员头脑里传统的地缘、学缘等观念，更无

---

① 1914 年 2 月 15 日，大总统袁世凯颁布命令，禁止司法官参加任何政党。参见《中外大事记》，《法政学报》第二卷第二号，1914 年 2 月 25 日。

② 总理纪念周为国民党政权党化教育的一种重要方式。按照国民党中央党部的规定，每周一所有党员、政府工作人员、司法人员和学生等均要举行纪念孙中山的活动。活动中除向孙中山遗像默哀、鞠躬，诵读孙中山遗嘱外，还要举行政治报告会。总理纪念周活动对三民主义的传播起到了重要作用。

法让每个从业人员的道德都高尚起来,抵挡住贪欲,严格依法办案,实现司法的公正,为执政党所要从事的现代化建设提供一个良好有序的社会环境。训政时期组织松散的国民党未能建立起一种有效的利益机制和组织纪律,使司法从业人员都能自觉地在自己所从事的审判中执行执政党的方针、政策。换言之,南京国民政府尚未找到使司法党化真正落到实处的切实有效的办法和机制。因而,我们大致可以说,训政时期的国民党对司法有党化之心,但无党化之力,更无党化之法。

司法党化的推行也使一些不符合业务条件的国民党党员进入司法界,大大降低了法官的素质和业务能力,同时也在法官中助长了一种投机取巧的浮躁风气。晚清以降,伴随着职业化的确立,在司法系统内部已经逐渐形成了重资历、重声望的传统和守规则的习惯。但随着司法党化的推行,大量不符合业务条件者的进入以及出于政治目的的越级提拔遭到了时人的质疑:"司法界用人更不守资格,恐遂败坏全局。① 这种做法不仅一点点地改变着法院的性质,同时也在逐渐改变着司法系统的传统与风气。

(二)县级兼理司法制度

南京国民政府时期,县级司法体制改革经过了县长兼掌司法、设立县司法处以及倡议废除县长兼掌检察职务三个时期。县长兼理司法,司法权与行政权完全合一,易于引起县长司法擅断;设立司法处后,县长不掌司法,仍兼理检察职务及县级司法行政大权,但未能认真展行检察职权,有的不但不妥善配合司法,甚至公然对抗司法;国民政府后期,法界虽有废除县长兼理检察职务的倡议,却未能落实。

县长兼理司法时期,承继了传统中国社会"政刑合一"的司法特点,中国传统法律的特点十分鲜明突出,即:强调权威,强调义务观念;依礼治律,礼、法结合;诸法合体,刑民有分;重刑主义和行政兼理司法等特点,因此,可以说,兼理司法制度充分体现了中华传统文化对法律的内在渗透力,也反映了文化的独特性与法律的民族性。

---

① 杨晓编:《宪政救国之梦——张耀曾先生文存》,北京:法律出版社 2004 年版,第 399 页。

县长兼理司法,在一审法院,司法权与行政权均为县长掌握,如果司法与行政能有效协调,合理兼顾,将一审案件妥当审理,上诉案件案卷及时送达二审法院,人犯按时押抵,则可成为二审法院准时审理结案的基本保障。否则势必影响二审法院的办案效率,刑事案件尤其如此。如各县县长既然兼理司法,则侦查勘验的事项,必然由县长办理,而县长每每拖延,才办理呈报;刑事上诉案件中的人犯解递问题,因解递费用大,无法获得上级补偿,县长无不视为难事。经常有一些案件上诉已久,上级法院早就准备开庭审结,无奈人犯未到。不但因为交通不便的地方,递解人犯动辄一二月之久。即使是交通便利的地方,"亦非左催右逼,不得起解"。以往地方司法官最怕犯人上诉,担心上诉后,供词全部推翻,或发现新事实新证据,要负责冤狱的责任。这时追究冤狱责任的办法已经废除,县长担心的只是递解犯人的费用无法落实。①

县司法处成立后,检察职权仍由县长兼任。但县长公务繁多,又不太熟悉法律,名义上兼理检察权,实际上全由审判官代理。司法处收到的案件,能作自诉的,一律按自诉处理;不能自诉的,酌情处理。可以起诉的,法院填写起诉移送片;不能起诉的,以批谕代处分。司法处将填好的函片或批谕送给县长签名盖章。

县长要是认为某案与他有关,往往收回自办,由军法承审员或其他部属代为侦讯。检验执行等工作也由审判官办理。刑事审理时,如县长不能在庭,审判官依法不能代理,也不能派他人代理,只好把该程序改为县长得不往庭。县长对刑事判决不行使上诉权,因此准许被告向上级法院检察官申请上诉,由上级检察官代行上诉权。为防止司法处办理刑事案件不当,对于刑事判决确定未经上诉的案件,另据《县司法处刑事覆判条例》,应将案卷送上级法院覆判,上级法院分别情况,另作核准、更正、更审、往审、提审,以资纠正。②

县长兼任检察职务,原为设立司法处的过渡办法。随着时间的推移,这一制度日益暴露不足。县长多为党务及军事出身,处理案件时,或不依法规办

---

① 阮毅成:《司法与行政之调整》,《法律评论》第 10 卷第 3 号,总第 471 期,1932 年 11 月。
② 林厚棋:《国民党统治时期的司法概述》,《福建文史资料》第 21 辑,1989 年印行,第 36—37 页。

案,或交给秘书科长执行。有的视检察事务可有可无,能推则推,不肯用心办理。结果一边是案件积压,一边是司法处审判官无案可审。如湖南祁阳县,自1944年1月,战区检察官郝鸿龄离职后,到1945年8月,新任检察官还未到任。这几个月中,所有的告诉案件均未起诉。主任审判官杨亲睦一再请求县长锤沐生行使兼理检察职务,以免案件积压。不料县长声称职务纷繁,没空办理,转请审判官杨亲睦代办。杨亲睦暂时代理批答侦查,但没有提起起诉。1945年以来,该县长因为行使兼理检察职务,没有案件起诉到审判庭,单1945年6、7两个月,就检察部分没有终结的案件就达300多起。已经终结的,都是由当事人自己请求撤回的案件,没有一件案件是由经检察起诉和作不起诉处分决定的。①

县长兼理司法行政及检察职务,比起县长兼理司法,大有进步,但弊端仍多。县长集政权、财权、检察权于一身,同级政法机关很难对其实施有效监督。1942年,湖南会同县县长杨永坚,因杨汉顺代当事人交纳罚金,县长未给收据,因在县长讯问其他案件时,递上书面陈述意见,惹火了该县长。他将所递书状掷到地上,对递状人掌批脚踢。杨汉顺向上级有关部门呈控,被该县长知道后,以"诬告罪"将杨汉顺羁押人监,羁押期间,动用酷刑,以泄私愤,如热水灌、香烟熏、毛巾捂口。既不准交保,也不释放,呈控人无辜受押达5个月之久。② 该案说明,县长兼有检察权和地方行政权,法律知识欠缺,加上个人专横作风,使他们养成了"顺我者昌,逆我者亡"的习性,法律赋予他们的权力,在他们手中变成了违法作恶的特权。

基层机关由于可办案的单位较多,司法权力出自多门,司法权的作用经常被其他部门取代,企图玩法的人便有空子可钻。如抗战时期,江西景德镇所在的浮梁县,能处理案件的衙门有7家:浮梁地方法院、浮梁地方法院检察处、五区专署、县政府、浮梁戒严司令部、浮梁团管区司令部、浮梁县警察局,7个单位中,浮梁团管区司令部仅能受理兵役案件,县警察局仅能受理违警犯法案

---

① 中国第二历史档案馆档案,全宗号七,案卷号 2020
② 中国第二历史档案馆档案,全宗号七,案卷号 2020。

件,分工比较清楚。其他军法机关则往往侵越司法权限办案,如戒严司令部对斗殴事件,专署对盗窃事件,县府对家务、债务纠纷等,都有一定的管辖权限。县府主管军法,属于司法范围的案件,一般都应移送浮梁地方法院或法院检察处,有时受人嘱托,对诸如房客不交房租或借债不还等案件,也会作出决定,司法权限大受影响,以致地方法院受理的案件相对减少,各军法机关受理的案件无形增加。浮梁县地方法院,抗战时期只有两个合格律师,照理说,业务比较紧张,但当时律师除在浮梁地方法院、浮梁地方法院检察处可以署名撰写诉状、查阅案卷、出庭辩护、执行业务外,其他单位概不接待律师,所以即使少量律师亦无用武之地。相反,地下律师非常猖獗,他们可以利用与不同机关的关系,肆意兴讼,代写诉状,串卖案件,贿求获利。① 司法的统一性被多方非司法机关严重分割,司法威信扫地,贻害匪浅。

县长、乡镇长、保长等凭借行政权力,对于司法机关的正常执法,或无端掀起事端,或与司法机关分庭抗礼,公然挑衅。如有的县长自恃一方行政长官,地位尊崇,根本不把司法处放在眼中,司法处审判官欲对违法乡镇长进行司法审理时,县长往往站在乡镇长一边,为乡镇长护短;对违法渎职者,县长也不履行检察职务,县司法处几乎成了县政府的附庸。在这样的处境下,审判官不惜委曲求全,"由迁就而转变到应付,从应付而发生了附庸局面,再从附庸而摇身一变,就成了今日不可收拾的保长威权的工具"。对民事(婚姻)部分的案件,县长每每对审判官加以警告的口吻。②

在中国传统的政治实践中,司法始终是行政的题中应有之义。"县知事衙门之设,由来已久,垂数百年。新式法院未设以前,实为中国之唯一法院。"③正是在这一意义上,兼理司法制度的实施,只是将这些在司法审判实践中已经风行多时的制度套上制度的枷锁,以使其更加符合民国对法治的追求。

---

① 程世富:《国民党潜江县的司法机构和公堂杀人案》、《关于魏克前公堂杀人的补充》,见《潜江文史》(第2辑),1986年印行,第107—109页。

② 熊正瑞:《解放前浮梁县的律师》,见《景德镇文史资料》(第4辑),1987年印行,第60—62页。

③ 《法权调查委员会报告书》,《东方杂志》第24卷20号。

缘于此,相关法律规定和诉讼章程的制定与实施对于规范兼理司法制度,实现形式上的近代司法,其价值尤其不容忽视。

从某种意义上说,民国兼理司法制度的实施,其影响正如费孝通先生所说的那样:法治秩序未得,而礼治秩序已经破坏。"初犹以为该制度之不良,其流弊所及,不过如前清州县衙门而止。不谓目前现象乃甚于前清州县之黑暗,人民疾首蹙额,冤屈无伸,痛苦有不堪言状者。其情形大致各省相同。"①如此看来,兼理司法制度已经不是一般性的流弊所致的问题,而是在新旧制度施行过程中所表现出的根本性弊端。从社会各界对兼理司法制度批评来看,对于该制度的问题集中在以下几个方面。

结果导致行政派系纷争的不良作风涉入司法系统。1941 年国民政府颁布《特种刑事诉讼条例》,更使检察职权遭到极大破坏,行政权凌驾于司法权之上自是进入一个新的阶段。

比如,湖南省政府就曾呈请国民政府行政院,请核准实施《司法机关处理控告公务人员及行政机关之案件办法》,其中规定:"法院讯问被告诉人并调查事实后,如认为被告公务员确有犯罪嫌疑时,应通知被告书面申辩,并定期传讯;如被告受传不到,应请该管长官令其如期到庭应讯;法院对于公务员被控案件,如认为有诬告时,应立即依法检举以儆刁顽。"其实就是对人民投诉或揭发官吏设置障碍②。"政府官员腐败,法律任其滥用"③,成为行政与司法关系不明,乃至行政权利凌驾司法权力之上的典型写照。其对伪造案判决的影响,在张群英公然伪造委任状等文书一案中有明显的体现,即因军事及地方行政的干涉,该最后判决张群英部分无罪。④

县行政长官兼理司法职务,行政权与司法权的混淆,其弊病可从 1926 年

---

① 朱勇:《中国法制通史》第九卷,北京:法律出版社 1999 年版,第 526—527 页。

② 张仁善:《司法腐败与社会失控(1928—1949)》,北京:社会科学文献出版社,2005 年版,第 90 页。

③ 彭菲尔德致高思:《受到检查的评国民参政会会议的社论》,美国国务院档案:893—9—1444,1944 年 9 月 14 日,附件一,第 1 页,转引自[美]费正清:《剑桥中华民国史》(下),北京:中国社会科学出版社 2007 年版,第 687 页。

④ 平平:《又一行政干涉司法之恶例》,《法律评论》第九卷第九期。

法权会议提出的报告中明了一斑:"县知事以一行政官兼为检察官,复为推事,乃行使行下官不应掌管之司法职权。而该署所置之承审员,复无新式法院推事之训练及地位;且考试及格后,仍须由县知事遴选充任。又诉讼人在此等审判机关诉讼,尤应有律师为之协助,而反不准律师代理诉讼。民事被告,复准羁押,又县知事于初级厅案件判决时,即令其所定之罪为五年徒刑,并毋庸以书面裁判。此口头判决之办法,为其他司法官署所无。虽刑事案件判决后,得准上诉及覆判,而此种救济办法,实不足以防判决不公之弊。此外,县知事得以行政官资格判决,罚金至六十元,拘役至三十日,不准上诉,只能以行政诉讼程序诉愿于上级行政官署及北京平政院。现在中国诉讼之大部分仍受引等县知事公署之管辖,故种现状,亟待改良。"①

本书所考察的案例中,颇多县长训令、指示,并且影响到法案的量刑定罪,即足印证前述情形。然而,南京国民政府却仍沿用了县长兼理司法的体制,而且很多县长本身就依靠私人背景与关系,如行伍关系、裙带关系、权贵推荐等,通过派任而谋得该职。复因县长多是没有当选专业知识之人,故其问案与审判时的"存在"所引起的违法现象比比皆是。

国民政府曾对县长兼理司法有所"改革",即改县长兼理检察职务,但"兼"而不"理"的情况非常普遍。其一般情况是,县长公务繁多,又不熟悉法律,因此名义上兼理检察权,实际却由审判官代理。法院收到的案件,能作自诉的,一律按自诉处理;不能自诉的,酌情处理。可以起诉的,法院填写起诉移送片;不能起诉的,以批谕代处分。司法处将填好的函片或批谕送给县长签名盖章。若县长认为某案与他有关,往往收回自办,由军法承审员或其他部属代为会侦。因县长或县知事县知事在兼理司法审判的过程中,没有明确的诉讼程序和诉讼规则,故经常根据自己的一己之好,或与案件当事人的亲疏远近来决定案件的审理,故此常有"诉讼案件有呈递诉状月余不批者,有批准后数月不审理者,有审理后数月而不判决者,有刑事数月而不提起公诉者"。②

---

① 《调查法权委员会报告书》,《法律评论》第 182 期增刊,1926 年 12 月 26 日。
② 余明侠:《中华民国法制史》,徐州:中国矿业大学出版社 1994 年版,第 200 页。

上述情况在本书所考察的诸多案例中,也有明确的反映;并且出现把本来已经处理好的问题推往高级法院,既浪费人力物力,也严重影响及时、客观审判案件。① 仅从已结案之审断来分析,因为有很多案件因保甲之庭外调解或取保了事,或于民众调查后,以不起诉之处分,当然也有因县长兼理检察,因县长公务繁多不行检察之职,而致使很多案件积压,最后不了了之②。

于是出现两种怪现象,一方面是大量案件积压,另一方面则是司法处、审判官无案可审。更有甚者,县长集行政权、财政权、检察权于一身,因此同级司法机关很难对其进行有效监督,若司法机关切实监督,发现其品行不端,即使行使监察权,也可能滥用职权,或公然对抗司法。

司法独立在近代中国被抽空其内核以后,被刻意地加上了许多违背其原旨的东西,于是法院不再独立,法官不再独立,相反在政治至上的旗帜下各种"主义"盛行,法治从慈禧太后、光绪皇帝王冠上的饰物,到北洋军阀们腰带上的点缀,再到国民党"党国一体"化机制上的外套,成为真正的治世之具。

民国时期,中国法律所面临的内外环境使社会本位司法理念具有中国化的可能性。政治领域的"党国体制",使国家主义与司法党化成为中国式社会本位司法理念的重要特征。在中国特殊的社会情境下,妥善处理与传统司法的关系及注重发扬"法治"内涵,是社会本位司法理念中国化的重要问题。

二、司法实践与民国社会

黄宗智认为"官僚体系有着一套行为则例及报告和审查制度。在司法领域里,他的行为还进一步受到成文法律的制约,这些法律中既包括原则性的律

---

① 张仁善:《司法腐败与社会失控(1928—1949)》,北京:社会科学文献出版社 2005 年版,第 39—53 页。

② 从《湖南省高等法院档案》诸多案件中归纳得出,如档案号:29—2—2065,1938 年;29—2—2066,1938 年;29—2—2066,1937 年;29—2—2067,1939 年;29—2—2026,1937 年;29—2—2027,1938 年;29—2—2068,1939 年;29—2—983,1937 年;29—2—984,1940 年;29—2—985,1942 年;29—2—986,1940 年;29—2—1536,1941 年,29—2—987,1940 年。

文,又有实践性的条例"。① 同样,据时代的延续性而言,民国司法的实践同样亦应置身于民国社会时代里,体现其社会文化、社会结构及社会变迁乃至社会秩序的变化对于法律适用与司法审断的关系。

司法独立在近代中国的强力出现与传统政体制度下司法权式微的现状相映照,不仅没有取得独立的地位,甚而始终被外来的领事裁判权和内在的行政权尤其是武力和军权的恣意介入,其近代化的蹒跚发展之路又多了一丝悲壮和无奈。从前文诸多伪造诸案审判具情即可印证此论断。

英国历史学家劳德·艾克顿说:"权力倾向于腐败,绝对的权力倾向于绝对的腐败。"②民国时期的政治腐败与伪造案的关联集中体现在基层。40年代初湖北省民政厅一位视察员有感慨说:"现在下级政治可称为土劣或准土劣政治,此辈既握有治权,一切征兵征工及政府所需求于人民之事,无非贫民身受其苦,彼辈皆超然事外,甚且于中牟利。"县政府对他们实在是"防不胜防,撤不胜撤。"③在更低层的政治制度,保甲制度的不良尤其能体现各方面的腐败情况。在三四十年代的突出现象,一方面保甲长非但未能起到发动民众之责,反藉征兵、征工和募债之机肆行敲诈,为所欲为,比如在征兵过程中出现的徇私舞弊、徇情顶替、得钱卖放、藉抽丁敲诈及任意抽丁等④。二是保甲长由劣绅充任;劣绅利用担任保甲长的职务,操纵乡村政治,以图个人私利;保甲人员"尽是地方上的游民和土劣",保甲长之职为无给职,"一般有职业有声望比较得民众信仰的,都不愿意干"。保甲长"给与人民的印象太坏,所以一般洁身自好之士,大多不愿意担任。于是保甲长不落在地痞流氓之手,就落在一般无智无能者之手",而"落于地痞流氓之手,自然无恶不作,落于老实无能之手,自然唯唯诺诺,百事废弛⑤。各县的情况的确如此。文县"地方公正人士,

---

① 黄宗智:《清代的法律、社会与文化:民法的表达与实践》,上海:上海书店出版社2007年版,第13页。

② Lord Acton:"Letter from Acton to Creighton", April 3, 1887, see George Seldes "The Great Thoughts", *Ballantine Books*, New York, 1985, p.3.

③ 民国时期湖北省民政厅档案,湖北省档案馆藏,卷号 LS3—1—655。

④ 陈之迈:《中国政府》(第三册),北京:商务印书馆1947年版,第234页。

⑤ 李宗黄:《现行保甲制度》,北京:中华书局1943年版,第5页。

多不愿担任保甲长,以致下级行政设施,推进维艰"①。

更重要的是,保甲长在民间诉讼中起着明显的具保作用。比如在所考察的上千件伪造案例中,有大半保甲长参与。

伪造各类案件数目表

	伪造货币案	伪造文书案	伪造有价证券	伪造度量衡
具保案件数	345	633	78	2
总　　数	606	1168	189	6

资料来源:整理以下馆藏档案:湖南省档案馆全宗号 28,目录号 6;全宗号 29,目录号 2;长沙市档案馆全宗号 17,目录号 2;全宗号 18 目录号 1、2;衡阳市档案馆全宗号 1,目录号 4;邵阳市档案馆全宗号 1 目录号 6、7。

在有些案件中,保甲长直接参与调查与具保,有些起着调停与息讼作用。但诸多保甲长既没有文化又品德败坏,因此,他们在大多诉讼中勾结犯人,为虎作伥,从中作梗。如伪造文书案中王瑞乔伪造一案(详见第三章第一节),其中笔录记载被告一面款洽法警,一面托该地甲长证明完成避拘,目的在于逍遥法外;在伪造货币案中,类似现象亦复不少,如在苏元洪等团伙伪造货币案(详见第二章第一节)中,因甲长亲属以坚壁清野以资顽抗,致使被告谭锡光迭传不到,严重影响案件及时与公正的审断与判决②。苏元洪伪造货币案中本市附近伪造伪币制造所,并携伪币至邻近各县行使(邵阳、溆浦、沅江、益阳),本县严饬捉拿制造伪币人犯,而其伪造机关处所仍未发现。欧亚图书服务社数月前得买玉田乡所属六亩塘人谭锡光石印机一部,限期应民国二十九年八月交货,而逾期未交,而谭锡光称是石板断了,他不交货系正制造伪币,其石板锯断显系推拖。后警察所传唤谭锡光,他又拒不到场,只派亲属谭显诰来

① 《非常时期保甲长待遇及奖励办法甘肃省政府公报》,第 472 期,1939 年 4 月 30 日,第163 页。

② 湖南省档案馆藏:《湖南省高等法院检察处档案》,全宗号 28,目录号 6,案卷号 808,案卷名《安化县苏元洪等妨害国币案》(上)(1940 年),第 1—178 页;湖南省档案馆藏:《湖南省高等法院检察处档案》,全宗号 28,目录号 6,案卷号 809,案卷名《安化县苏元洪等妨害国币案》(下)(1940 年),第 1—211 页。

236

探听。随后四名警士前来勒传谭锡光,他复逃,具限人甲长亲属以坚壁清野以资顽抗,迭传不到。警察追辑谭锡光人(出售石印械件有关制造伪币)时当地保甲长不予支持,致使捉获难度加大。

　　抓获此伪犯三人,关押于县府,具呈人玉田乡四保四甲梁福康、谭德藩、廖章国、梁学发、梁乘裕及蓝田镇第一保保长梁凤藩、第一保十一甲长殷泰圻、十二甲长谭汉初、十三甲长梁笃主合伙具保梁笃全。梁伯祥,梁笃全之父声请。称其子务农老实从不干生意之事,被人污陷,巡官用严刑拷打,因子年少故曲打成招,承认有罪。而保长及邻居皆认为其是正当人士。谭王氏(谭锡光之母)于三月五日呈具书:其子谭锡光本性忠厚,原为开鸿章石印局,因生意失败,但将石印械件由股东谭道卿寄存蓝田正总福成昌,因股东追索股本,经股友谭显仁于上年二月将该械件售与新新石印局,即以所得价值退还股本是时。即时谭锡光外出不得其详。至七月其子回适欧亚图书馆主任彭某要购石印机械件,由友人梁日宪介绍其子卖与此,向同伙友询及寄存石印械件始悉已卖,氏子只得归还欧亚图书馆定洋。其堂叔谭区轩充任湖北荆宜师管区辅充第二团第三营第七连连长现驻宜昌适以书来,氏子锡光已于二十八年古历十一月二十六日前去抽效、该彭主任见其子不在家,遂带警察来诈欺,诬其伪造伪币之嫌疑。正适夫堂弟谭显诒从学校回家邀同保甲谭震华(第七保副保长)谭延龄(第九保甲长)从场证明谭锡光外出具限四周赶回。可见,其保甲长大多为本家所充任,又有人在军界充役,说明该犯家族势力较为强大,其保甲长坚壁清野以资顽抗等不予支持行为则不足为怪,但其表现行为是有其深刻社会背景的。

　　20 世纪 30、40 年代,国民政府力图通过新县制统治和巩固地方。但实际效果却与保甲制度无甚差异,"县以下之各乡原定分划为若干区,各设区公所,以为地方自治机关,组织既不健全,人选亦甚滥杂,经费则尤形短绌。地方民众之视区长无异昔日之团董庄头,绝不特加尊重,于是地方士民之贤良者多越趄引避,不肖者则奔竞而进,结果各地区长,大都为贪污土劣所把持,助行政令则不足,压迫民众则有余。"①以湖南为例。抗战初期,张治中主政湖南。他

---

　　①　高亨庸:《县政机构之改造》,台北:正中书局 1941 年版,第 42 页。

"鉴于过去地方自治掌握于土劣手中所造成的失败",上任伊始即提出"彻底改造基层机构"的宏伟计划:发动知识青年学生到农村去,造成新知识分子、新青年和农民相结合。他第一批召集4000名高中以上的城市男女青年学生,派往各县开展为期半年的民训工作。接着,他在报纸上刊登巨幅通告,登记知识分子充任县市各种干部人员,计划半年内训练5万知识分子去基层充任保长、乡镇长和县长,更换原有的地方基层干部,使湖南全省县以下基层政权彻底脱胎换骨。张治中这一雄心勃勃的计划在当时全国引起莫大反响。然而,正如张治中后来回忆说:"当我离开湖南之日(1939年),这一个艰巨的工程还没有完整展开。"①

国民政府实行新县制不仅没有达到预期之效果,反而随着国家权力下沉不断带来乡村腐败。除了经济原因而外,人性、心理也是低层政治腐败的重要因素。这颇类似于亨廷顿的描述:"低级官员又以更多从事腐败活动的机会来补偿他们的缺乏政治地位。基层政治存在严重内卷化趋向,呈现出二元对立的不可调和性。这些低级官员对他们上司手中权力的那种嫉羡心情,也由于得点小小的贿赂而缓和下来了。"②其结果,自然是乡村恶势力的膨胀,与各种"违法"事件的发生,与政治不能"依法办事"现象的普遍存在。

民国社会既反映中国传统社会的差序格局秩序,在中国乡土社会的基层结构里所体现的是一个"一根根私人联系所构成的网络",这个网络城的每个结附着一种道德要素,因之,传统的道德里不另找出一笼统性的道德观念来,所有的价值标准也不能超脱于差序的人伦而存在了③。在中国社会里的,法律的文化性亦体现为一种民族精神性,民族精神即反映着文化的独特民族性,在此处即体现乡土中国文化的深刻性,为此,近代中国法律变革与社会变迁的相互糅杂结合中仍然呈现文化的独特性与法律的民族性④。

与此同时,民国时期,国民政府实施县制变革,推行保甲制度,即表现为基

① 《张治中回忆录》,北京:中国文史出版社1993年版,第154—191页。
② 塞缪尔·P.亨廷顿:《变动社会的政治秩序》,上海:上海译文出版社1989年版,第74页。
③ 费孝通:《乡土中国》,北京:人民出版社2008年版,第28页。
④ 梁治平:《法意与人情》,北京:法律出版社2004年版,第1页。

层权力下移,加强国家权力的控制力量与控制范围,体现着国家政权的扩张对基层社会结构的影响。保甲制度所遵循与体现的则为团体格局性质,团体格局即为社会关系与社会生活中的关系,这与传统社会的差序格局是不同属性的关系。但是随着国家权力的加强与权力的下移,基层出现一大批赢利型甚至掠夺型经纪被抛向社会,他们控制着乡与国家政权之间的联系,他们大多在税收、拉壮丁及其诉讼领域里经营着,其中,大量保长、甲长则充当这样的角色,本书所考察的诸多案例审断具情中则呈现出保、甲长们在基层司法实践中斡旋的尺度,从中亦考察民国社会中国家权力所呈现的内卷化倾向。①

第二节　法意与人情:审断灵活

本书所考察案件审断依据基本归为《中华民国刑法》关于伪造货币、伪造文书印文、伪造有价证券、伪造度量衡等四个部分的主要内容,此外,特别是在抗战时期制订了《战时伪造法币治罪暂行条例》、《限制携运钞票办法》、《私运法币及其他禁运物品出口检查办法》、《取缔收售金类办法》、《日人伪造法币对付办法》、《关于分区金融处理办法》等等法律;其中关于规范度量衡方面的法律还有《度量衡法》、《权度法施行细则令》、《度量衡器具检查执行规则》与《修正度量衡器具检定费征收规程》等等,这些条例为本书伪造案件审断的主要"法定"依据。

但是法意的适用又在于适合社会之要求,法律的修订与应用也在于适用于社会具体之环境,为此,法律条文本身,与现实生活的丰富性相比,法律章程的规定与司法审断的具象亦有恰当的出入,是故,司法实践的现场难免呈现法意与人情的适用,又将其理解为法律的文化性,或曰之为法意与人情的灵活关联。这里所言之"情",系指人情。对于民国司法审断的实践来说,对人情的把握可归之为三个方面:一为乡土民情,此情地域有异、人有差别、时有先后,

---

① 〔美〕杜赞奇:《文化、权力与国家——1900—1942 年的华北农村》,王福明译,南京:江苏人民出版社 2003 年版,第 3 页。

谓之为"民俗风情"①,体现其乡土中国的意涵;二为具体案情,每具体案情都有其各自不同的具体事实,这些个案的具体情况对于具体案件审断的影响是不言而喻的;三为为人之性情,即怜弱之意,在诸多案件审断中即可见,因其贫弱与女辈而轻判等,即法意中呈现体恤之情。为此,司法审断具情中特别反映人情风俗之貌的作用,正如"人情俗尚各处不同,入国问禁为吏亦然。初到官时,不可师心判事。盖所判不协舆情,即滋议论,持之于后,用力较难。每听一事,须于堂下稠人广众中择传老成数人,体问风俗,然后折中剖断"②。具情亦见下文审断个案。

一、律之宽宥

所考察之案例判案取向无不呈现出从轻之取向,大多数案件审断初审即取法条之下限,如伪造货币案"新刑法"第一百九十六条规定行使伪造变造之通用货币、纸币、银行券或意图供行使之用而收集或交付于人者,处三年以上十年以下有期徒刑,得并科五千元以下罚金。然后判案大多处三年以下乃至更轻,或因"未曾有期徒刑之宣告"或"怜其贫弱"而缓刑或减刑等等,无不体现从轻之意向。然普遍从轻取向情势之外亦有另一种从重审断之态存在,"新刑法"第一百九十五条规定意图供行使之用而伪造变造通用之货币、纸币、银行券者,处五年以上有期徒刑,得并科五千元以下罚金。然据不完全统计,本书所考察仍有少数案件判处五年、七年,乃至重至徒刑二十年,剥夺公权十年等刑期等重罚者皆有之,仍然反映民国时期司法审断总体趋向从轻之总体取向,说明司法实践中呈现多样性与实用性的灵活性。

(一)涉及贫弱之怜恤

司法审判念及贫弱,是古已有之的传统,如《周礼·秋官》纪云:"司刺掌

---

① 关于俗,钱穆先生有两种解释:"一是空间之俗,一是时间之俗。限于地域,在某一区内的风气习俗之内,转换到别一区,便不能相通,限于时代,在某一期的风气习俗之内,转换到另一期,又复不能相通。"参见钱穆:《国史新论》,北京:生活·读书·新知三联书店2005年版,第198页。

② 汪辉祖:《学治臆说》,"初任须体问风俗",清同治十年慎间堂刻汪龙庄先生遗书本。

三刺、三宥、三赦之法，以赞司寇听狱讼。……壹宥曰不识，再宥曰过失，三宥遗忘。壹赦曰幼弱，再赦曰老旄，三赦曰惷愚。以此三法求民情，断民中，而施上服下服之罪，然后刑杀。"①民国时期的刑法也体现出对弱势群体的宽宥。如对少年犯罪，规定应感化教育为主。"新刑法"更将负刑事责任的个人年龄定为 14 岁，并宥减年龄提至 18 岁；同时，将感化教育、监督品行等规定置于"保安处分"一章，"以资救济"（第十八条）。

"新"、"旧"刑法的相异之处（刑法起草委员会原稿）："旧刑法"第十九条规定：未满十四岁人之行为不罚；新刑法第十九条规定：未满十八岁人之行为不罚。"新刑法"第三十七条规定：未满 18 岁或已满 80 岁人不得处死刑或无期徒刑，盖一则年少，尚可改善，一则老耄，应予矜宥。惟未满 18 岁人杀直系血亲尊亲属者，不适用之（第六十三条）。②旧刑法第十九条规定：未满十四岁人之行为不罚；新刑法第十九条规定：未满十八岁人之行为不罚。王觐解释这一修正的理由说："刑罚之设，贵能收效。其效维何？即减少犯罪、预防累犯是已。一般刑法学者谓，动辄有犯罪之危险者，即在此妙龄时期，此妙龄时期内，以十四岁至十八岁年中为尤甚。兼之幼年之人，性情未定，投之监狱，易狱内之恶风；出狱后，复行犯罪，有如响应，是则刑事任责年龄过低，适足以促国中再犯之增加而已。再犯增加，既与减少犯罪预防累犯之本旨不相容，又与刑罚防卫社会之目的相背离，所以主张提高刑事责任年龄。国际会议亦题十八岁说，拟改条文，改未满十四岁为未满十八岁者，本此。或谓刑事负责年龄过高，恐幼年人被人利用，或幼年人不顾一切而犯罪，于社会上秩序安宁，殊为危险，其实不然。幼年人被人利用而犯罪，利用者应负刑责；幼年人不顾一切而犯罪，有感化教育可以预防；提高至十八岁，有利而无弊也。总而言之，所谓未满十八岁人之行为，绝对不负刑事之上责任，非谓未满十八岁之人，不能为犯罪行为也，谓其所为行为，施以刑罚，未能收效，易以教育，乃克有济也。"③

---

① 见《十三经注疏》"周礼注疏.卷第三十五"，郑玄注，贾公彦疏。
② 谢振民：《中华民国立法史》（下），北京：中国政法大学出版社 2000 年版，第 935—937 页。
③ 王觐：《我对于刑法修正案初稿几点意见》，《法律评论》第十一卷第十六、十七期合刊，第 11—12 页。

又如刑法第十六条规定:不得因不知法律而免除刑事责任,但按其情节得减轻其刑,如自信其行为为法律所许可,而有正当理由者,得免除其刑。"详解"解释说:本条规定,在学说上是谓法律错误,然法律错误不得为讳法阻却之条件,故仍须处罚。但因其情节,得以减轻。若更自信为法律所许可。而有正当理由者,并得免除。所谓情节乃指犯罪之恶性而言,并非指犯罪之行为而言。如并无恶性者,自得因不知法令而从宽予以减轻或免除。①

又如"草案"第四十九条第五款将"一角以上三元以下折算一日"的处罚,改为"易科监禁以一元以上三元以下折算一日,但因犯贫而减罚金者,应以减得之数比例计算"。② 又如第五十七条规定:科刑时应审酌一切情状,其中规定量刑时应查察"犯人之生活状况"(第五项),即指犯人因贫而犯则为怜惜之范畴。又如第五十九条规定:犯罪之情状可悯恕者,得酌量减轻其刑。"详解"解释说:司法官科刑,虽依第五十七条之规定,得以自由裁量,然不能越出法定刑以外,然或恐尚有不足,故为本条之规定。苟犯罪之情状可悯恕者,于法定刑外,更得酌量减轻。所谓情状者,包括犯人心术及犯罪事实;所谓可悯恕者,即可以原谅怜惜,例如因饥寒交迫而行窃,因复仇而杀人,皆属于是。③

前述法律条文内容的变化,均反映出"刑法"对贫弱的体恤,并且在实际的量刑定罪中也有相应的运用。在本书考察的各种伪造案中,尤其是关于"伪造有价证券案"的审断过程中,多处出现"因贫弱而犯,""因贫所起,以求怜惜","系迫于家贫所致,核其情状尚堪悯恕,酌减本刑二分之一"等情况,可见在审断中,颇多判案者因贫弱而轻判之例,"体恤贫弱"不仅在该案件裁断中较为明显,客观上在整个伪造案件审判中反映也非常突出。

在伪造货币、文书案件讯断,也常见此类申诉。在上诉申请中,被告特别强调因贫困生活而犯事。如陈光前伪造货币案的审判其中,他向高院提起报单:为异乡囚徒贫困交加,依法恳求解还原籍执行,以恤囚困而全生命。事缘民因妨害国币一案不服地院判决上诉,钧院业蒙判处有期徒刑五年,发交安化

---

① 《中华民国刑法详解》,上海:上海法政学社 1940 年版,第 11 页。

② 王宠惠:《中华民国刑法》,北京:中华印书局 1928 年版,"附录"第 23 页。

③ 《中华民国刑法详解》,上海:上海法政学社 1940 年版,第 35—37 页。

监狱执行，应静心遵守。奈民家乡远隔顾送乏人，月来遍身疮毒，业生日夜安值，此秋末冬初衣单食薄，长此以往，则难免冻馁之虞。伏乞钧院俯察下情，恩准解还宁乡原籍执行，使犯罪囚徒能获家庭顾送，而免饥寒疾病之苦。所呈是否有当，仰候批示，只遵谨呈署长。双如郭伯霖案伪造货币案中，主犯郭伯霖的口供有谓：战乱长年，家园被毁，河山光复，家贫依旧，上有老下有小，嗷嗷待哺。且战役繁多，始在本市王记印刷局强为生计，不幸物价猛涨，商场失衡，店务紧缩，遂被解雇。全家生计全无保障，正在危机之时，适逢王文质、袁冬云来省觅雇印刷工，他们并未言是印制伪币，且其工价高。故有涉犯罪。

关于强调贫弱以求获得怜悯而减轻处罚，再举一具体案例以资说明。

王尚元伪造文书案：①

王尚元，男，43岁，湘乡人，住二十都醴陵税务局巡士，原籍湘乡人。在醴陵税务局办理税务有年。1938年8月间，其奉前任江税务局长之派，在北乡当巡士，征收各项税款。其时该乡税务主任为王清涛，亦湘乡人。1938年11月，两人商同舞弊，将以前作废之屠税日徽照，刻盖经省府委员会议决猪一头徽税三元等字样之图戳，填给各屠商，图获财产上不法利益。1939年1月新任尹局长接事后，密往查悉，主任王清涛则先行潜逃。1939年2月初，将王尚元拿获并解回县政府移送司法处，进而提起公诉。

醴陵县司法处调查认定，王尚元奉醴陵税务前任江局长之派，在北乡征收各项税款，与该乡税务主任王清涛商同舞弊，将作废之屠税日徽照变造，刻盖经省府委员会议决猪一头徽税3元字样之图戳，将以填给各屠商，图以财产上不法之利益，已据该被告当庭自白不讳，并称一共填用有50张，将取税款有150元等语，且所填给之屠税日徽照，又经新任局长尹启仁检获一纸，函缴在案，经与现用有效之屠宰日徽，两相核对，多不符合。盖图戳之印色，与被告之私章印色，又系一驳，定载被告之犯罪事证，极为显明，难据称所成之税款，于王清之手，诚被告明知故犯，连续变造公文书，以诈欺方法，为第三人图得财产

---

① 湖南省档案馆藏：《湖南省高等法院检察处》，全宗号29，目录号2，案卷号1147，案卷名《醴陵县司法处诉王永春等伪造文书案》（1939—1940年），第34—47页。

上不法之利益,殊难脱卸其共同罚责任,其行为触犯数罪名。

1939年2月28日醴陵县司法处一审判决:依《刑法》第五十五条前段之规定,从一重处断,又连续数行为而犯同一罪名,应依《刑法》第五十六条前段规定,从一罪论,被告身为公务员,竟假借职务上之机会,故意行使变造仅文书。依《刑法》第一百三十四条之规定,应加重本刑二分之一,给得有期徒刑一年又六个月。惟查被告母老子幼,一家生活,完全靠被告在外当职以资维持,此间迫近占区,时来敌机轰炸,以暂不执行为适当。且经被告曾未受过有期徒刑以上刑之宣告,核与缓刑,纯属相合,准予被告缓刑三年。税务为函缴被告填给之变造税日徽照一纸,系供犯罪所用之物,依刑法第三十八条第二款规定应予没收之。据上论结,缓依刑事诉讼法第二百九十一条上半段,刑法第二百一十一条、第一百一十六条、第一百一十八条、第三百三十九条第一第二两项、第二十八条、第五十五条前段、第五十六条前段、第七十四条第一款、第一百三十四条第一项第二款、《县司法处佃理诉讼补充条例》第一条之规定,判决:王尚元共同连续行使变造公文书,足以生损害于公众,处有期徒刑一年又六个月,缓刑三年,变造湖南财政厅屠税日徽照一纸没收之。

被告不服,向湖南省高院提起上诉,之后湖南省高院检察处第791号指令:令醴陵县长兼理县司法处检察职务呈解王尚元因行使变造公文书覆判,请予核办。

1939年3月21日,高院审理该案。核阅卷宗,被告移同逸犯王清涛,变造屠税日徽照50张,徽收税款150元侵吞入已,已据被告自承不讳,惟约税之人对于该项税照之行使,并不受何影响,殊无诈欺之可言,核其所为显系共同连续变造公文书,侵占公务上诉持有之物因有方法结果关系,应从一重处断,惟侵占公务上所持有之物,与伪造公文书两刑比较,以侵占罪为重,应就侵占部分宣告罪刑,初判未见及此显有失出,自应发还更审,以符程序。再初判既认定被告系共同正犯,又漏引刑法第二十八条,亦有违误,案经发回,合并指明。据上论结,应依县司法处《刑事案件覆判暂行条例》第六条、第七条第一项第一款裁定:本件发回醴陵县司法处更审。

醴陵县司法处复审判决:本案被告身为公务员,竟假借职务上之机会,故意行使变造文书,理应处罚以加重之,但审判中又以被告曾未受过有期徒刑以上刑之宣告之情由,以暂不执行为适当为妥,核与缓刑,准予被告缓刑三年。

在关于伪造案的审断过程中,常能发现从轻量刑和判决的情况,这应该与罪犯的"身份"有关,见下列伪造案件被告职业表。

伪造案件被告职业表

职业	农民	经商	业儒	退伍军人	公务员	总案件人数
被告人数	1394	245	59	407	89	2194

资料来源:整理以下馆藏档案:湖南省档案馆全宗号 28,目录号 6;全宗号 29,目录号 2;长沙市档案馆全宗号 17,目录号 2;全宗号 18 目录号 1、2;衡阳市档案馆全宗号 1,目录号 4;邵阳市档案馆全宗号 1 目录号 6、7。

(二)面对妇女裁断之灵活

在本书所考察的各种伪造案中,女性犯罪者非常少,其基本情况是:妇女不是伪造、行使或收集伪造对象的主犯。大多系因其丈夫伪造、行使或收集伪造对象,让其行使从而形成犯罪,即处于从犯地位。因此,在相关案件的审断过程中,经常可以看到根据"因女流之辈,无识而犯",对女性罪犯减轻审断的情况。

比如陈光前伪造货币案件中,李刘氏参与行使货币。一审判决:依《妨害国币惩治暂行条例第》四条第一第二两项,分别处以有期徒刑五年;交通银行五元伪币二张、中央银行一元伪币八张,依同条例第五条予以没收。在二审过程中,李刘氏曾向高等法院提起声请,提出因病而求宽宥。被驳回。最高法院三审时讯断:原审仍处五年徒刑情实冤抑等语,既不能提出李刘氏挟仇捏报之证据,又不能说明原判决有何违背法令之处,徒以空言就原判决依法采取证据,认定事实之点而为指摘,本属无可采取,姑念该上诉人妇女无知,所收集之伪币为数无多,核其情节,尚堪悯恕,两审处以有期徒刑五年,量刑仍嫌稍得,应予减轻,处刑以示平允,伪币业于陈光前案没收,毋庸再行谕知。据上论结,应依《刑事诉讼法》第三百八十九条第三百九十条第一款第五十九判决如上。1941 年 2 月 21 日,最高法院三审判决:原审及第二审关于李刘氏罪刑部分之判决均撤销；李刘氏意图供行使之用，收集伪造币券，处有期徒刑二年六月。1944 年 8 月 29 日，高院检察官提出声请，分别给李刘氏和陈光前判刑：李刘氏减为有期徒刑一年三月；陈光前减为有期徒刑二年六月。[①]

在苏元洪伪造货币案中，苏元洪意图供行使之用，而收集伪造币券，处有期徒刑七年，又对于公务员违背职务之行为，交付贿赂，处有期徒刑一年，执行有期徒刑七年二月。梁汉明意图供行使之用而收集伪造纸币，处有期徒刑三年，梁笃全共同行使伪造纸币，处有期徒刑二年四月，又对于公务员关于违背职务之行为，行求贿赂，处有期徒刑六月，执行有期徒刑二年六月。惟因廖谭氏女流无识，梁汉明收集假币仅八元，且尚未用出，其罪情状，显堪悯恕，均予减轻其刑。是故廖谭氏仅处处有期徒刑二年六月，比其他被告轻判。显然对女性犯罪判决倾向于宽宥。

二、湖南之特殊地域

近 2000 个案例中，约有 1500 多件进行过二审，还有约 300 个案件经过了最高法院作出最后判决；此外，还有 1600 多件属于自诉案件，相应地公诉案件比例较小。这一情况的出现，与湖南人"好讼"的性格不无关系。如《湖南省长沙地方法院司法概况报告》记载，长沙民智开通好讼之风颇炽，往往以刑事告诉污人名誉，自励行自诉，凡诉讼人民对于民事问题动辄以刑事提起自诉。这也说明，湖南人整体文化素养较高，因为如果文化素质不高，不具备自诉之基本能事。另从所考察之案件的上诉状及申请中皆可看出，很多上诉人不仅文化素养高，且其法律知识非常丰富，对于法律法条法理的掌握颇好。加之湖南人的"人性劲悍"、"赋性刁悍"、"民好斗讼"、"任性刚直"、"刚劲勇悍"等性格使然。呈现民情好讼、事无巨细行之诉讼，特别是有关宗祠继承涉讼之件、坟山经界租赁涉讼之件为多，且这类案件所涉人数甚多、时段之长可达几代人。

---

① 湖南省档案馆藏：《湖南省高等法院档案》，全宗号 29，目录号 2，案卷号 918，案卷名《长沙地院检察处杨泽泉伪造货币案》(1937 年)，第 58—107 页。

　　"和息"、"息讼"对于中国社会的影响非常深远，民国时期的人们也不太主张诉讼，更多的就是对此种思想观念的延续。与此不同的是，民国时期的湖南却表现出另一种情景，即兴讼之见历久不衰；这与湖湘文化有关。湖湘文化源远流长，上接以屈原为代表的楚文化传统，中经胡安国、胡宏父子开创湖湘学派奠定基础，由张栻广为传播，继由明末清初大思想家王夫之承接发展，至清中叶以降达于极盛，蔚为大观。湖湘文化有着深厚的底蕴，以传统理学心性之道和践履思想、乡土情节为内核，讲求经世致用，以区域自觉和乡贤崇拜来延续自己的传统，不断强化自己在各方面优势，增强文化自信和凝聚力，形成一种完整严密、自成体系的多层次文化系统，为当地特有的社会关系、价值体系、行为模式和广博精深的诸种具象。① 湖湘文化既有属于"雅文化"的"湘学"，也有体现乡土风情的"俗文化"；既有具有哲学、伦理、政治、法律、文学、艺术、宗教等精神文化，也有具有地域特色的饮食、服饰、建筑、人文景观、山水环境、土特产等物质文化。

　　湖湘文化的源头楚文化，"尚力不尚德"、"尚力不尚理"②。后世人们提到湖湘文化和湖南人，很少不联想到"好斗"。湖湘文化的底色是"斗"：湖南人引为自豪的也是"斗"；湖南人让别人熟悉，也是因为"好斗"。湖南人的"好斗"与其性格有关，如史籍所称湖南人"骠悍"、"易发怒"、"劲悍决烈"③；又如"劲直任气"、"人性劲悍"、"赋性刁悍"、"民好斗讼"、"率多劲悍"、"其俗骠悍"、"其民尤尚气力"、"其俗好勇"、"任性刚直"、"赋性刁悍"、"刚劲勇悍"、"劲悍尚讼"等，不一而足。④

　　湖南人的"好讼"，各级法院所存的伪造案件数量之多，就是一种证明。具体而言，本书考察的近 2000 个伪造案件，其中涉及宗产诉讼的案件近 400 件，这就在具体层面反映出基层诉讼案件重点所在。其次则是上诉案件的多。

---

① 户华为：《湖湘文化及其特征与历史定位》，《湘潭大学学报（哲学社会科学版）》2005 年第 2 期。

② 启良：《中国文明史》，广州：花城出版社 2003 年版，第 132 页。

③ 《湖南通志》（卷 3），光绪十一年刊本，1968 年影印本，第 1071 页。

④ 湖南各具县志，《古今图书集成》，（卷 1210、卷 1234、卷 1249、卷 1292 等）。

比如在本书所考察的伪造案例中,即表现为即便是一个很小的案件,被告人也往往将其上诉到高等法院,甚至最高法院。先看下表:

宗族之讼案件表

总数	宗族案	军用关防案	伪造委任令案	包税案	租佃案	其他案
1168	389	207	191	123	104	154

资料来源:整理以下馆藏档案:湖南省档案馆全宗号28,目录号6;全宗号29,目录号2;长沙市档案馆全宗号17,目录号2;全宗号18目录号1、2;衡阳市档案馆全宗号1,目录号4;邵阳市档案馆全宗号1目录号6、7。

表中所列的伪造案件所有伪造案件中的一部分。虽然在整体上,尚不能肯定涉及宗族利益的案件一定多过其他案件,但从其所显示的比例差距中,至少可以部分肯定其应该是主要部分。而两者的关联情况,可以从1935年长沙地方法院的报告中了解到更多。报告说,本部设于省会,诉讼案件较省外各法院为多,每月新收件数民事刑事共计在五百起以上。改制以后,虽完全为一审法院,然7月1日以前业经繫属之二审案件,及7月1日以前发生的初级管辖案件,其第二审管辖权原属于本院者均仍由本院办理。只是新收件数仍未减少,而结案总数大抵相等。其中民事案件以坟山、经界、租赁涉讼等为多,刑事案件则以伤害、毁损、妨害自由等为多。报告也指明了该部审断案件时遇到的困难,最重要的是法令适用问题。

关于民事者,报告称长沙地处省会,世家大族所在皆是,血族观念牢不可破,宗祠继承涉讼素来繁多。伙民十六以后知不为法律所保护,故遇有争讼事件,"恒求于家族,而不以讼诸官"。比如依照法律,女子得继承财产,但事实上却没有诉讼至法院的情况,"其风尚可知矣"。若家族之间的争讼,不得不诉诸于法院以求救济时,法院欲维持善良风尚,却无法律明文,即难求得判决之根据;若依现行法制,则必"重违民意于良心",是所不安。关于刑事者,报告称长沙民智开通,"好讼之风颇炽",往往以刑事告诉,污人名誉。自奖励自行诉讼以来,"凡诉讼人民,对于民事问题,动以刑事提起自诉",其企图有二:一为报复和敲诈。如诉讼牵连数人或至十数人数十人不等,虽明知其不能成罪,而为挟嫌报复计,但求快一时之意,不复问诉结果如何,一经票传被告对簿公庭,即已得法院审理。诉讼案件一依法定程序,告十人即须传十人到案,告数十人即须传数十人到案。苟非法所许可,并不容经行判决。而事实上同一案件之被告甲到乙不到,乙到丙不到,恒累月而不能终结。迨判决谕知无罪,而上诉亦如之,其得以撤回告诉者,每藉为敲诈之具。现行刑诉讼刑事附带民事,不纳审判费用,故自诉人明知其为民事,而必妄引刑法,以刑事起诉,以图免缴讼费,此其二。若必一一谕以诬告之罪,但所诉事实又非绝无影响,于诬告罪构成条件未必尽合,这也是一大困难。①

　　1925 年黎爱吾等交给黎葳才等之光绪七年族谱出现改订加页的情形,附据字与劝和字等此项文书究竟是否李心斋真笔等情事,虽经鉴定但仍有疑点可论。但初审认为"应欠缺诉追权,予以不起诉处分"。声诉人黎爱吾等遂认为黎葳才等因不服一审判决而重金多方运动企图翻案,故率全村五百余人具写冤状呈予司法部长。此案事经三审确定判决,黎爱吾等多次不服声请再审再议,说明乡村宗族矛盾复杂,且乡民略显其好讼之民风②。

　　此案显系同姓二族(按:马厅黎与鸦鹊黎)争夺湖洲一地,各族皆率全族之人力争族内之产,如湘阴马厅黎氏五柱柱长爱吾等率全村男妇五百余人全叩。可见此类之讼牵系全族之力,涉及人员众多;持续时间长,从光绪至民国二十几年,体现宗族内部房支间、族人间的纠葛与矛盾,也反映宗族权力斗争持久与纷乱,宗族之争夺在乡村社会非常普遍,往往以械斗、诉讼形式出现;即时体现着宗族外部、众宗族之间的利害冲突。各族遂据光绪七年之族谱为证据,有据改光绪二年之劝和分管字,有磨改痕迹告诉黎葳才伪造文书及行使到处。此类争夺处理不慎即可酿造宗族惨烈的械斗,事关宗族与地方政府的关系,从地方司法处到省高院及司法处处理较为慎重,大多以乡村风俗之处理为多。处理非常慎重,及至升及最高法院或司法部等处,足见当时司法非常重视

① 司法院秘书处编印:《湖南省长沙地方法院司法概况报告》,见《各省司法概况报告汇编》,1935 年 11 月,第 55—56 页。
② 湖南省档案馆藏:《高等法院检察处档案》,全宗号 29,目录号 2,案卷号 883,案卷名《长沙地院检察处何其中等伪造文书案》(1937 年),第 122—179 页。

此类案件之审理。

邵阳地方法院报告的情况基本相同。该院成立于 1929 年 1 月 15 日，受理邵阳县民事和刑事一审工作，并受理邵阳、新华、武冈、新宁、城步、东安六县民事和刑事初级管辖的二审案件。1933 年以前，该院受理民事、刑事案件每月二百起，1934 年增为每月约二百六七十起。1935 年 7 月 1 日，邵阳增高高等法院第四分院，受理邵阳、新化、武冈、新宁、城步、东安、零陵、祁阳、绥宁、靖县、通道等十一县民事和刑事案件二审工作。报告述当地社会习俗说，邵阳地域辽阔，人口达一百六十万之多，诉讼之繁甲于全省，民情好讼。城厢内外设十三保，每保公举保董主其事，居民如有争执，无论事之巨细。必先投保董调解，四乡亦如之。故对于区乡镇公所不甚重视。而区乡镇自治法令。在邵阳地方殊难充分发生效力，且保董如奉有司法或行政公署命令。类皆敬谨遵行，无敢稍有违误。盖保董为居民之有声誉而被推举者，颇知公署命令之应服从习俗。相沿历久不变。至区乡镇公所历区自治施行法第三十九条及乡镇自治施行法第四十一条规定，对于司法机关用函一，若区乡镇公所与与法院为同等机关也者，实则区乡镇公所系人民自治团体，除区长间有学识俱优先者充任外，乡镇长多系包揽词讼之徒或无知青年充任，较之有资望之保董，不啻天渊之别，何能适用公文程式，不相隶属机关之公函，惟因用函之故，往往对于法院之嘱托置之不理，有妨案件之进行，致滋讼民之拖累，是上关自治法条殊与该地之社会习俗不符，似有修改之必要也。湖南高等法院第四分院院长兼邵阳地方法院院长朱道融。[1]

三、战争之特殊时域

民国时期基本上处于政权割据、政治分裂且战乱不断的局面，特别是在抗战时期及解放战争时期等特殊战时环境，各个省与地区的情况相当复杂，一个省往往存在着被国民党政权、共产党政权、日伪政权等种种势力控制或交替控

---

[1] 司法院秘书处编印：《湖南邵阳地方法院司法概况报告》，见《各省司法概况报告汇编》，1935 年 11 月，第 61 页。

制的特殊情况,本书所考察的伪造货币、伪造文书、伪造度量衡等案件中大多发生在这样急剧社会变迁情况下,在这个特定的历史时期,法律或司法的运用实情及其在社会上的影响,深度透视此类案发实情及还原案件审断历史场域,深刻分析民国的经济、政治、文化等多维社会面相进而把握伪造情景下的民国社会诸态,如战时特殊国家战略调整、战时经济体制及国家司法体制变革与社会变迁之多维互动关系,以及普通民众对于战争的心理状态对于伪造诸案事发及审断的客观影响等等,从而更具体地理解抽象的社会格局里所发生的诸多变象,亦从多种维度与思维来研究法律与社会的内在关系。具情援引下案分析之。

一案①:

康福元,男,44 岁,长沙人,无业;王锡光,男,20 岁,长沙人,无业。1937年 4 月间,康福元在屈平章处收集伪造之中国银行纸币 4 张(5 元一张),总计20 元。并交给廖某 3 张,另外 1 张交给王锡光,7 月 21 日王锡光和李云生持收集之伪币,在本市易宏发店购买物品,被经警查觉并拿获,并解送长沙地院检察官侦查处起诉。

长沙地院检察处侦悉,康福元在省会警察局供称"今年四月间在他(屈平章)手里拿了中国银行五元一张的假票四张是七块六角钱买的,已用去三张,是卖给茶陵人廖某,卖了六块钱,剩下一张卖给王锡光。王锡光供称这假票是康福元给我的,是七月十九日给的,如果用出的话,我与李云生共得三元,康得二元,我要李云生去用,然后被抓"。李云生供称"在易宏发店内使用之假票是王锡光交我的,我去买腊味,王锡光站在门外,东西未买到手",易宏发店主易绍其供称,假票是小孩子(指李云生)有一大人(指王锡光)站在外边,是康福元收集伪造纸币连续交付于人,王锡光在收集后共同行使未遂,罪证均极明确。康福元、王锡光等对上述犯罪事实并不否认。

1937 年 5 月 25 日长沙地院一审判决:判处康福元有期徒刑三年六月,王

---

① 湖南省档案馆藏:《湖南省高等法院档案》,全宗号 29,目录号 2,案卷号 711,案卷名《长沙地院检察处黄四林伪造货币案》(1937 年),第 134—158 页。

锡光有期徒刑三年,伪造中国银行纸币没收。

康福元、王锡光原判而提起上诉。1937 年 11 月 22 日,湖南省高等法院审理该案,认为原审以上诉人等"收集伪纸币行为前后不同"(妨害国币惩治暂行条例本年七月十五日公布,湖南应于八月十四日起施行)。裁判时虽在该条例施行中,而比较刑罚轻重以刑法为有利于行为人,仍从刑法处断,又王锡光应从"收集既遂行为论罪",依《刑法》第二条第二项但书,第五十六条第一百九十六条第一项第二百条,判处"康福元有期徒刑三年六月,王锡光有期徒刑三年,伪造中国银行纸币一张中央银行五角纸币一起没收,"并无不合,上诉意旨空言狡赖,希图卸责,殊无足取应予驳回。依《刑事诉讼法》第三百六十条,判决:上诉驳回。

1938 年 7 月 4 日王锡光向湖南高等法院检察处提起报单:"恳请依法合并执行,俾便服充军役事,窃民因妨害公务一罪,经钧院判决处有期徒刑八月,又脱逃罪经钧院判决处有期徒刑二月,其伪造货币一罪经钧院处有期徒刑三年,民对于此案当未甘服,曾向三审最高法院提起上诉在案,兹因未决者,不许调服军役,现在他出于爱国之心愿意舍弃上诉权,依法撤回具状,恳请服军役以抵刑期,期望依法服充军役立功赎罪。"

数日后,王锡光见呈请无回信,1938 年 7 月 24 日他又向湖南省高院提起报单。"为长沙已非安全区域,敌机时至空,空祸堪虞,泣恳解回原籍或迅予编成感化队,以免无谓牺牲,而示司法慈仁事,窃民因伪造案判处徒刑三年二月,执行日数尚未逾半,不克请办假释,至编感化队,当狱官奉令筹办时,民即报名入册,虽甘愿为国捐躯,奈迄今数月,音信毫无,惟当此国难日趋严重,长沙已非安全之区,敌机时至轰炸不休,未剥夺自由之人,尚不遑趋避,整个防空洞尚被炸毁,况民等陷身线线,避于仅置一层沙袋之防空室,而能保其安全乎,民系有期徒刑,实非罪大恶极之死刑也,尚一旦被其轰炸则死刑犹能救其全身,而有期囚徒反悔粉身碎骨矣,责任谁负,冤亦谁伸,更如此无谓牺牲,因家受人民损失良可惜也,维钧院素抱慈仁,自不忍徒置民等于死地而不一救耶? 恩开一线,纲解三方将民或解回原籍湘阴县,或编感化队,尚有他法救济,更当感佩不忘,谨呈湖南高等法院。"尽管此案被告提出以充军来戴罪赎罪,以抵刑狱,并无最后断明,但至少表明,抗战时期长沙日本空袭严重威胁人民生命安全,同时民国监狱管理确有此条令,以服役减刑与抵刑。

结　语

　　本书以一直困扰着历代中国社会的伪造问题作为研究对象,依托以不曾被利用过的湖南省档案馆藏所有高等法院关于伪造案卷的全部档案,研究民国时期伪造货币、伪造文书、伪造有价证券、伪造度量衡的审断问题。本书尤其强调与注重的研究视角,是以当时的中国社会为中心,通过伪造案卷等翔实史料进行广泛考察与深入分析的基础上,力图还原案件发生及其审断的具体历史场景去思考相关问题。

　　迄今为止,对于伪造问题的研究主要偏重于古代伪造钱币及伪造文书方面的研究,或为当代法学意义的伪造罪法理分析,而对于民国时期伪造罪等问题或有些许涉及,亦往往语焉不详,内容过简,缺乏深入系统的研究。其不足之处在于:一是研究内容上,对民国伪造文书的呈现及其审断所反映的司法与政治与社会文化之间的互动关系等存在严重研究不足;二是研究视角上,存在一定的单一性和片面性,缺乏对民国伪造问题及其相关问题系统的宏观的研究;三是研究方法上,学科整合力度欠缺,导致将研究的对象放置于特定的历史时域与场域的还原度不充分,体现其历史研究的历时性与共时性不够。

　　通过前文深入分析伪造货币、伪造文书、伪造有价证券及伪造度量衡案的审断具情,说明影响判决是复合多面的诸多因素所为。极低生产力水平的社会经济状态,战乱不已的分裂政治局势,立法与执法不一的不健全的司法治理样态,使得伪造案件中审断所呈现的一定灵活性往往隐射着“人治”或“权力寻租”的印痕,正是国民党基层政权内卷化在司法实践中的折射。为此,司法体制的变革与社会结构及社会变迁、司法审判与政治秩序之客观关联、司法实践与“法治”精神的悖离与国民党政权统治危机之互动关系,更加成为伪造案件审断中最关键之关怀。

全书的核心主题可总结为以下几个方面：伪造问题的呈现是民国社会多种疑难杂症的并发症，民国时期伪造案的大量涌现是政权割据、政治分裂、战乱不断的社会形态所产生的孳生物；影响伪造案审断因素是综合复杂的，充分呈现法意与人情、法律与社会的多维关系，说明伪造案判决的依据一体多元；伪造案审断并非严格按照法律条例所设计的明确律令所断，为此，伪造审断具情呈现一定的灵活性与实用性。

一、伪造案大量呈现揭示严重社会问题。

国民政府时期基本上处于政权割据、政治分裂且战乱不断的局面，特别是在抗战时期及解放战争时期等特殊战时环境，各个省与地区的情况相当复杂，一个省往往存在着被国民党政权、共产党政权、日伪政权等种种势力控制或交替控制的特殊情况，在这样急剧社会变迁的情况下，酿就了社会基层政权改革（新县制）、社会基层组织（保甲制度）所呈现的权力内卷化下伪造诸类案件的产生及其具体的司法解决方式。

在对伪造案卷等翔实史料进行广泛考察与深入分析的基础上，将所研究的对象置于一个具体的区域社会，而不是将相关资料从具体的情景之中剥离出来，既考察其历时性，也考察其共时性，透析各类伪造案的具体审断过程中所呈现的权力寻租等熟人社会因素影响审断结果，还原"法治"与"人治"的博弈之历史场域，揭示司法治理所呈现的内卷化与国民党政权统治危机之互动关系，反映了司法实践与"法治"精神的悖离与国民党政权统治基础的式微，充分呈现当时的政治经济情况、派系纷争、物价涨落、通货膨胀等各方面历史场景，深刻分析司法实践与民国的经济、政治、文化等多维社会面相。

二、伪造案判决的依据多元一体。

通过分析伪造个案的审断具情，说明影响判决是复合多面的诸多因素所为。极低生产力水平的社会经济状态，战乱不已的分裂政治局势，立法与执法不一的不健全的司法治理样态，使得伪造案件的审断所呈现的一定灵活性往往隐射着"人治"或"权力寻租"的印痕,正是国民党基层政权内卷化在司法实践中的折射。说明国民政府建构的政治制度与司法体制改革存在内生缺陷,如司法党化与司法独立的二元对立,县级兼理司法制度本身的矛盾与"法治"的悖离,说明由于国民党利用控制司法审判权来巩固国家的行政管理权的意图,导致司法体制无法成为国家政治体制中的刹车机制,从而使司法实践与政治回应中持续体现社会各种阶层、利益团体博弈的结果。

中国法律历来即有将天理、国法、人情三者相联系的传统。在古代,它既与政治和伦理、政治和宗教有密切关系,并且也有神权、族权和社会舆论的支撑。比如审判衙门大堂悬挂"天理国法人情"的匾额,或"酌以人情,参以法意"、"情法两尽"、"非惟法意之所碍,亦于人情为不安"的条幅戒语。薛瑄说:"法者,因天理、顺人情,而为之防范调制。"(薛瑄:《要语》)可见天理、人情与法意在中国法理上具有深远的渊源,将天理人情与法律交融结合,亲情义务与法律义务融合,法与情之交融一直影响着中国的司法审判。①

根据本书对湖南省档案的初步统计,伪造案的具体审断过程中,完全按照法律条文规定审判的案件比例并不高。通过对伪造货币、伪造文书、伪造有价证券、伪造度量衡等所有伪造案件进行详细考察与分析,其审断皆呈现出从轻之趋势。一审大多取其浃令之下限,二审、三审则更趋于减轻之取向,"体恤贫弱"之意更为显明。总之,民国司法审断呈现出非常明显的法理与情理之间的特殊关系,因此,伪造案审断具情充分体现民国司法实践中所呈现的情、理、律是多元一体的并非单一线性的。

民国时期实行县长兼理司法,承继了传统中国社会"政刑合一"的司法特点,中国传统法律的特点十分鲜明,即:强调权威,强调义务观念;依礼治律,礼、法结合,县级司法兼理制度充分体现了中华传统文化对法律的内在渗透力,也反映了文化的独特性与法律的民族性,这为民国司法实践活动中加重行政干预提供了制度设计的缘由。

---

① 关于清代诉讼中的"和息",参见赵娓妮:《清代知县判决婚姻类案件的"从轻"取向——四川南部县档案与"官箴"的互考》,四川大学博士论文,2007 年。

从所考察的诸多伪造案件中,不管是上级法院改判还是原审判中都呈现出审断结果与上级司法机关之行政命令或地方政府官员之参与有相当之关系。从伪造案件审断中体现了"人治"或"权力寻租"的印痕,揭示立法与执法不一的矛盾之司法治理样态,正是国民党基层政权内卷化在司法实践中的折射。说明国民政府建构的政治制度与司法体制中客观存在内在缺陷性,正如司法党化与司法独立的二元对立,县级兼理司法制度本身的矛盾与"法治"的悖离,说明民国社会中司法审判并非所谓"法治"的社会,同样,也不可能如南京国民政府最初的制度设计,即国民党从总体上控制国家的司法权,使其为自己的政策服务,但又尽量不去干涉具体的审判事务,特别是普通的刑事、民事审判。为此,说明民国司法审判与政务处理存在一定的交集,充分体现了司法审断并非纯粹意义上的司法实践活动,在更多时候体现其行政事务的意蕴。

礼法互补是中国古代法律的重要传统和特征,[1]这一情况尤其体现在基层行政与司法的纠结中。黄宗智所认为的"第三领域"中的司法诉讼至民国时期依然存在[2],其所例析的是保甲制度内的情况。即乡保甲长或同姓之氏族长之具保奔走与斡旋于法庭之前后,类似于庭外之"调停"。这体现的是民间调解与衙门裁判之间的差异与对立,前者以常识与人情为依据,以息事和妥协为目的,后者则以朝廷律例为判准,以明断是非为目标,这种区分与其背后有关社会与国家的预设正相对应,即一个基本是同质性的社会对一个同样是同质性的国家,这样,二者互动而产生的"第三领域"则有可能产生。本书考察的许多案件笔录中显示保甲具保之情势,保甲制度设立之初衷原本是利用乡绅之力量以保乡间之平静与安定,帮助政府维护乡村之统治。因此,保甲长亦赋予直接参与调查乡村纠纷,起着调停与息讼之功效,然自科举废除之后,乡绅流向城市,导致乡绅劣化,随之出现保甲异化之现象,因而导致保甲之不合理的庇护样态呈现。

习惯是源自老百姓处理实际问题时的日常行为和态度,法律则是根据为

---

①　张晋藩:《中国法律的传统与近代转型》,北京:法律出版社 1997 年版,第 34 页。

②　黄宗智:《清代的法律、社会与文化:民法的表达与实践》,上海:上海书店出版社 2007 年版,第 13 页。

国家利益和公共秩序而制定的行为规范,二者有很多矛盾与冲突。对于一些国家不愿认可的行为,官方法律几乎书有相关的条文进行规范,需要通过民间习惯来解决,它们可以为这些行为提供实用的解决办法。① 习惯法中的"乡例"、"俗例"、"乡规"、"土例"等,即指自然形成的构成乡民生活秩序的行为习惯,法官在判案之前也会考虑乡土规范。这对司法讯断很重要,如湘西沅陵各县习惯,买卖山地契若未载明"阴阳一并在内"等字样,则买主只牟耕种,不能进葬。② 因此,类似"法语"、"法谚"和契约中的"套语"皆为民间各种交往形成的产物,而它们都或多或少地影响着县官的裁断,特别是在租佃、继承、婚姻类案件影响更为明显。

三、伪造案审断呈现一定灵活性。

通过对伪造货币、伪造文书、伪造有价证券、伪造度量衡等所有伪造案件进行详细考察与分析,其审断皆呈现出从轻之趋势。一审大多取其法令之下限,二审、三审则更趋于减轻之取向,"体恤贫弱"之意更为显明。总之,民国司法审断呈现出非常明显的法理与情理之间的特殊关系:司法审断具有一定的灵活性,处断结果趋轻是总体倾向。但普遍从轻取向之外也存在个案从重之样态,无不反映民国时期司法实践中所体现的多样性与实用性之灵活性。

此外,发现各类伪造案件,不管是情节严重的伪造、变造货币及伪造公文书的大案要案,还是事关因贫而行使极少数目之纸币与情系民间纠纷之部分私文书等琐案,有相当部分历经二审改判或是三审终审结案之案件,诸多案件即便是违反法定程式上诉至最高法院,最高法院仍然仔细梳理案件情节,调查取证,指出违误之处。在一定程度上体现民国时期司法程序与司法审断的相对独立性与严谨性,同时亦表明当时司法机关对于民间一切案件皆十分重视,对于平常百姓之诉求是否得到公正的处理有高度法律意识。也说明当时司法机关既有依法行事的准则,又有某些灵活变通的处置。当然,其中有的案件经

---

① 梁治平:《乡土社会中的法律与秩序》,见《乡土社会的秩序、公正与权威》,北京:中国政法大学出版社 1997 年版,第 416 页。

② 《民商事习惯调查报告录》,台北:进学书局 1969 年版,第 599 页。

由上诉后再发回复审，因上级法院之训令，或是因为某县府官员亲自莅庭而尤显其公允而改判，当然特别强调"显其怜恤"之意与未曾有期徒刑之宣告等而改判亦有之，这几乎是案件趋轻审判之主要法理情缘。

参 考 文 献

一、档案资料

中国第一历史档案馆藏:《朱批奏折》,《内政》,《保警》,乾隆二十二年(1757)十月二十七日方观承奏。

中国第二历史档案馆藏:《财政部长兼中国银行总裁徐堪的财政金融报告》(1949 年 7 月 16 日)

中国第二历史档案馆藏:《内政部档案》全宗号十二(6),案卷号 9049。

中国第二历史档案馆藏:全宗号十二,案卷号 18271 卷。

中国第二历史档案馆藏:全宗号二(3)。

湖南省档案馆藏:全宗号 3。

湖南省档案馆藏:全宗号 28。

湖南省档案馆藏:全宗号 29。

湖南省档案馆藏:全宗号 30。

湖南省档案馆藏:全宗号 31。

湖南省档案馆藏:全宗号 45。

湖南省档案馆藏:全宗号 42。

湖南省档案馆藏:全宗号 59。

湖南省档案馆藏:33—1—270。

长沙市档案馆藏:全宗号 18。

长沙市档案馆藏:全宗号 19。

长沙市档案馆藏:全宗号 28。

长沙市档案馆藏:全宗号 31。

衡阳市档案馆藏:全宗号 1。

衡阳市档案馆藏:全宗号 2。

邵阳市档案馆藏:全宗号 1。

邵阳市档案馆藏:全宗号 2。

醴陵县档案馆藏:全宗号 1。

溆浦县档案馆藏:全宗号 1。

湘潭市档案馆藏:全宗号 1。

湘潭市档案馆藏:全宗号 2。

甘肃省档案馆藏:15—8—198。

甘肃省档案馆藏:15—8—200。

甘肃省档案馆藏:15—15—373。

甘肃省档案馆藏:15—8—198。

贵州省档案馆藏:41—1—3355。

贵州省档案馆藏:41—1—3354。

河北省档案馆藏:634—1—431。

湖北省档案馆藏:3—1—655。

重庆市档案馆藏:53—1—18。

重庆市档案馆藏:57—1—240。

重庆市档案馆藏:81—4—541。

重庆市档案馆藏:61—15—3552。

重庆市档案馆藏:108—5—291。

重庆市档案馆藏:109—1—11。

重庆市档案馆藏:109—1—124。

四川省南溪县档案馆藏:11—1—403。

甘孜藏区自治州档案馆藏:2—1—4。

二、报刊

《东方杂志》1935—1942 年。

《申报》1928—1938 年。

《大公报》1928 年。

《中央日报》1938—1946 年。

《国民公报》1937—1943 年。

《法律评论》1938 年。

《司法公报》1944 年。

《湖南省政府公报》1935—1942 年。

《湖北省政府公报》1937 年。

《广东省政府公报》1938 年。

《广西省政府公报》1939 年。

《江西省政府公报》1937 年。

《晚晚报》(长沙)1938 年。

《银行周报》1940—1942 年。

三、著作

中国第二历史档案馆藏：《中华民国史档案资料汇编》，南京：江苏古籍出版社 1998 年版。

《第一次国内革命战争时期的农民运动》，《中国现代史资料丛刊》，北京：人民出版社 1953 年版。

国民政府主计处统计局：《中国租佃制度之统计分析》，重庆：正中书局 1942 年版。

湖北省政府秘书处编：《湖北省 30 年度党政军工作总检讨大会汇编》，1942 年 10 月。

立法院编译处：《中华民国法规丛编》，北京：中华书局 1934 年版。

立法院编译处：《中华民国法规汇编》，北京：中华书局 1934 年版。

南开大学经济研究所经济史研究室：《中国近代盐务史资料选辑》（第 4 卷），天津：南开大学出版社 1991 年版。

司法行政部编：《民商事习惯调查报告录》（二），1930 年。

司法院秘书处编印：《湖南省司法概况报告》，见《各省司法概况报告汇编》，1935 年 11 月。

司法院秘书处编印：《湖南省长沙地方法院司法概况报告》，见《各省司法概况报告汇编》，1935 年 11 月。

司法院秘书处编印：《湖南邵阳地方法院司法概况报告》，见《各省司法概况报告汇编》，1935 年 11 月。

司法院参事处：《司法院解释汇编》，南京：南京印刷所 1937 年版。

实业部全国度量衡局编：《全国度量衡划一概况》，南京：国民书局 1933 年版。

"台湾中华民国史料研究中心"编：《中国现代史专题研究报告》（七），1985 年。

行政法院编：《行政法院判决汇编》，台湾：法学编译社 1948 年版。

俞钟骆、吴学鹏：《国民政府统一解释法令汇编》，上海律师公会 1932 年版。

中国法规刊行社编审委员会校勘：《最新六法全书》，中国法规刊行社 1946 年版。

《中华民国法规大全》，上海：商务印书馆 1936 年版。

《中华民国刑法详解》，上海：上海法政学社 1940 年版。

朱斯煌主编：《民国经济史》，见沈云龙主编：《中国近代史资料丛刊》第 3 编第 47 辑，台北：文海出版社 1984 年版。

湖南省地方志编纂委员会编：《湖南省志·政务志·政府》（第四卷），长沙：湖南出版社 1997 版。

湖南省地方志编纂委员会编：《湖南省志·金融志》（第 16 卷），长沙：湖南出版社 1995 版。

湖南省地方志编纂委员会编：《湖南省志·政务志·政府》（第四卷），长沙：湖南出版社 1997 版。

《湖南通志》(光绪十一年刊本,1968 年影印本)(第 3 卷),长沙:岳麓书社 2009 年版。

湖南省政治协商委员会委员会编:《湖南文史资料选辑》(第 3 集第 7 辑),长沙:湖南人民出版社 1981 年版。

湖南省政治协商委员会委员会编:《湖南文史资料》(第 29 辑),长沙:湖南人民出版社 1981 年版。

湖南省政治协商委员会委员会编:《湖南文史资料选辑》(第 2 集第 5 辑),长沙:湖南人民出版社 1981 年版。

艾晶:《清末民初女性犯罪研究——1901—1919 年》,四川大学博士论文,2007 年。

巴图:《民国经济案籍》,北京:群众出版社 2001 年版。

北京大学法律系法律史教研室编:《中国近代案例选》,太原:山西人民出版社 1983 年 4 月第一版。

陈长明:《〈湖南省宪法〉(1920—1926 年)研究》,四川大学硕士论文,2004 年。

陈宏谋:《寄杨朴园景素书》,见《皇朝经世文编》(第 58 卷)。

陈之迈:《中国政府》(第三册),北京:商务印书馆 1947 年版。

陈志让:《军绅政权——近代中国的军阀时期》,桂林:广西师范大学出版社 2008 年版。

蔡枢衡:《中国法理自觉的发展》,河北第一监狱印刷 1947 年版,藏于湖南省邵阳市档案馆。

曹成建:《二十世纪二十至四十年代国统区地方自治与县政改革考察研究》,四川大学博士论文,2006 年。

曹学佺:《蜀中广记·方物记第九·交子·褚币谱》(卷六七),台湾:台湾商务印书馆影印文渊阁(四库全书)本。

程方:《中国县政概论》,上海:商务印书馆 1939 年版。

《第一届全国防伪技术研讨会论文集》,北京:群众出版社 1997 年版。

瞿同祖:《中国法律中国社会》,北京:中华书局 1981 年重印版。

瞿同祖:《瞿民祖法学论著集》北京:中国政法大学出版社 1998 年版。

窦仪:《宋刑统·诈伪律》(卷二五),北京:中华书局点校本 1984 年版。

冯大庆:《民国时期湖北司法研究(1912—1937 年)》,武汉大学硕士论文,2004 年。

冯华德、李陵:《河北省定县之田赋》,南开大学经济研究所 1936 年 4 月印。

冯尔康:《中国宗族》,广州:广东人民出版社;北京:华夏出版社 1996 版。

冯玉祥:《我所认识的蒋介石》,哈尔滨:黑龙江人民出版社 1980 年版。

冯玉祥选集编委会:《冯玉祥选集》上卷,北京:人民出版社 1985 年版。

甘阳主编《社会主义:后冷战时代的思索》,香港:牛津大学出版社 1995 年版。

高亨庸:《县政机构之改造》,台湾:正中书局 1941 年版。

关吉玉、刘国明编:《田赋会要第三篇:国民政府田赋实况》,台湾:正中书局1944年版。

郭卫:《最高法院判例》,上海:上海法学书社1934年版。

郭卿友:《中华民国时期军政职官志》,兰州:甘肃人民出版社1990年版。

郭卫:《最新中华民国刑法》(缩微品),藏国家图书馆,2003年。

郭廷以:《郭嵩涛先生年谱》,台北:台北出版社1971年版。

何志浩:《国防与兵役论集》,(重庆)1944年。

何应钦:《何上将抗战期间军事报告》,见《民国丛书第三编》,上海:上海书店1990年版。

何勤华:《民国法学论文集精萃——刑事法律篇》(第四卷),北京:法律出版社2004年版。

虎地秦墓竹简整理小组编:《睡虎地秦墓竹简》,北京:文物出版社1990年版。

黄小彤:《民国时期民控官的途径与控案处置——以川政统一后的四川基层政权为例》,四川大学博士论文,2007年。

黄宗智:《民事审判与民间调解:清代的表达与实践》,北京:中国社会科学出版社1998年版。

黄绍竑:《五十回忆》下册,风云出版社1945年版。

黄明儒:《伪造、变造犯罪的定罪与量刑》,北京:人民法院出版社2002年版。

黄溍:《金华黄先生文集》(卷二十六),《邓公(邓文原)神道碑铭》,《四部丛刊》本。

黄淮:《历代名臣奏议》(卷六十七),《郑介夫·上奏一纲二十目·钞法》,《元代奏议集录》本,浙江古籍出版社1998年版。

胡宏:《知言》(卷4),长沙:岳麓书社1989年版。

胡适:《湖南之金融》,长沙:湖南经济调查所出版1934年版。

《湖南人民革命史》(新民主主义革命时期),长沙:湖南出版社1991年版。

《皇宋中兴两朝圣政》(卷一九),台湾:文海出版社宋史资料粹编本1981年版。

《蒋总统集》(第一册),台北:中国文化大学出版社1968年版。

秸瑛:《续文献通考·钱币考一会子》(卷七),杭州:浙江古籍出版社1988年影印本版。

旧中国的资本主义生产关系编写组:《旧中国资本主义生产关系》,北京:人民出版社1977年版。

《近代中国大案纪实》(上卷),石家庄:河北人民出版社出版1997年版。

居正:《司法工作之理论与实际》,上海:大东书局印行1945年版。

里赞:《晚清州县诉讼中的审断问题——侧重四川南部县的实践》,四川大学博士论文,2004年。

里赞、刘昕杰:《民国基层社会诉讼及其裁断》,成都:四川大学出版社2009年版。

李伟民主编:《法学辞源》,北京:中国工人出版社 1994 年版。

李剑农:《最近三十年中国政治史》,上海:太平洋书店 1933 年版。

李振:《湖南土地利用与田赋》,台北:成文出版社 1977 年版。

李宗黄:《现行保甲制度》,北京:中华书局 1943 年版。

李枚:《宋朝事实·财用》(卷一五),北京:中华书局标点本 1955 年版。

李伟民主编:《法学辞源》,北京:中国工人出版社 1994 年版。

李心传:《建炎以来朝野杂记·东南会子》(甲集卷一六),北京:中华书局(丛书集成)初编本 1985 年版。

李枚:《宋朝事实·财用》(卷一五),北京:中华书局标点本 1955 年版。

李文海:《中国近代十大灾荒》,上海:上海人民出版社 1994 年版。

梁治平:《清代习惯法:社会与国家》,北京:中国政法大学出版社 1996 年版。

梁治平:《乡土社会的秩序、公正与权威》,北京:中国政法大学出版社 1997 年版。

林代昭等:《中国近代政治制度史》,重庆:重庆出版社 1988 年版。

林济:《长沙流域的宗教与宗族生活》,武汉:湖北教育出版社 2003 年版。

刘淮:《二十世纪初叶湖南现代化之研究》,湖南师范大学博士论文,2004 年。

刘兴豪:《1912—1937 年湖南经济现代化研究》,浙江大学博士论文,2004 年。

刘鹤:《抗战时期湘西现代化研究》,湖南师范大学博士论文,2009 年。

刘俊文:《唐律疏义笺解》,北京:中华书局 1996 年版。

刘泱泱:《湖南通史》(近代卷),长沙:湖南出版社 1994 年版。

罗家伦:《革命文献》(第八十辑),台北:中国国民党中央委员会党史委员会 1955 年版。

《论语·学而》,见《十三经注疏》,北京:北京大学出版社 1999 年版。

马叙伦:《刍荛者言》,见《石屋余沈》,上海:上海书店 1984 年版。

马敏:《官商之间——社会剧变中的近代绅商》,天津:天津人民出版社 1995 年版。

《马克思恩格斯选集》(第 2 卷),北京:人民出版社 1972 年版。

茅海建:《戊戌变法史事考》,北京:生活·读书·新知三联书店 2004 年版。

(明)谢肇制撰,郭熙途校点:《五杂俎》,沈阳:辽宁教育出版社 2001 年版。

《民商事习惯调查报告录》,台北:进学书局 1969 年版。

《民国丛书》(第二编),上海:上海书店 1990 年版。

《民国财政史》,北京:中国财政经济出版社 1985 年版。

《中国农民银行》,北京:中国财政经济出版社 1980 年版。

木村龟二:《刑法学词典》,上海:上海翻译出版公司 1991 年版。

彭朝贵,王炎主编:《清代四川农村社会经济史》,香港:天地出版社 2001 年版。

彭信威:《中国货币史》,上海:上海人民出版社 1965 年版。

彭信威:《中国货币史·图版"南宋的会子"》,上海:上海人民出版社 1988 年版。

裴燕生等:《历代文》,北京:中国人民大学出版社 2003 年版。

启良:《中国文明史》,广州:花城出版社 2003 年版。

清庆瑞:《抗战时期的经济》,北京:北京出版社 1995 年版。

《十三经注疏》,北京:北京大学出版社 1999 年版。

宋斐夫:《湖南通史》(现代卷),长沙:湖南出版社 1994 年版。

孙健:《中国经济史—近代部分》,北京:中国人民大学出版社 1989 年版。

(宋)赵善:《自警篇》,丛书集成初编本,1985 年。

(宋)《名公书判清明集》,上海:中华书局 1987 年点校本。

谭其骧:《长水集》,北京:人民出版社 1987 年版。

台北国防研究院编写,张其昀主编:《抗日战史》,1966 年。

《通制条格》(卷二十),《赏令·获伪钞贼》,杭州:浙江古籍出版社点校本 1986 年版。

王春华:《民国时期县级行政权力与地方社会控制——以 1928—1949 年川康地区县政整改为例》,四川大学博士论文,2007 年。

王奇生:《国民党基层权力群体研究——以 1924—1949 年长江流域省份为重点》,华中师范大学博士论文,1997 年。

王利中:《民国前期(1912—1927 年)中国货币制度研究》,新疆大学硕士论文,2003 年。

王春华:《民国时期县级行政权力与地方社会控制——以 1928—1949 年川康地区县政整改为例》,四川大学博士论文,2007 年。

王新宇:《民国时期婚姻法近代化研究》,北京:中国法制出版社 2006 年版。

王宠惠:《中华民国刑法》,北京:中华印书局 1928 年版。

万仁元、方庆秋:《中华民国史史料长编》(第 65 辑)。

吴冈《旧中国通货膨胀史料》,上海:上海人民出版社 1958 年版。

吴永明:《民国前期司法变革研究(1912—1928)》,南京大学博士论文,2000 年。

吴跋征:《公务员惩戒制度》,重庆:商务印书馆 1940 年版。

吴经熊编、郭卫增订:《卅七年版中华民国六法理由、判解汇编》第二册民法,上海:会文堂新记书局 1948 年版。

赵娓妮:《清代知县判决婚姻类案件的"从轻"取向——四川南部县档案与"官箴"的互考》,四川大学博士论文,2007 年。

谢振民:《中华民国立法史》,《民国丛书·第五编·26》,上海:上海书店 1937 年版。

谢振民:《中华民国立法史》(下),北京:中国政法大学出版社 2000 年版。

《辛亥革命研究论文集》第 2 集,成都:四川人民出版社 1981 年版。

许涤新、吴承明主编:《新民主主义革命时期的中国资本主义》(第 3 卷),北京:人民出版社 1993 年版。

熊永明:《伪造文书罪研究》,武汉大学博士论文,2005 年。

徐松:《宋会要辑稿·刑法》(二之一四五),北京:中华书局1987年影印本。

徐松:《宋会要辑稿》,北京:中华书局1957年版。

杨剑宇:《中国秘书史》,上海:同济大学出版社1998年版。

严中平:《中国近代经济史统计资料选辑》,北京:科学出版社1955年版。

叶木青:《中国保甲制度之发展与运用》,上海:世界书局1936年版。

杨昌济:《杨昌济文集》,长沙:湖南教育出版社1983年版。

杨兆龙:《杨兆龙法学文集》,北京:法律出版社2005年版。

杨兴勤:《中国战时盐务问题》,国民出版社1944年版。

易劳逸:《流产的革命》,北京:中国青年出版社1992年版。

义仓条规,(清)王树桐、徐璞玉、米绘裳等纂修:《同治续金堂县志》,(清)同治六年(1867)刻本,卷八"民赋"。

虞集:《道园学古录》(卷三十五),《新喻州重修宣圣庙儒学记》,《四部丛刊》本。

余明侠:《中华民国法制史》,徐州:中国矿业大学出版社1994年版。

张鸣:《乡村社会权力和文化结构的变迁(1903—1953)》,南宁:广西人民出版社2001年版。

张晋藩:《中国法律的传统与近代转型》,北京:法律出版社1997年版。

张晋藩:《中国法律的传统与近代转型》,北京:法律出版社1997年版。

张晋藩:《中国法制史》,北京:高等教育出版社2007年版。

张庆军、孟国祥编著:《民国司法黑幕》,南京:江苏古籍出版社1997年版

张生:《民国初期民法的近代化》,北京:中国政法大学出版社2002年版。

章开沅:《序言一》,见苏全有《清末邮传部研究》,北京:中华书局2005年版。

章有义:《中国近代农业史资料》(第三辑),北京:生活·读书·新知三联书店1957年版。

章有义:《明清及近代农业史论集》,北京:中国农业出版社1997年版。

章伯锋、荣孟源:《近代稗海》,成都:四川人民出版社1985年版。

《张治中回忆录》,北京:中国文史出版社1993年版。

张仁善:《司法腐败与社会失控(1928—1949)》,北京:社会科学文献出版社2005年版。

赵娓妮:《清代知县判决婚姻类案件的"从轻"取向——四川南部县档案与"官箴"的互考》,四川大学博士论文,2007年。

郑庆平、岳深:《中国近代农业经济史概论》,北京:中国人民大学出版社1987年版。

周开庆:《四川与对日抗战》,台湾:台湾商务印书馆1971年版。

《中华民国经济史》,南京:江苏人民出版社1989年版。

《中国近代手工业史资料》(第1辑),北京:生活·读书·新知三联书店1957年版。

钟启顺:《民国时期湖南自然灾害及社会变迁(1912—1949)》,湖南师范大学硕士论

文,2005 年。

朱勇:《中国法制通史》(第九卷),北京:法律出版社 1999 年版。

(宋)朱熹:《宋名臣言行录·孙甫》(前集卷九),台湾:台湾商务印书馆影印文渊阁《四库全书》本。

(宋)朱熹:《晦庵先生朱文公文集》(卷十九),《奏状状按唐仲友第四状》,见朱杰人:《朱子全书》,上海:上海古籍出版社 2002 年版。

四、中文论文

陈廷湘:《中国近代"人"的观合的演变》,《社会科学研究》1994 年第 6 期。

陈廷湘:《中国文化核心价值观"人"的观念的近代转型》,《史学月刊》2008 年第 12 期。

陈英慧:《试论伪造货币罪的犯罪构成要件》,《长春理工大学学报(社会科学版)》2008 年第 6 期。

董劭伟、鹿军:《宋代伪造官文书犯罪透析》,《石家庄经济学院学报》2006 年第 6 期。

葛玉红:《清末民初伪钞的历史学探究》,《南京社会科学》2008 年第 2 期。

何家伟:《南京国民政府公务员数量的膨胀及其溃败之考察》,《人文杂志》2009 年第 2 期。

户华为:《湖湘文化及其特征与历史定位》,《湘潭大学学报(哲学社会科学版)》2005 年第 2 期。

黄小彤:《从军法到司法:20 世纪三四十年代国民政府贪污案审理权的转移》,《云南民族大学学报(哲学社会科学版)》2007 年第 2 期。

黄伟英:《从李大钊案到陈独秀案:民国时期司法现代化的发展》,《历史教学(高教版)》2009 年第 11 期。

黄燕群:《民国时期农村经济衰落的原因——兼及国民政府减轻农民负担失败的必然》,《咸宁学院学报》2005 年第 5 期。

黄明儒:《论持有、使用假币罪的几个问题》,《湖南人文科技学院学报》2004 年第 5 期。

黄明儒:《论伪造罪的犯罪形态》,《国家检察官学院学报》2002 年第 5 期。

黄明儒:《论伪造罪客体》,《贵州师范大学学报(社会科学版)》2005 年第 1 期。

黄明儒:《论刑法中的伪造》,《法商研究》2002 年第 3 期。

黄明儒:《试论伪造罪的概念与范围》,《法制与社会发展》2000 年第 6 期。

姜健:《论伪造货币罪》,《辽宁公安司法管理干部学院学报》2002 年第 1 期。

侯欣一:《党治下的司法——南京国民政府训政时期执政党与国家司法关系之构建》,《华东政法大学学报》2009 年第 3 期。

金普森、董振平:《论抗日战争时期国民政府盐专卖制度》,《浙江大学学报》(人文社会科版)2001 年第 4 期。

　　孔庆平:《个人或社会:民国时期法律本位之争》,《中外法学》2008 年第 6 期。

　　刘昕杰:《政治选择与实践回应:民国县级行政兼理司法制度述评》,《西南民族大学学报(人文社科版)》2009 年第 4 期。

　　刘明祥:《论妨害货币犯罪的立法完善》,《法学》1995 年第 1 期。

　　陆敏珍:《关于宋代伪造纸币的问题》,《浙江大学学报(人文社会科学版)》2000 年第 8 期。

　　李文艳、苏志龙:《简论南宋纸币的造伪与禁伪》,《衡水学院学报》2010 年第 2 期。

　　李革文:《元代伪钞刍议》,《河北师范大学学报(哲学社会科学版)》2000 年第 3 期。

　　李学智:《民国初年的法治思潮》,《近代史研究》2001 年第 4 期。

　　李珩:《中国农村政治结构的研究》,《中国农村》1937 年第 1 卷第 10 期。

　　刘灿华:《吏治腐败与南京国民党政权的败亡》,《安徽师范大学学报》(人文社会科学版)2008 年第 3 期。

　　韩秀桃:《民国时期法律家群体的历史影响》,《榆林学院学报》2004 年第 2 期。

　　兰雪花:《抗战时期国民政府的军人优抚安置制度述评》,《长春师范学院学报(人文社会科学版)》2009 年第 1 期。

　　罗志田:《科举制废除在乡村中的社会后果》,《中国社会科学》2006 年第 1 期。

　　彭勃、金柱演:《国家与乡村社会关系的发展沿革》,《中共福建省委党校学报》1999 年第 1 期。

　　宋佩玉:《1840—1911 年中国货币制度研究》,新疆大学硕士论文,2011 年。

　　韩秀桃:《民国时期兼理司法制度的内涵及其价值分析》,《安徽大学学报(哲学社会科学版)》2003 年第 5 期。

　　韩洪森、陈强:《论居正的法律思想》,《山东行政学院　山东省经济管理干部学院学报》2006 年第 2 期。

　　韩杰:《民国时期司法独立制度形式化过程探析》,《江苏警官学院学报》2008 年第 4 期。

　　田湘波:《训政前期司法党化问题之研究》,《怀化学院学报》2005 年第 1 期。

　　粟斌:《元代伪钞泛滥的工艺原因分析》,《中国钱币》2004 年第 4 期。

　　田建军:《试析国民政府减轻农民负担举措失败的原因》,《西北大学学报》1999 年第 1 期;

　　王印焕:《通货膨胀下人民生活的绝望——南京国民政府覆亡原因的细化》,《北京科技大学学报》(社会科学版)2003 年第 1 期。

　　王志强:《民国时期的司法与民间习惯》,《比较法研究》2000 年第 4 期。

　　王春南:《民国司法黑暗管窥》,《人民论坛》2004 年第 12 期。

　　王志信:《河北省之包税制度》,《政治经济学报》1935 年第 3 卷第 3 期。

夏锦文、秦策：《民国时期司法独立的矛盾分析》，《南京社会科学》1999 年第 5 期。

熊永明、胡祥福：《伪造文书罪基本观念的新倡导》，《河北法学》2005 年第 2 期。

徐留成：《伪造货币罪构成特征比较研究》，《河南社会科学》2007 年第 6 期。

徐德莉：《清末民初尚武思潮之异质》，《内蒙古农业大学学报》2010 年第 5 期。

杨建军：《民国时期的刑法适用》，《国家检察官学院学报》2009 年第 6 期。

姚顺东：《浅论南京国民政府对食盐走私的立法控制》，《盐业史研究》2004 年第 2 期。

杨毓麟：《新湖南》，《湖南历史资料》1959 年第 3 期。

叶凤刚：《试论南京国民政府农村统治薄弱的原因》，《牡丹江大学学报》2007 年第 2 期。

张仁善：《国民政府时期司法独立的理论创意、制度构建与实践障碍》，《法律史学研究》2004 年第 1 期。

张仁善：《略论南京国民政府时期司法经费的筹划管理对司法改革的影响》，《法学评论》2003 年第 5 期。

张仁善：《司法腐败与社会失控——以南京国民政府后期为个案的分析》，《江苏社会科学》2003 年第 3 期。

张仁善：《南京国民政府时期司法腐败防治机制的功能障碍及负面效应》，《江海学刊》2003 年第 4 期。

张仁善：《南京国民政府时期县级司法体制改革及其流弊》，《华东政法学院学报》2002 年第 6 期。

张仁善：《司法行政权的无限扩大与司法权的相对缩小——论南京国民政府时期的司法行政部》，《民国档案》2002 年第 4 期。

张仁善：《百年中国司法权体系的发展进程及现实反思》，《河南省政法管理干部学院学报》2007 年第 4 期。

张庆军、孟国祥：《民国司法官的腐败》，《民国春秋》1997 年第 3 期。

张锡田：《论清代文档管理中的书吏之害》，《中山大学学报（社会科学版）》1999 年第 4 期。

郑发展：《试论抗战时期户口统计中的壮丁调查与征兵》，《齐鲁学刊》2010 年第 1 期。

周正云：《论民国时期的法律援助制度》，《湖南省政法管理干部学院学报》2002 年第 5 期。

周斌：《论两宋纸币的伪造问题》，《四川文物》1994 年第 3 期。

《1948 年湖南省部分市县简况统计（一）》，《民国档案》1988 年第 1 期。

朱明轩：《战后国民政府基层政权腐败问题探析——以江苏省溧水县为例》，《江南大学学报》（人文社会科学版）2007 年第 5 期。

徐德莉：《宏观与微观的二重面相：以抗战时期湖南事关"拉壮丁"伪造案为例》，《贵州社会科学》2012 年第 11 期。

徐德莉:《抗战时期粮食伪造文书案与粮食安全》,《江西社会科学》2013 年第 12 期。

徐德莉:《抗战时期粮食伪造文书现象的历史考察》,《求索》2014 年第 2 期。

徐德莉:《民国时期湖南伪造租佃文书个案研究》,《求索》2012 年第 9 期。

徐德莉:《抗战时期西南民族地区逃避兵役伪造文书现象研究》,《贵州民族研究》2014 年第 2 期。

徐德莉:《民国时期坟茔争讼及其侧影——以伪造文书讼案为中心》,江西师范大学学报(社科版)2013 年第 6 期。

徐德莉:《抗战视阈下的农业金融之另类考察》,《东疆学刊》2015 年第 1 期。

徐德莉:《抗战时期货币伪造诸象之多维社会成因》,《云南财经大学学报》2015 年第 1 期。

徐德莉:《抗战时期国民政府巩固货币金融安全的政策考察》,《云南财经大学学报》2014 年第 4 期。

徐德莉:《从伪造宗族文书个案透视司法实践与传统文化之关系》,《四川文理学院学报(社科版)》2014 年第 1 期。

五、译著及外文论著

[德]黑格尔:《历史哲学》,北京:生活·读书·新知三联书店 1957 年版。

[德]马克斯.韦伯(Max Weber):《儒教与道教》,王容芬译,南京:江苏人民出版社 2003 年版。

[法]谢和耐:《中国社会史》,南京:江苏人民出版社 1992 年版。

[美]费正清:《剑桥中国晚清史》(1800—1911 年)(上卷),中国社会科学院译,北京:中国社会科学出版社 1985 年版。

[美]费正清:《剑桥中华民国史》(下册),北京:中国社会科学出版社 1993 年版。

[美]埃尔曼:《比较法律文化》,贺卫方、高鸿钧译,北京:生活·读书·新知三联书店 1990 年版。

[美]杜赞奇:《文化、权力与国家——1900—1942 年的华北农村》,王福明译,南京:江苏人民出版社,2003 年版。

[美]黄宗智:《华北的小农经济与社会变迁》,北京:中华书局 2000 年版。

[美]吉尔伯特·罗兹曼主编:《中国的现代化》,南京:江苏人民出版社 1995 年版。

[美]塞缪尔·P.亨廷顿:《变动社会的政治秩序》,上海:上海译文出版社 1989 年版。

[日]佐藤慎一:《近代中国的知识分子与文明》,刘岳兵译,南京:江苏人民出版社 2006 年版。

Lord Acton:"Letter from Acton to Creighton", April 3,1887.

see George Seldes "The Great Thoughts", *Ballantine Books*,New York,1985.

W.H.Mallory, *China*, *Land of Famine*, N.Y.1926.

A.Inkeles and D.*Levinson Hand book of Social Psychology* ,Reading,Mass,1954.

Ruth A., Wallace and Alison Wolf, eds. *Contemporary Socio- logical Theory*, Englewood Cliffs,N.J.1980.

Tetruya Kataoka,*Resistance and Revolution in China*,University of California Press,1974.

Philip C. C. Huang,*Modern China*,Vol,19 No.3 July 1993.

Alex Inkeles, "Social Change and Social Character: the Role of Parental Mediation," *Journal of Social Issues*,XI,1955.

责任编辑:洪 琼

图书在版编目(CIP)数据

民国时期伪造之风研究:以湖南为例/徐德莉 著. −北京:人民出版社,2015.11
ISBN 978 − 7 − 01 − 015228 − 8

Ⅰ.①民… Ⅱ.①徐… Ⅲ.①诈骗-研究-湖南省-民国 Ⅳ.①D693.9

中国版本图书馆 CIP 数据核字(2015)第 220898 号

民国时期伪造之风研究
MINGUOSHIQI WEIZAOZHIFENG YANJIU
——以湖南为例

徐德莉 著

人民出版社 出版发行
(100706 北京市东城区隆福寺街 99 号)

环球印刷(北京)有限公司印刷 新华书店经销

2015 年 11 月第 1 版 2015 年 11 月北京第 1 次印刷
开本:710 毫米×1000 毫米 1/16 印张:17.25
字数:260 千字

ISBN 978 − 7 − 01 − 015228 − 8 定价:54.00 元

邮购地址 100706 北京市东城区隆福寺街 99 号
人民东方图书销售中心 电话 (010)65250042 65289539